Originalets titel:

Vägen ut ur pedofilernas våld
att förstå en dödslängtan

Christer Göransson
2019

Grafisk form:
PPRD AB
Omslagets illustration: Cecilia Göransson.
Teckning efter fotografi där Cissi sover i Christers famn.

ISBN 978-91-785-1795-4

Innehåll

Förord

Av Christer Göransson

Den här boken är en produkt av 26 års bearbetning. Ibland med avbrott på flera år men ändå en lång tid och mycket har hänt. En svårighet är att göra det som hänt begripligt för läsaren. Jag har genomgått en mycket stor förändringsprocess. Från mitt eget perspektiv ser jag det inte som att jag har förändrats. För min egen del anser jag att jag blivit "mig själv". Jag har tagit till olika strategier för att skydda "kärnan" i mig och den har mina föräldrar aldrig lyckats knäcka. I en av mina värsta upplevelser är jag övertygad om att min far skall döda mig. I denna stund finns ändå en mycket tydlig tanke:

– Jag kommer aldrig, aldrig, aldrig att bli som du.

Hur är det att leva ett liv som jag har levt? Det är inte helt enkelt att beskriva. Jag har varit tvungen att använda delar i mig som många människor aldrig kommit i kontakt med. Jag har gått från en person som var en "överlevare" till en som börjar om och blir "levande". Jag väljer livet idag, jag väljer att leva, därför att livet har positiva sidor. Det finns saker som är så himla kul och fascinerande att vara med om.

Som jag nämnde tidigare är det dock inte helt enkelt att beskriva hur processen har gått till och därför har jag med Olle Wadströms hjälp gjort om strukturen så att den inte är kronologisk utan anpassad för att det skall vara lättare att förstå mitt beteende.

Jag är en person som har haft många förträngda minnen. På ett sätt kan man säga att jag levt två liv. Ett där jag anpassade mig för att kunna överleva med förståndet i behåll och ett nytt liv som är det jag lever nu. Uppvaknandet, när minnena kom tillbaka är en vinglig och smärtsam process. Det är som att vakna till när man är två år gammal och har känslor från den tiden. Sedan skall man mogna och komma ifatt den vuxna person jag är idag. Vi har i boken valt att presentera dessa två liv på följande sätt. I kapitel 4 beskrivs mitt liv från det att jag föds. I denna del har jag fällt in avsnitt som inleds med texten "Christer: Minnen som framkommit under bearbetning". Detta avsnitt beskriver då minne, bilder, känslor som kommit under bearbetning. Det är sådant som jag inte vetat om innan jag började bearbeta i 30-årsåldern.

Om jag kort skall beskriva vad som händer när ett förträngt minne kommer fram så är det ofta att jag på något sätt identifierat att det finns en lucka, t.ex. jag blir rädd när jag tänker på en händelse men att rädslan inte är befogad. Genom att inte tillåta tanken att fly utan fokusera på rädslan så kommer "blixtar" av bilder efter ett tag. Det är som korta sekvenser, kanske sekunder av händelsen. Sedan kommer känslor. Så blir sekvenserna längre och känslorna starkare. Det kan även vara minnen av andra sinnen, t.ex. en lukt, eller beröring. Om det är första gången jag upplever minnet kan jag sugas in i minnet så att jag tappar kontakten med tid och rummet jag sitter i (t.ex. Olles terapirum). När anstormningen av sinnesintryck lagt sig (man kan likna det vid en chockreaktion) brukar det komma en mycket djup gråt. Nu kommer insikter och fler minnen som har kopplingar till det förträngda minnet. Det kan vara att jag inte klarat av vissa situationer i livet senare, nu förstår jag varför senare händelser och problem är kopplade till händelsen som jag förträngde.

Det jag menar med reflektioner är sådant som jag tolkat på ett sätt tidigare, som till exempel att min mor gjort något konstigt men jag har inte funderat mer på det som hände. Under bearbetningen kan jag inse varför hon gjorde som hon gjorde och se logiken. Det kan vara att dölja ett övergrepp hon begått eller att manipulera en person.

Boken handlar om en väg till "tillfrisknande". Att jag mår bra idag är det som är viktigt.

Olle Wadströms första analys

Första gången jag (Olle Wadström) träffade Christer var efter en föreläsning för flygrädda. Christer kom fram till mig efter min föreläsning och frågade om något – jag minns inte vad. En tid senare ringde han och ville komma till mig. Jag hade då ingen aning om vad han ville tala om.

Tämligen omgående och redan vid första tillfället stod det klart för mig att Christer inte led av specifik flygfobi utan av posttraumatisk stressyndrom (PTSD). Redan från början yppade han att han hade utsatts för mycket allvarliga övergrepp och traumatiska upplevelser. Den behandlingsmetod som används i dessa fall av KBT-terapeuter är s.k. förlängd exponering (prolonged exposure) beskriven och förordad av Edna Foa. För den som inte är bekant med metoden kan den i korthet beskrivas som att man måste tillåta sig att umgås med minnena av sina hemska upplevelser mycket, ofta och vid många upprepade tillfällen för att på sikt "vänja sig" vid dem. Avsikten är att de inte fortsatt ska plåga och hindra ett gott liv. Den här boken är skriven som en del av de förlängda exponeringarna och jag har på alla sätt uppmuntrat Christer att skriva den – den har fått formen av hans memoarer.

Eftersom man inte kan få allt det onda man blivit utsatt för ogjort, måste man få ett mindre plågsamt förhållande till de hämmande och skrämmande minnena. Detta kan endast uppnås genom att man tillåter sig att umgås med minnena av sina traumatiska upplevelser, tillåter känslorna att komma fram och inte på något sätt skyddar sig mot, försöker förhindra eller kontrollera obehagskänslor eller tankar. Man kan inte någonsin känna sig lugn om man hela tiden fruktar att överraskas av skrämmande minnen eller okontrollerbara känslovågor.

Ett av de mycket besvärande beteendeproblem som Christer ofta drabbades av i vardagen som vuxen man och som hade sin grund i hans PTSD var, att han drabbades av att bli paralyserad i situationer med chefer, dominerande eller påstridiga personer. När något sådant inträffade blev han alldeles "blank" i hjärnan och kunde varken förklara sig eller försvara sig. Hans reaktionssätt inför dominerande personer saknade variation, oberoende hur allvarlig situationen var. Det var omöjligt för honom att välja att ligga lågt (freeze), liksom att fly (flight) eller slåss (fight). Istället rasade han omedelbart ner i den sista och helt uppgivna katatona immobiliteten (paralysen), som om varje mindre meningsskiljaktighet vore en oövervinnerlig och livshotande fara.

Hans erfarenheter från tidig barndom hade lärt honom att han varken kunde komma undan genom att göra sig osynlig (freeze), fly (flight) eller hade en chans att vinna i kamp (fight). Fullständig underkastelse var den enda möjligheten till att överleva. Detta kommer att få sin förklaring i det bemötande Christer drabbades av då han förtvivlat försökt att komma undan annalkande övergrepp och då han sökte tröst efter att ha blivit utsatt för övergrepp.

Eftersom Christer inte bara reagerade med att bli paralyserad och till och med bli oförmögen att hävda sig vid triviala meningsskiljaktigheter, måste vi även satsa på att lära och träna sunt självhävdande beteenden. Dessa två komponenter ingick i den KBT-behandling vi påbörjade.

Inledning

Det är 2018 på försommaren. Vi sitter i Olles rum där vi träffats under några år, i terapirummet.

– Det är klart, säger jag.

– Vad menar du? frågar Olle.

– Jag vet inte riktigt men det känns som jag har nått fram till något stort vägskäl. Det är inte så att bearbetningen är klar. Men tidigare har fokus varit på att gå tillbaka och gräva upp. Nu har jag nått botten och det är dags att läka och komma tillbaka. Skadan är blottlagd, den djupaste och varet som låg inkapslat rinner ut och mycket har spolats rent, spolats av mina tårar, min sorg över det jag varit med om.

Om denna bok

Denna bok började jag skriva på för över tio år sedan. Då skrev jag ett förord och förklarade varför jag skrev boken. Idag, hösten 2018 har jag nått en annan nivå och budskapet kommer att vara ett annat. Då ville jag försöka stötta andra personer som ville ta sitt liv genom att skriva hur min väg såg ut, vägen jag tagit för att komma ur mina egna självmordstankar. Idag har jag en bredare syn på människan och de problem som vi brottas med i våra liv. Min väg att komma ur mina självmordstankar kan vara en helt annan jämfört med en annan människas. Mina problem har att göra med den värld JAG levde och lever i. Vägen ur problemen har att göra med hur JAG löser problem. Hur "problemfri" jag kommer att bli har att göra med vem jag är, vilken hjälp jag får och hur motiverad jag är att bli helt frisk.

Min största förhoppning är att denna bok kan hjälpa andra, att den kan hjälpa dig som förlorat livsviljan, att den kan hjälpa dig som utbildar dig till terapeut eller psykolog eller hjälpare, att hjälpa en anhörig att stötta den som man vill hjälpa.

Om vi ser på målet med bearbetning. De psykologer jag mött har egentligen inte visat upp en målbild vart vi är på väg. Om jag skall försöka sammanfatta 26 års bearbetning så är det nog att man skall fungera något sånär rationellt, inte vilja ta livet av sig, inte vara sjukskriven, träffa folk, ha några vänner. Om jag skall beskriva var jag är idag så har jag hittat en oerhört stark kärlek till mig själv, det är en inre kärna som är JAG och som är beständig. Jag har inte träffat på någon psykolog som sagt att detta är målet med bearbetning men där är jag. Allt är dock inte frid och fröjd. Det Olle och jag jobbar med är skador som sitter i kroppens autonoma system, ett är "kataton immobilitet" en typ av paralyserande chockreaktion som jag får när min hjärna uppfattar hot. Jag är så van från min barndom att utsättas för dödshot och total maktlöshet att detta går med automatik. Allt släcks ned, jag fryser till is och kan inte göra något. Detta är en del i min diagnos som kallas PTSD, Posttraumatisk Stress Syndrom. Ser man på mitt liv som det var innan jag började bearbeta så styrdes det enbart av rädsla. Jag var så van vid rädslan att jag inte uppfattade den. Idag har jag hittat saker jag älskar att göra, det finns några människor jag litar på och jag känner att det finns många fler positiva saker i det här livet att jag vill leva. Jag anser att jag fortfarande har diagnosen PTSD men ju mer jag bearbetar mina barndomstrauman, ju fler gånger jag går ur kataton immobilitet desto mer tynar problemen bort. Olle pratar dock om "spontan återhämtning", det vill säga att man behöver jobba aktivt med att reducera sina rädslor, fobier, "vita kaniner" annars kommer de spontant tillbaka efter en tid. Vi får se om han har rätt. Jag skall försöka överbevisa honom i att det går att bli fri från dem. Men det kräver ett hårt arbete och att man inte är rädd för att utsätta sig för det man är rädd för om och om igen.

Älska dig själv för det är du värd!

Christer Göransson

Vägen ut ur pedofilernas våld

Jag hade en annan titel på boken när jag började skriva för över tio år sedan. Då hette den "Vakna mitt barn se världen". Den stod för mitt uppvaknande från en osann syn på mitt liv. Kanske trodde jag att det bara var att minnas vad jag varit med om så skulle jag tillfriskna automatiskt. Med tiden insåg jag att mina mönster från barndomen satt djupt rotade i mig.

I och med att Olle Wadström, skrivit delar av boken, hjälpt till med strukturen har vi ändrat titeln till "Vägen ut ur pedofilernas våld". Mitt liv präglades av mina osunda föräldrar och de gav sig på mig väldigt tidigt i livet. I början av ett barns liv skapas mycket av hur vi ser på omvärlden och på oss själva. Min mor ville ha en kuvad och undfallande son som inte tog plats eller riskerade att avslöja vad hon gjort med mig i unga år. Det här gjorde mig försvarslös mot i stort sett alla människor och ställer till problem än idag. Jag formades utifrån pedofiler som ville tysta sitt offer och jag gick ut i livet och förväntade mig att alla var pedofiler. Det den nya titeln vill säga är att jag både behöver ta mig ur de verkliga pedofilernas våld men även mina föreställningar om att alla människor är pedofiler.

Tyvärr är det inte helt ovanligt att jag träffar på människor som ser mina skador och som utnyttjar dem för att få ett övertag. Men det är ju faktiskt så en del människor fungerar och vårt samhälle tillåter dem att fortsätta. Men tänk om man kunde få till en förändring där man använder den kunskap vi faktiskt har om människan och hur vi fungerar. Jag anser att kunskap är nyckeln till att lösa både brottslighet och att hjälpa människor tillbaks till livet efter att ha varit utsatta av förövare. Att dölja sanning och kunskap är ett av ondskans starkaste vapen. Låt oss verka för öppenhet, sanning och spridande av kunskap.

Nedan kommer en sång jag skrev som handlar om att vakna upp och öppna upp.

Det går en vind genom natten.

Det går en vind genom natten
Ditt blod löser vatten.
I natten som dig skrämmer,
skall du hitta en ton som stämmer,
***
med det liv som du lever,
med de tankar som du bär.
Det är de som dig formar.
Det är den du är.
Men om du hittar tonen
som saknats i din värld.
Håll den tätt intill dig
och vårda ömt din själ.
***
Det går en vind genom natten.
Ditt blod löser vatten.
I natten som dig skrämmer
skall du hitta en ton som stämmer.
***
I den svartaste natten.
I dina drömmars bråda djup.
Skall du hitta en längtan
som aldrig tagit slut.
I din rädsla för din längtan
har du barnet kastat ut.
Ut i tomhet och ensamhet
det blir aldrig som förut.
***

Det går en vind genom natten.

Ditt blod löser vatten.

I natten som dig skrämmer

skall du hitta en ton som stämmer.

***

Ur dina ögon flyter vatten,

en ström du ej förstod,

Om du letar i ditt inre

finner du dem som gav dig ditt blod.

Längtan var din egen

men syster och bror.

Det var din far och din mor

som inte er förstod.

***

Det går en vind genom natten.

Ditt blod löser vatten.

I natten som dig skrämmer

skall du hitta en ton som stämmer.

***

Men det du finner väcker vinden.

Nu skall stormen blåsa upp.

När längtan din vaknar

går du åter in i din kropp.

Kroppen är ditt barn.

Tonen är din själ.

Ge dig tid att känna ditt barn

för det är du värd.

***

Att förstå en dödslängtan

Ingen av mina närmare vänner eller släktingar har begått självmord. Om man inte räknar min fars död som ett sådant. Han var gravt alkoholiserad och fick med tiden problem med hjärtat. Läkarna sa att han absolut inte fick dricka sprit på grund av sitt hjärtproblem. Han dog några dagar innan han skulle fylla 65 och få pension. Han hade haft problem med pengar från det att mina föräldrar skilde sig. Jag var då tre år gammal (drygt 52 år sedan). När vi städade ur hans lägenhet, efter hans död, hittade vi en spritflaska i sopkorgen. Han dog på toaletten och hade under flera dagar varit magsjuk.

Varför vill vi leva? De flesta människor har nog någon gång i livet känt att livet känns tungt. En del har även känt att det under perioder har varit för tungt. Livssituationen är så mörk att man inte uthärdar länge till. Antingen har situationen ändrat sig till det bättre eller och så har man vant sig vid eländet. Man fortsätter och slutar fundera på om det är värt att fortsätta leva. Som jag ser det är livet ett val. Under min bearbetning har dock anledningen till varför jag lever ändrats något oerhört. Innan min bearbetning var jag en person som var avstängd och bara fortsatte. Allt handlade om att vara till lags, att inte reta upp andra, jag visste inte vad jag ville. Den här präglingen kom från en barndom som var allt annat än bra.

När min dotter föddes och jag blev far gick det inte att stänga av längre. Min dotter väckte en kärlek i mig som jag aldrig upplevt. Att ta ansvar hade jag redan gjort sedan tidigare. Jag tog ansvar för andra men inte för mig själv. Det här kommer jag att förklara senare i boken men jag var "ingen". Det hade min mor visat innan jag kunde gå och min styvfar präntat in i mig sedan 6 års ålder. Min dotter raserade alla försvar och allt jag tidigare stängt inne började komma fram.

Min dödslängtan är alltså ganska paradox. Jag har alltså varit som ett tomt skal, avstängd, försiktig, vill inte märkas, kuvad. Min dotter väcker kärleken till liv men då kommer allt elände fram, allt gammalt jag stängt av. Min dotter väcker liv men också smärta som jag knappt uthärdar.

Under många år har jag slitit med att hämta tillbaka mitt liv som faktiskt tillhör mig. Kärleken var dock starkast, först till min dotter och nu även till mig själv.

Till min dotter

Jag var inte beredd på det mitt barn skulle ge mig när hon kom till världen. Hon blev den viktigaste personen i mitt liv. Hon är fortfarande den viktigaste för mig. Under många år levde jag bara för att försöka ge henne en bra start i livet. Själv skulle jag inte orka så länge till.

Kärleken till min dotter tror jag är normal och en sund känsla. Jag tror den ligger i våra gener och är en förutsättning för att vi normalt skyddar och värnar om våra barn. Om barnet mår dåligt så mår jag dåligt. Det finns säkert inom de flesta djurarter. Det gynnar vår fortlevnad.

I dag kan jag ibland längta tillbaka till stunder vi hade då hon var liten. Som när vi gick ner till Lillsjön och matade änder eller "ankor" som vi sa. Hon hade antingen en dockvagn eller sin trehjuling med sig. Vi hade med oss kex eller bröd i en plastpåse. På vägen tillbaka var det uppförsbacke och hon var alltid trött. Då fick jag putta eller bära henne.

All bearbetning jag gjort är till största delen för hennes skull. Jag skrev en sång några år senare till henne, min älskade dotter. Hon grät när jag spelade den första gången. Det gjorde jag också.

Det vackraste på Jorden

*** Refräng ***

En fågel kom till mig med dessa orden

– Jag skall visa dig det vackraste på jorden

– Jag skall ge dig en sanning
om något som du har.

– Jag skall ge dig en sanning
som består i alla dar.

*** Vers 1 ***

Jag såg ut i sommarsol

Jag såg en äng i blomsterflod

Jag såg en vind som vajade träd

Jag såg ut i en underbar värld

Visst var det fint men ingen känsla fanns.

Mina tomma ord kom ingenstans.

Fågeln lyssna och satt stum och såg

att i mina ord ingen längtan låg.

*** Ref ***

En fågel kom till mig med dessa orden

– Jag skall visa dig det vackraste på jorden

– Jag skall ge dig en sanning
om något som du har.

– Jag skall ge dig en sanning
som består i alla dar.

*** Vers 2 ***

– Du blinde man vilka ögon du har

– Att du levt alla dessa dar

utan kärlek till livet, full med tomma ord

– Ja, du är som alla andra på denna jord.

Jag såg rakt fram i en öppen famn.

Jag såg mitt barn som av livslust brann.

Då såg jag mitt barn, hon tog min hand

Och i samma stund tiden försvann.

*** Ref ***

En fågel kom till mig med dessa orden

– Jag skall visa dig det vackraste på jorden

– Jag skall ge dig en sanning
om något som du har.

– Jag skall ge dig en sanning
som består i alla dar.

*** Vers 3 ***

Hon var full med sommar hon var full med sol
Hon gav mig mer än en blomsterflod
Hon bar min vind i alla träd
Det var ju hon som var min värld.

Både skratt och gråt tillhör längtans språk.
Hennes sätt att nå mig förstår jag först efteråt
Ur längtan och lust kom detta barn
Mitt ansvar hon är och mitt hjärta hon fann.

*** Ref ***

En fågel kom till mig med dessa orden
– Jag skall visa dig det vackraste på jorden
– Jag skall ge dig en sanning
om något som du har.
– Jag skall ge dig en sanning
som består i alla dar.

*** Vers 5 ***

Hon är det finaste på jorden
Kärleken till barnet består i alla dar.
Hon ger mig mening åt min stund på jorden.
Kärleken till henne består i alla dar,
alla dar,
alla dar,
i alla dar.
***

Vem är jag?

Jag skall försöka ge en kortare beskrivning av vad jag är för typ av människa. Naturligtvis är jag en produkt av den miljö jag vuxit upp och levt i. Det finns även arv, gener som är med och påverkar.

En gång vet jag att en chef sa vid ett utvecklingssamtal att jag är en "struktur-människa". Han menade att jag alltid började med att strukturera det jag skulle göra. Sedan, när jag förstod strukturen, började jag jobba.

När jag och min fru ska jobba eller bygga om något så brukar hon bli otålig. Hon vet direkt vad som skall göras och tycker bara att det är att sätta igång. Ofta har hon rätt. Men ibland känner jag att det är något som inte är under kontroll eller genomtänkt. Då måste jag fundera och det har hänt flera gånger att min "mag-känsla" visade att vi missade något viktigt som också måste tas hänsyn till annars måste vi göra om jobbet igen.

Något annat som kompisar och arbetskamrater har frågat mig är om jag är reli-giös. Jag blev i början överraskad. Jag betraktade inte mig själv så men jag kommer ibland att tänka på en episod från min barndom.

Vi var bjudna att delta vid en av våra släktingars konfirmation. Jag tror jag var sex år. Så länge jag kan minnas har jag fascinerats av Jesus. Prästen började ställa frågor till konfirmanderna och jag märkte att jag kunde flera av frågorna. Till slut kunde jag inte vara tyst längre utan började svara på frågorna. Jag kommer inte ihåg hur de fick tyst på mig men jag skämdes lite efteråt att jag inte kunde hålla mun.

Som sagt Jesus budskap känns rätt däremot är det flera saker i det gamla testamentet som visar upp en grym Gud som jag tycker borde se att alla har lika värde. Har han skapat oss alla har han inte rätt att favorisera vissa och mörda andra eller aga barn. "Vill du dina barn väl skall du inte låta käppen vila" som det står i skriften.

Så en av mina egenskaper som har mycket att göra med denna bok är att jag kan vara fruktansvärt envis. Jag har svårt att ge upp. Har jag slagit huvudet i väggen, misslyckats med något jag försöker göra, så går det några dagar, sedan försöker jag igen. Om man lägger till struktureringsbehovet, nyfikenheten att få tränga in i och förstå olika områden så börjar det bli en bra beskrivning av mig. Sedan var det en sak till: "Ingenting är klart innan det kan verifieras". Något jag tycker är mycket irriterande är det människor som pratar som de kan allt. Besserwissers som har en svada där de skall förklara hur saker och ting fungerar men egentligen bara pratar. Jag anser att det är viktigare att visa än att snacka.

Följande exempel är något som kändes riktigt bra för mig, jag snackade inte bara, jag gjorde:

Det handlar om skytte, pistolskytte. Senare i boken kommer jag att berätta varför jag började med den här sporten. Det var inte någon rolig historia men skyttet i sig har gett mig mycket och det känns bra att hålla på med det. Det är en fascinerande sport där man utvecklas, träffar folk (som vi säger lite skämtsamt) och mycket annat. Hur som helst. Jag hade köpt en pistol som fungerade skapligt men jag var inte helt nöjd med precisionen. Oftast skjuter vi på 25 meter och då kallas det för precision. Sedan finns en annan gren som kallas fältskytte. Vid fältskytte är målen på olika avstånd, som kortast kanske 5 meter och som längs upp mot 70 – 80 meter. Under en vinter skulle vi skjuta något som kallas Magnusserie. Avståndet till tavlan var 50 meter, i liggande ställning med stöd. Jag märkte snart att jag sköt sämre än de andra. Detta var mycket irriterande. Personer som jag normalt besegrade var bättre än jag. Nu vaknade felsökaren till liv i mig. Jag skulle hitta felet. Man måste ifrågasätta alla delar som kan vara inblandade, i detta fall skytten, vapnet eller ammunitionen. Jag pratade med flera personer om vad de trodde. En (gammal militär) sa att vapnet inte är bättre. Det är inte gjort för precisionsskytte. En annan sa att felet var "pipbussningen". Det är den främre delen som fixerar pipan.

Jag kontaktade leverantören och fick rådet att köpa bättre ammunition. Jag köpte några askar och provsköt. Visst det gick lite bättre men fortfarande var det oförklarliga missar.

Nu hade jag tagit in andras "kunskap" men det hjälpte inte. Dags för nästa steg. Jag satt hemma och analyserade hela förloppet vid avfyrning och hur mekanismen uppförde sig under den korta tiden från avfyrning till dess att patronen lämnade pipan. Det är bråkdelen av en sekund. Kulan har i början en hastighet av ca 350 m/s och pipan var 127 mm. Jag började mäta upp glapp och märkte efter en tid att det uppstod ett glapp när pipan rört sig ca 1 mm från sitt bakre fixerade läge. Rörelsen har att göra med omladdningsmekanismen.

Jag provsköt på egen hand på 50 meter och fick en spridning på 42 centimeter. Mitt mål var att träffa 10:an som är ca 20 millimeter i diameter. Min precision var ju helt åt skogen.

Åter hemma lyckades jag stoppa in ett bladmått där glappet uppstod. Med hjälp av den gamla "Pytagoras sats" och lite sinus och cosinus räknade jag ut att glappet skulle ge en spridning på (tänka sig) 45 centimeter. Det kändes i hela kroppen att jag hittat felet. Men det MÅSTE bevisas.

En sak vi skyttar håller på med är att förhärliga våra egna vapen och vapenmärken och häckla de som har något annat. I detta fall hade jag ett tjeckiskt märke. De andra hade ett italienskt. När vi baktalade varandras vapen användes ord som "gjutjärn och bondsmide" för den tjeckiska eller "smäck" för den italienska. Nu nedlät jag mig till att låna den italienska puffran eftersom jag visste att den var bättre än min.

På skjutbanan gjorde jag en koll av det stället där jag hade glappet. På den italienska "smäcket" fanns inte glappet. Jag provsköt italienaren och den gick bra. Det gick att träffa 10:an eller i alla fall 9:an bara jag gjorde rätt. Med mitt eget vapen, med spridning på 42 centimeter missade jag nästan tavlan.

Okej, nu visste jag var felet var men fortfarande var mitt eget vapen "odugligt" för mig. Jag kontaktade leverantören och beskrev fenomenet och undrade vad men kunde göra åt det. De ansåg ändå att jag skulle köpa bättre (eller dyrare) ammunition. Nu tipsade en av klubbmedlemmarna mig om en bra vapensmed i Bromma. Jag ringde och beskrev vad jag hittat. För första gången fick jag gehör för min upptäckt. Vapensmeden sa "Du är på helt rätt spår". Han beskrev att den typ av problem, som jag hade med mitt vapen, har han åtgärdat många gånger på andra. Han gör det genom att byta pipa och sätta in en så kallade "matchpipa". Det är en pipa som i sitt ursprungliga utförande är för stor för vapnet. Sedan tar han och slipar in pipan så att den passar exakt för ett vapen eller "matchar pipan till vapnet".

Efter lite letande hittade han en matchpipa till mitt "bondsmide". Jag lämnade in den, fick tillbaka den och provsköt. YES, det funkade.

Efter lite träning ställde jag upp i klubbmästerskapet och vann med marginal. Jag hittade en del statistik där man såg resultatet från klubbmästerskapet nio år tillbaka i tiden. Tittade man tillbaka så hade mitt resultat räckt till vinst sju gånger, delad etta en gång och tvåa en gång. Nu var jag nöjd.

Jag skall säga att min fru blir lite orolig för mig när jag fokuserar på problem som detta. För mig finns det inget alternativ än att gå ända fram till slutet eller "in i kaklet" som man ibland säger. Hon tycker att jag borde lägga av och inte vara så envis.

Jag är dock mycket tacksam att jag har den här egenskapen att jag inte kan ge upp så länge jag har någon livskraft kvar. Att jag inte kan ge upp gäller i högsta grad min bearbetning. Att bearbeta i 26 år tror jag är rätt ovanligt men jag ger inte upp förrän jag är frisk och kan leva ett bra liv.

Det är bearbetningen som denna bok handlar om, det är kunskapen från 26 års mycket hårt arbete som jag vill delge den som har nytta av den, patienter eller terapeuter.

På samma sätt som jag fick en modell och kunskap om mitt vapen i exemplet ovan, på samma sätt har jag fått modeller och metoder som jag använder för att kunna leva och utvecklas som människa.

Det är min högsta önskan att jag skall kunna hjälpa, åtminstone några, som har liknande problem som jag.

Det finns ytterligare en viktig del i exemplet ovan. Jag anser inte att problemet med skyttet vara löst förrän jag bevisligen skjuter bra. Samma sak gäller med bearbetningen. Jag är inte klar förrän jag mår bra. I min bearbetning har jag fått fram mängder av förträngda minnen. Om dessa är sanna eller inte är för mig inte det viktigaste, det viktigaste är att jag mår bra. En annan aspekt är att det är ganska svårt att få fram bevis från en tid när jag själv bara kunde krypa, inte hade något språk och var fullständigt beroende av den som gjorde mig illa. Jag kommer att skriva om vad som kommit fram, om övergrepp och misshandel, både fysiska och psykiska. Dock är mitt välmående ett mått på om bearbetningen gör nytta eller inte.

Problembild

Jag ska nu beskriva vilka slags mentala och psykiska problem jag har i livet. De flesta problemen har jag blivit mobbad för av min styvfar. Jag var klen, som han sa. Jag tog till mig hans budskap och skämdes för att jag var så oduglig och inte hade samma hårdhet och styrka som honom. Det här kan man som analyserande psykolog beskriva som ett av mina problem, "Nedvärderande självbild" eller "bristande självkänsla" skulle man kunna säga. Här kommer en lista på några symptom:

- Spänningshuvudvärk som ibland övergår till migrän sedan tolvårsåldern.
  - o Det var ganska vanligt att jag blev liggande på helgerna i huvudvärk. Till att börja med ville jag inte ta tabletter men i tjugoårsåldern blev det allt mer vanligt.
  - o I trettioårsåldern hade jag blivit beroende av Treo. Åt åtta tabletter om dagen under helgerna. Det är tydligen inte helt ovanligt att Treo kan vara vanebildande. Jag höll mig dock till maxdosen som stod på förpackningen. Under en mycket jobbig period med arbete i Holland -97, åt jag denna dos varje dag utan uppehåll under tre månader.
  - o Efterhand som min bearbetning gick vidare så avtog huvudvärken. Idag anser jag mig inte ha något större problem med den. Vissa perioder tar jag inga tabletter på månader.
- Ätstörningar sedan sjuårsåldern.
  - o Vid sjuårsålder fick jag ett enormt sug efter godis. Jag snattade godis, jag lyckades ta ut pengar från banken för att köpa godis. En kreativ aktivitet jag och några kompisar kom på var att vi kunde köpa drickabackar i Konsum och sedan sälja dem på Ica och tjäna några kronor. Pengarna användes naturligtvis till... godis. Jag blev näst tjockast i klassen och som jag nämnde tidigare mobbad av min styvfar för min fetma.
  - o Började efter ett par år kräkas när jag ätit onyttigt. Den onda cirkeln

var i gång. Hetsåt godis och spydde sedan upp efter 30 minuter.

o I tjugoårsåldern vägde jag 62 kilo var 180 centimeter lång och tyckte
   jag var tjock.

- Självmordsplaner under 10 års tid

   o Perioden efter att vi fick barn, då jag inte kunde använda mina
      gamla flyktbeteenden längre, mådde jag fruktansvärt dåligt. Ständig
      sömnbrist och enorm ångest gjorde att jag tappade all livsvilja. Jag
      hade dock en mycket stark kärlek till min lilla dotter. Tanken att
      jag skulle hålla ut till den dagen hon fyllde tolv år var det enda som
      gjorde att jag kunde fortsätta leva. Jag hade ett mål där jag tänkte
      att jag ändå tagit ett visst ansvar för henne. Om hon var tolv så hade
      hon blivit en egen individ, om än inte vuxen.

   o Jag minns att jag ofta gjorde små svängar ut mot mötande lastbilar
      för att känna hur lätt jag kunde dö. Det gav en lättnad och jag kunde
      se på problemen med lite annat perspektiv.

- Avstängning och svår ångest vid resor där jag sover borta.

   Militärtjänsten var en mycket svår tid. När vi var hemma vid regementet
   gick det bra men övningarna och övernattning i tält med okända människor
   var ett helvete.

- Fester och fylla gör mig spänd och nervös. Det kan släppa när jag själv känner
  en lagom berusning. Om jag känner att jag börjar tappa kontrollen över mig
  själv får jag en mycket stark ångest.

- Oförmåga att lita på vänner. Desto närmare en människa är desto farligare
  förefaller de vara.

- Oförmåga att försvara mig själv. Min styvfar hånade och kränkte mig under
  hela min uppväxt och jag kunde aldrig säga emot. Det blev tomt i huvudet på
  mig, rösten darrade och det stockade sig när jag försökte prata. Den här reak-
  tionen kom även när klasskamrater mobbade mig, vänner vände sig emot mig.

Mitt liv som jag minns det efter 26 år av bearbetning

Här följer den bild jag har idag av det liv jag levt. Varje avsnitt är uppdelade i en inledande del som beskriver den bild jag hade från tiden innan jag bearbetade. Därefter en del som beskriver hur jag ser på händelsen idag. Den delen kan bestå av minnesbilder från förträngde minnen och reflektioner.

De nya minnesbilderna som kommit fram under bearbetningen får läsaren betrakta som saker som jag behöver uppleva och känna och integrera för att tillfriskna. Är dessa minnen absolut sanna? Vem vet, jag kan inte bevisa det som hände men det känns i hela min kropp att de innehåller saker eller delar som är sanna, de förklarar mina känslor och beteenden. Meningen med denna bok är inte att bevisa vad jag varit med om utan att visa min väg tillbaka till ett bra liv.

Reflektioner och insikter som kommer i den senare delen är att jag ser på minnen jag alltid haft men förstår att de betyder något helt annat. Det kan till exempel vara att jag förstår att det är saker som pågått bakom min rygg som jag inte fått reda på tidigare.

Bilden som växer fram är inte trevlig. Om någon ställer sig frågan: "Hur har han klarat sig?" Så är mitt svar: Det var ju det jag inte gjorde. När verkligheten är för hemsk finns mekanismer inom oss, som vi normalt inte vet att vi har, som kommer fram. Det är överlevnadsmekanismer som gör att vi överlever. Man tar dock stryk och blir förändrad. Man blir en annan människa.

Kärnfamiljen och historien innan jag föds

Min biologiska mor, Yvonne

För att förtydliga personerna här nedan listar jag namn och släktskap:

- Gammelmormor - Hanna
  - Min gammelmormor. Min mors mormor och vårdnadshavare för Yvonne under hennes barndom.
- Mormor - Birgit
  - Min sinnessjuka mormor. Min mors mor. Min mor Yvonne fick vårda Birgit under sin uppväxt
- Mor - Yvonne
  - Min mor.

Min mor har alltid beklagat sig över att hon hade det så svårt i sin barndom. Hennes egen mor, Birgit, var förmodligen aldrig helt frisk. När min mor var cirka två år var Birgit med om en bilolycka där hon fick en skada i huvudet vilken troligen utlöste en sinnessjukdom. Det jag fick höra under min uppväxt var att Birgit var schizofren.

Efter bilolyckan kunde Birgit inte ta hand om min mor och vårdnaden gick över till fadern. Efter en kort tid hämtade dock min gammelmormor, Hanna, hem henne och övertog vårdnaden. Min mor vet inte varför detta skedde. Kanske kan det ha varit någon typ av vanvård från faderns sida eller så kan det ha varit att gammelmormor bestämde att hennes barnbarn hade det bättre hos henne. Min gammelmormor tog även hem den schizofrena Birgit till sitt hem. Min mor har sagt att gammelmormor slutade ge Birgit medicinerna hon blev ordinerad, kanske gjorde det ont i gammelmormor att se sitt barn neddrogat och apatiskt. Min mor har beskrivit att Birgit var aggressiv hemma. Hon har uppgett att hon ibland låg bunden i sängen. Efter hand som min mor blev äldre så fick hon vara med och vårda sin egen sinnessjuka mor.

En sak min mor berättade ganska sent, var att Birgit kunde stå bunden vid en kamin i morföräldrarnas sommarstuga. När min mor skulle ge mat till Birgit fick hon ta på sig en badmössa annars kunde Birgit slita av henne håret. Hur sann denna historia är vet jag inte.

Christer: Reflektion efter bearbetning

Jag kommer nu att beskriva det jag tror hände min mor i hennes barndom och hur hon utvecklades i denna miljö. Jag skulle vilja prata med henne om detta men hon har fullständigt förskjutit mig när jag börjar ifrågasätta hennes handlingar, när jag inte bejakar hennes falska bild att "hon har gjort allt för sina barn" det vill säga att hon är godheten själv.

Det min mor har berättat är att hon blev utsatt för elakheter av den sinnessjuka Birgit som hon tvingades vårda. Hon har aldrig sagt något om att hon gjorde något mot Birgit. När jag ser på min mors beteende så är jag övertygad om att min mor utvecklade ett stört beteende som sedan fortsatte i vuxen ålder och även när hon själv blev mor. Hon har aldrig haft en frisk relation till någon som är "mor" och skyddar henne. Den som var "mor" var ju gammelmormor som tvingade henne att vårda den elaka och aggressiva Birgit. Det gammelmormor gjorde var att sitta bredvid och låta Yvonne bli utsatt för och skrämd av Birgit som hon sedan sa var Yvonnes "mor".

För mig så ser jag logik i att min mor utelämnade halva historien av vad som hände i hennes barndom. För att överleva mentalt i denna miljö började hon ge igen på Birgit när inte gammelmormor såg vad som hände. Birgit var så sjuk att hon inte kunde förklara varför hon skrek eller kanske hade blåmärken. Jag ser paralleller med att min mor senare, under hela min uppväxt alltid förklarade min storasyster som ond. Min mor projicerade ondskan i min syster men min syster var bara liten eller avundsjuk, det var inte ondska.

Jag ser även paralleller med att min mor satt passiv och aldrig ingrep när min styvfar hånade och tryckte ner mig från det jag var sex år och uppåt. Det liknar den rollen som gammelmormor tog när Yvonne blev utsatt för Birgit och inte ingrep. Nu tar min mor gammelmormors roll och det lättar min mors känsla av vanmakt, nu är det hon som ser på när barnet far illa.

Min mor har aldrig bearbetat sin barndom. Hon har hånat mig och min syster för att vi bearbetat vår. Hon har även tagit hjälp av min styvfar för att håna mig och min syster för att vi behöver hjälp för att vilja leva vidare.

Min far

Min far föddes i Härnösand. Han var inte speciellt lyckosam i skolan men han var musikalisk och spelade i band. Han spelade flera instrument, trummor, gitarr, kontrabas och kunde hjälpligt spela piano.

Min farfar jobbade på Örebro kommun och var under del av sin yrkesverksamma tid dykare. Min far brukade även använda det som smeknamn på honom "dykarn". Min farfar hade problem med alkohol och jag vet de som kallade honom för alkoholist. Vi har hittat papper från arbetsgivaren där det stod att farfar uppträtt berusad på jobbet och därför blev förbjuden att komma dit under ett antal dagar. Han hade perioder av missbruk vilket ofta sammanföll med helger. Farmor sa att julafton brukar sluta med att hon får ringa polisen.

Till att börja med var min far en renlevnadsmänniska, han hade smeknamnet "Budda".

Christer: Reflektion från bearbetning

Min far var alkoholisten, han som inte kunde sköta ett jobb. Han var hårt hållen hemma av farfar och vad jag fått höra ville inte farmor ha några barn. Han hade det inte lätt i skolan, han blev retad men musiken var hans sätt att hävda sig. Till att börja med tog han avstånd från sin fars drickande men ganska snart började även han dricka. Jag tror även han hade personliga problem med depressiva perioder. Jag ser honom som en ganska känslig människa men spriten gav honom självförtroende. På den tiden min far var liten var det nog ännu mer skamligt att söka hjälp hos psykolog, än det är idag. Alkoholen är ett av de mest effektiva ångestdämpande medlen vi har i vårt samhälle Den verkar nästan direkt, dock har den kraftiga biverkningar. Jag anser att min fars övergrepp kraftigt förvärrades av hans grava missbruk. Han tappade verklighetsförankringen och gjorde sådant han aldrig hade gjort utan alkoholen. Därmed anser jag inte att alkohol **är** orsaken till min fars övergrepp mot mig, det är ångest och maktlöshet i kombination med alkohol som är förödande.

Han var dock inte helt igenom rutten. Det fanns en äkta kärlek från honom när han var nykter även om jag var orolig för humörsvängningarna. Han var musikern, spexaren som tyckte om att skoja. Han var social, inte hånfull eller retsam. Han pratade aldrig illa om min mor på det sätt som min mor gjorde om honom.

Mina föräldrar är båda uppvuxna i Örebro och det var där de träffades.

Min storasyster

Min storasyster är född tre år före mig. Min far ansågs vara alkoholist vid den här tiden. Jag har inte fått så mycket berättat från den här tiden.

Christer: Reflektion från min systers bearbetning

Min syster har en liknande upplevelse av övergrepp från min far och mor. Vi började få minnesbilder och så kallade flashbacks samtidigt och det var ungefär ett år efter att vår far avlidit.

Jag skriver inte om min systers historia och hennes minnesbilder från den här tiden. Det är något hon själv får berätta, om hon väljer att göra det.

Kärnfamiljen i Halmstad, 0–3 år

Jag föddes i Halmstad 1962. Vi bodde i ett nybyggt område som hette Linehed. Min far jobbade på Malcus och min mor var hemmafru. Min far är väldigt stolt över mig, han har fått en son. Min mor har beskrivit det som att min syster var plötsligt ingenting värd, nu var det sonen som gällde.

Min syster Eva blev bortlämnad till en familj som var okänd för henne när jag föddes. Hon vistades hos den andra familjen några dagar och det berodde förmodligen på att min mor skulle bli avlastad när jag kom hem.

Jag har inga minnen från dessa tre år i Halmstad. Vi har senare i livet varit på västkusten under några semestrar när jag kom upp i skolåldern och jag har då känt att sanden, havet, havsluften ger mig en behaglig känsla. Det är bekant på ett speciellt sätt och jag tycker mycket om miljön. Sand och den beigeljusa färgen är en grundfärg som jag tycker mycket om och ofta använt när jag renoverat hemma.

Min mor har beskrivit tiden som mycket jobbig för henne. Min far söp i perioder och skötte inte jobbet som han skulle. Hon tog allt ansvar. Han köpte nya bilar och de hade problem med pengar. För min del var det inget jobbigt eftersom min mor gjorde allt för min syster Eva och mig.

Vår faster Maggan berättade att min far under en period söp och sov nere i ett barnvagnsförråd. Efter en tid ringde min mor efter farfar som bodde i Örebro. Farfar åkte ner till Halmstad. Farfar bar upp pappa och slängde ner honom i badkaret och duschade av honom. Jag förmodar att han fick en utskällning och jag tror han skärpte till sig efteråt.

Pappa åt Antabus i omgångar mot sitt spritmissbruk men det blev aldrig helt bra.

Min mor är den som styr över mig och min tillvaro. Min avundsjuka syster får många tillfällen att agera ut sin avundsjuka.

Min mor beskriver att Eva och några andra barn står och blåser på mig vid ett tillfälle. Ett litet spädbarns reflex är att sluta andas när det blåser. Barnen står och blåser och när min mor kommer fram ser hon att jag är blå.

Christer: Reflektion i bearbetning.

När min mor berättar sådana här saker handlar det om att hon vill bevisa att min syster är ond. Det har varit min mors budskap under alla år.

Som nybliven förälder förfäras jag över att en mor lämnar sitt nyfödda spädbarn till en treåring och hennes vänner. Jag skulle aldrig göra som hon gjorde. Så fort min mor såg det här borde hon ha känt skuld själv över att hon gjort fel gentemot sitt värnlösa spädbarn. Sådana skuldkänslor är inget min mor har. För henne har spädbarnet samma betydelse som en docka, det är hennes leksak.

Även om min syster gjorde något som var elakt mot mig så kan man inte förklara detta med ondska. Min syster är tre år och är för liten för att förstå vad hon gör.

Eftersom jag i min bearbetning hittat minnesfragment, skräck och känslor som tyder på att jag varit utsatt för sexuella övergrepp och trauman i mycket tidig ålder har jag frågat min mor om hon hade märkt om något sådant hänt. Hon har då gett två helt olika versioner. Den första var att min far var så otäck vid den tiden från det jag föddes och framåt i Halmstad att hon aldrig lät honom vara ensam med mig. Den andra versionen var att han mådde bra när jag föddes och framåt, däremot skulle det ha kunnat hända med min syster när hon var riktigt liten för då var han farlig. Det här är inte ovanligt när det gäller min mor att ändra sin berättelse.

Fingrar i kläm

När jag var mindre än ett år gammal var jag fascinerad över vad min storasyster hittade på. Vid ett tillfälle när jag kryper efter min syster och hennes kompis, springer de ut ur vår lägenhet, ut i trappen och slänger igen dörren efter sig. Jag kryper efter och mina fingrar kommer precis i springan mellan tröskel och dörren som slår igen. Långfingret blir krossat och fler fingrar kommer troligen i kläm men inte lika svårt. Jag har fortfarande en sned nagel på vänster långfinger som visar krosskadan jag fick för 55 år sedan. Min syster var tre år.

> *Christer: Reflektioner från bearbetning*
>
> Från samtal med min syster fick jag reda på att hon fick stryk efteråt för den här händelsen. Min syster minns händelsen och säger att hon och kompisen var på väg ner till lekplatsen som var utanför vårt hus. Hon minns ingen avundsjuka.
>
> Att min mor gav min syster stryk efter det här har jag inte så mycket att säga om. I dag är det förbjudet att aga barn så samhället har tagit avstånd från en sådant beteende. Vid tiden då det hände var det tillåtet att aga så det kanske inte var konstigt. Om jag tänker mig in i situationen att slå min egen dotter när hon var tre år gammal om något liknande hände så skulle jag känna avsky inför mig själv.

> *Christer: Minnen som framkommit under bearbetning*
>
> Det finns minnesfragment som framkommit av händelsen. Det är en fruktansvärd smärta i vänster hand och fingrar som vrids. Fingrarna domnar bort och det pulserar. Det som framförallt framträder i minnet är att fingrarna vrids och det känns som de vrids sönder. Jag upplever en rädsla eller skräck att de inte sitter kvar på mig. Det är inte ett mentalt trauma. Erfarenheten från smärtupplevelsen kan dock ha skapat en försiktighet framöver, där jag är mera rädd om min kropp.

Skållningen

När jag var ungefär ett år råkade jag ut för en skållning. Sviterna efter den händelsen kunde man se ända upp i 25 årsåldern när jag på sommaren fick pigmentförändring på vänster underarm där skadan inträffade. Min mor brukar berätta att jag stod och balanserade på en uppblåsbar docka och fick tag på en kaffekopp som hon precis hällt upp. Jag fick tydligen brännskador även på benet. Jag fick åka till sjukhuset och få det omlagt. Bar bandage under en tid.

Något som min syster berättat senare var att pappa blev mycket arg på min mor efteråt. Det är fortfarande oklart om jag först blev bränd och sedan fick vara hemma utan behandling av brännskadan och det var först när pappa kom hem som vi åkte till sjukhuset.

Något som min mor även berättat var att läkaren var mycket tveksam till hennes berättelse. Han ifrågasatte om kaffe som var upphällt i en kaffekopp kunde ge så grava brännskador.

Efter en tids läkning och bandaget är borttaget.

Christer: Minnen som framkommit under bearbetning

Här har helt andra minnesbilder kommit fram än de som min mor berättat. Jag står inte på en docka utan sitter i en barnstol vid bordet. Kaffet hälls från en kaffepanna som är stor och blank. Kaffepannan tas från spisen. Att mitt ben blir bränt är för att jag sitter och kaffet rinner från kaffepannan ner på min arm och vidare ner på benet. Det blir som en explosion i armen, den brinner. Det blir som att vätskan smälter armen. Det är en sådan smärta att allt annat försvinner och det är bara smärtan i armen jag upplever. Samtidigt känns det som att mamma är irriterad eller arg. Min uppfattning är att det här är något som påminner om en hämnd från min mor. Hon är arg för att jag är besvärlig och nu tycker hon att det är rätt åt mig att bli skållad av kaffet. Hon går sedan därifrån och låter mig sitta och vråla ut min smärta. Hon hjälper mig inte direkt.

Att läkaren hade svårt att tro på att kaffet från en kaffekopp kunde vara så hett var befogat. Den vätska jag fick över mig var från en kaffepanna som precis tagits av spisen.

Min mors iskyla, att bara låta mig sitta kvar och skrika av smärta har återkommit i många minnen senare. Det är en del i hennes övergrepp att visa total likgiltighet inför det lidande barnet.

Det här är ett lika stort fysiskt trauma som ett psykiskt. När jag vill ifrågasätta min mor eller säga till henne att hon gjort fel så knyter

31

det sig. Kroppen reagerar utifrån att jag kan bli utsatt för liknande fruktansvärda bestraffningar om jag inte fogar mig.

En annan sak som jag reagerat på när jag själv blev far var att min mor aldrig har uttryckt ett uns av skuld eller ånger över det som hände i hennes berättelse. Om jag hade ställt fram en kaffekopp som min dotter fått över sig så hade jag känt skuld. Det är ju mitt ansvar som vuxen att skydda henne.

Min fars övergrepp

Mina föräldrar hade ganska ofta fester då de bjöd hem bekanta. Min far var ofta ute och spelade på helgerna så han drack nog varje helg. Min mor har aldrig sagt annat än att hon var den skötsamma och tog hand om Eva och mig och att min far söp sig full.

Christer: Minnen som framkommit under bearbetning

Jag har alltid varit rädd för min far och i bearbetningen har jag hittat vad jag varit rädd för. Redan i mycket tidig ålder var jag utsatt för övergrepp. Jag lärde mig att se tecken på min far när han var farlig. Sådana tecken är en frän lukt, som innebär att han har druckit sprit. När hans ögon är glansiga, som han fick när han var berusad, är det också tecken på att han är farlig. Hög röst är ytterligare något som skrämde mig.

Om jag ser dessa tecken hos människor idag så aktiveras också rädslan.

Jag har fått fram många minnen från Halmstad och den sammanlagda bilden är följande. Min far kan vara en varm och glad människa som leker med mig men det är när han själv har lust. Han är labil i sitt humör och kan bli arg mycket snabbt. Jag blir osäker i hans närhet men uppskattar leken. Det är i hans närhet jag kan känna en kärlek från en annan människa, ett varmt "flöde" som finns i hans ögon och i hans beröring. I de stunder han är glad ser jag att jag är efterlängtad och han bekräftar mig, jag är omtyckt.

Denna människa kan sedan bete sig helt annorlunda. Ett monster som plågar mig tills allt svartnar. Min otrygghet ökar när det är mörkt utanför lägenheten, när pappas röst blir mer högljudd, när ögonen blir glansiga och sökande men kanske mest när jag känner den fräna lukten, lukten av sprit. Det är som han dras till mig i det tillståndet.

Övergreppen min far begår liknar ofta ett likartat mönster. Först skapar han skräck och paralyserande rädsla i mig. Det kan vara med strypningar och att han jagar runt mig i rummet. Jag försöker fly in i olika hörn och sitter och skrapar på väggen i något panikartat försök att komma undan, sedan ger jag upp. Sedan utsätter han mig för sexuella övergrepp, ibland analt, ibland oralt. De anala övergreppen är förknippade med en fruktansvärd smärta, det är som att man sprättas upp och jag går sönder inuti. De orala övergreppen är förknippade med kväljningar och syrebrist det blir åter som att bli strypt.

Min mors tystnad, det värsta av allt, ungefär ett år gammal

Christer: Minnen som framkommit under bearbetning

Det jag nu skall beskriva är bland de sista saker som framkommit i min bearbetning och det har varit det värsta jag upplevt.

Min fars övergrepp är i sig fruktansvärda att vara utsatt för. De finns dock ett naturligt beteende som jag hittat i mig. Efter att blivit utsatt för ett övergrepp fanns ett behov att få uttrycka detta fruktansvärda för någon som tar hand om mig. Det finns medfött drivkraft att söka tröst och trygghet hos någon annan när en person utsatt mig för smärta.

Om jag hade kunnat få gråta ut i en trygg människas skyddande famn hade mitt liv varit annorlunda. Men det absolut värsta var att jag efter att jag blivit utsatt för pappas övergrepp nu blev utsatt för ännu ett av min mor. I detta förtvivlade tillstånd jag var i efter min fars övergrepp utsätter hon mig för det värsta av allt. Hon kväver skriket.

Minnet som kom under en exponering hos Olle var att jag skriker av förtvivlan och vanmakt efter pappas övergrepp. Jag är otröstlig. Det min mor gör är att hon tar en filt eller kudde och trycker den mot min sprattlande kropp. Sedan för hon in den andra handen och håller för min mun tills jag slutar skrika. Jag kan inte röra mig och jag får inte luft. Alla känslor trycks tillbaka in i mig och får inte komma fram. Det är som att allt jag har och är, kvävs och stängs in i mig. Jag har inget värde, med mig får man göra vad man vill. För mig är detta då jag till stor del dör mentalt.

Varför gjorde hon då detta? Kan hon ha gjort det för att hon var förtvivlad och inte stod ut med mitt skrik? Kan hon ha gjort det för att hon var rädd för vad min far skulle göra med henne om hon protesterade? Jag är så liten vid det här tillfället så jag har inte kunskap eller förmåga att läsa av situationen. Dessutom är jag i chock och då stängs sinnen av så att man inte är mottaglig för vad som händer.

Min övertygelse är att hon visste att jag blivit utsatt för övergrepp och hon visste att min förtvivlan och min gråt berodde på övergreppet. Hon kväver mig för att plåga mig ännu mera. Hur kan jag vara övertygad om det? Jo, därför att hon återupprepar samma beteende (kväver/tystar) efter ett annat övergrepp som sker senare. Sju år senare utsätts jag för ett liknande trauma av min far. Jag ber henne inte om hjälp eftersom denna erfarenhet satte sig i mitt undermedvetna. Det satte sig som en "regel" i mitt autonoma system, sympatikus. Regeln var "När jag mår som sämst och är i största behov av hjälp, då kommer min mor att plåga mig ännu mer". Jag bad inte om hjälp när jag var åtta år. När jag däremot var 30 år berättade jag vad som hade hänt. Efteråt har min mor hånat mig och förtalat mig för att jag berättade. Hon beter sig på samma sätt vid flera tillfällen mot både min syster och mig. Hon kväver barnets rop på hjälp och sviker som mest när man är som svagast.

Skadan som uppstår är mycket stor. Det här är kärnan i mina problem. I denna stund (ungefär ett år gammal) förlorar jag tillit till alla människor. I denna stund uppstår även en annan regel. "Det är okej att plåga mig". Känslan för rätt och fel försvinner när det gäller hur man behandlar mig. Egentligen är det fel att säga att den "försvinner" det är mer korrekt att den aldrig vaknar, det lilla barnet är öppet och accepterar det som det utsätts för. Jag låter andra göra det de vill med mig. Jag tar på mig andras skuld rent reflexmässigt. Min mors kvävning efter min faders övergrepp är en oerhört svår upplevelse. Om detta upprepas flera gånger vet jag inte, än så länge har jag hittat ett tillfälle. Kanske är detta tillfälle den "primal", det första tillfället och den som skadat mig mest.

I min bearbetning finns minnen där jag efter detta övergår till att bli galen under ett antal dagar. Dagar och nätter är egentligen inte det jag minns, eftersom jag är så liten, utan en tillräckligt lång tid av kaos och förvirring. Sedan har det gått tillräckligt lång tid för att mina sinnen skall uppfatta att faran är över.

Något som är typiskt för min mor är att agera som att inget har hänt. Hon är expert på detta. Det här gör att det fruktansvärda minnet som inte går att acceptera tynar bort. Minnen från det som hände går inte att leva med. Det var här jag började förtränga minnen. Det var en ren över-levnadsstrategi som jag anser är medfödd hos många av oss människor. Det som inte går att acceptera släcks ut och glöms. Det är dock inte så att det försvinner. Traumat blir kvar och är obearbetat. Här ligger den största orsaken till min PTSD. Det här har legat inkapslat i mig från den dagen. Även om minnet är fruktansvärt så finns det en del i mig som vill att det skall bli förståeligt och att jag skall slippa förtränga det jag fak-tiskt varit med om. På sätt och vis väntar jag på att möta en person som tar emot min smärta och förtvivlan och förstår mig. Någon som säger:

– Jag förstår hur fruktansvärt det måste ha varit.

– Det var aldrig rätt att behandla dig så.

– Alla människor är inte sådana och jag är det inte.

Christers oförmåga att hävda sig mot arga, dominerande eller påstridiga människor tror jag har sin grund i dessa episoder. Faderns övergrepp och därefter moderns bestraffning med kvävning fram till han har tystnat och blivit fullständigt undergiven. Moderns brist på tröst och fullständiga känslokyla inför hans förtvivlan har sannolikt varit minst lika förödande som faderns övergrepp.

Min syster, det oskyldiga barnet

Min syster ville inte ha mig. Min mor har dock berättat att jag tyckte mycket om henne. Hon brukade berätta om att jag stod vid räcket på vår balkong och tittade ut på gården och lekparken. När jag fick syn på Eva ropade jag förtjust:

– Va, va, va, va.

De var mitt namn på min syster Eva.

Jag fick många smällar och tjyvnyp av min syster. En annan sak min mor brukar berätta var att Eva brukade trampa på mina fingrar med sina träskor.

Christer: Minnen som framkommit under bearbetning

I min bearbetning har det kommit fram minnesbilder och känslor som visar att jag tog skada av hennes elakheter. Det var ju dock tveklöst min mors ansvar att stävja misshandeln. Jag kommer nu att beskriva några av händelserna som framkommit.

Jag vill rita och är bredvid Eva. Hon bestämmer sig för att ta samma krita som jag har. Hon rycker den ur min hand. Jag försöker hålla kvar den men är för svag. Det känns som att hon alltid förstör min lek. När som helst helt utan förvarning klipper hon till. Jag är ingenting värd och är svagare än hon.

Tiden går och jag får fler och fler smällar. Jag blir fysiskt större och får fler förmågor. Jag lär mig gå, blir starkare i händerna, kan börja slå som hon kan. En gång försöker jag verkligen svara upp på hennes elakheter och känner ilskan i mig. Jag håller emot när hon försöker ta något. Sedan klipper jag till. Det hon gör ibland är att springa och råka putta till mig. Hon skrattar och springer men jag uppfattar det som att det bara är falskt för egentligen är hon ute efter att putta omkull mig. Hon springer på mig bakifrån och jag slår hårt i golvet. Huvudet dunkar ner i betonggolvet och det går runt i huvudet och jag känner mig bedövad. Kroppen lyder inte och jag känner illamående. Jag känner maktlöshet och får bevis på att jag är svag. Min mor finns inte i närheten. Jag kan ha fått hjärnskakning men ingen bryr sig. Lärdomen är att små barn är opålitliga och farliga och jag kan inte försvara mig.

Återigen är lärdomen att alla människor är farliga. Min far begår övergrepp, min mor kan skålla mig och kväva mig om jag skriker, min syster utsätter mig för elakheter dagligen. Jag är svagast och ingen ger mig trygghet. Jag kan bara foga mig och försöka vara till lags så att de inte blir arga på mig. Det finns ingen anledning att försvara sig, då blir det bara värre.

Min mor tillfredsställer sig själv och använder mig

Christer: Minnen som framkommit under exponeringar

Vid bearbetning har jag ofta fått äckelkänslor för min mor och fått en känsla av att nacken sitter fast, som i ett skruvstäd. Jag kan få luktförnimmelser som gör mig illamående och även känna att jag inte får luft.

Minnesbilder som framkommit är att min mor använder mitt ansikte och gnider det mot sin slida och mot sin klitoris. För att få beröringen där hon vill och tillräckligt hårt måste hon hålla fast mitt huvud. Det här började hon med väldigt tidigt och det förekom redan i Halmstad.

Efteråt puttar hon bort mig och jag blir liggande på ett kallt golv, kan var badrumsgolvet. Jag blir ratad och det är som om hon blir äcklad av mig.

I mycket tidig ålder uppstår inte så mycket trauma i de här situationerna. Det är mest syreskulden som är svår eftersom jag inte kan andas. Senare blir det värre eftersom jag blir rädd för hennes bestraffning och att det fysiska tvånget visar att jag är maktlös och inte kan komma undan.

Kommentar av Olle Wadström:

Tämligen tidigt under exponeringarna framkom att en möjlighet för Christer att få fysisk närhet till modern var, när modern uppmanade honom att känna på det mjuka mellan sina ben. Även efter dessa episoder tog hon avstånd från och förebrådde honom när det var "färdigt".

Mot slutet av ett oändligt antal minnesexponeringar, av vilka de allra flesta ledde till kraftiga panikliknande ångestpåslag, framkom utnyttjandet där Christers huvud klämdes fast mellan låren med ansiktet mot skötet. Vid detta exponeringstillfälle sprang Christer ut på toaletten för att kräkas.

Positiva minnen som följer av bearbetningen

När jag bearbetar svåra saker, övergrepp och misshandel så kommer det ofta fram positiva saker efteråt. Här följer några.

Det kommer minnen av underbara stunder på en strand. Sandens färg, den ljumma vinden, det stora havet. Jag känner vinden i mitt hår och livet är underbart och varmt. Jag minns pappa som är på bra humör. Eva som är glad och springer, hoppar och plaskar. Jag tror det här är minnen från Tylösand. Minnena är på ett annat sätt än om jag skulle åka dit idag. Vattnet och sanden tar liksom upp hela mitt medvetande. Vad människor omkring gör registrerar jag knappt.

En scen som kommer är att Eva springer i en park. Hon har några blommor i ena handen och hon springer iväg för att plocka nästa, kanske är det krokus och det är på våren. Själv sitter jag i en barnvagn. Jag längtar så oerhört efter att kunna springa och jag blir glad när Eva är glad.

Min far håller mig intill sig. Han har vit skjorta och jag gråter. Mina tårar blöter hans skjorta men hans stora händer håller i mig och jag gråter ut. Jag känner pappas lukt och hans värme. Kanske har han precis kommit hem från jobbet och håller om mig. De har varit en otrygg dag men han gör mig trygg. Det här är verkligen en kontrast till den farliga pappan som luktar fränt av sprit och har de glansiga ögonen.

Flytt till Örebro och skilsmässa, tre år

Mina föräldrar flyttade tillbaka till Örebro när jag var tre. Mamma sa att pappa höll sig nykter tills han tog en öl tillsammans med flyttgubbarna när flytten var klar. Då var det dags igen. Här är turerna lite oklara men jag tror att det var så här. Vi flyttade från Halmstad till en sommarstuga i Kilsbergen som min mormor och morfar hyrde. Vi bodde några månader i "lillstugan". Därefter flyttade vi tillfälligt till Markbacken, ett vid den tiden nybyggt område på Örebros västra sida. Mamma har endast berättat en sak från Markbacken. Vid ett tillfälle stod jag och balanserade på balkongräcket. Hon fick syn på mig och lyckades rädda mig.

I bearbetningen har det kommit fram mycket mörka minnen från Markbacken, även den allmänna stämningen är obehaglig. Kanske var det här som mina föräldrar blev så osams att det sedan mynnade ut i separationen. Det var neddragna persienner, flyttkartonger, madrasser golvet. Det är som man bor bland kartonger och här är ingen bra plats att vara barn på.

Mina minnesbilder är att allt är ångest, jag vill bort. Jag har minnesbilder av att jag står på balkongräcket och bara vill bort, jag tänker hoppa.

Det finns bilder av bilar med röd skinnklädsel. Det skulle kunna vara en taxi som vi åkte i och att det var fest hos farmor och farfar. När vi kom tillbaka hem till lägenheten med flyttkartonger utsätter pappa mig för övergrepp på toaletten.

Lägenheten i Varberga

Det var i Varberga pappa började supa igen enligt mamma. Det blev bråk. Mamma flyttade till gammelmormor, som bodde på Oskarsgatan, med min syster och mig. Vid ett tillfälle åkte vi till lägenheten i Varberga där pappa nu bodde ensam. Min mor brukar berätta om detta och senare har även min syster fyllt på med mer detaljer eftersom hon minns händelsen.

Det var på förmiddagen, troligen söndag. Hur vi kom till lägenheten är inte klart för mig. Hon hade i med sig min syster och mig, sex och tre år gamla. Troligen visste hon att pappa var där med en annan kvinna. Lägenheten var rökig och det stod flaskor på borden. Det var stökigt och man förstod att de hade festat. Det brann i en duk på ett bord och det var tydligen mammas duk. Mamma blev vansinnig. I lägenheten fanns pappa och en kvinna. Mamma kastade ut kvinnan med våld så hon for utför trappen.

Efteråt tog mamma pappas bil och körde hem med den till gammelmormor. Hon använde sedan bilen som utpressning för att få lägenheten.

Christer: Minnen som framkommit under bearbetning

Händelsen med duken har jag inte kommit fram till i min bearbetning. Däremot är det en tid som är kopplad till gammelmormors lägenhet. Minnet är att det är en period där jag slits och dras fram och tillbaka in och ut ur lägenheter och bilar. Mamma drar mycket i mig och är inte närvarande, alltid på väg någonstans. Det finns ingen lugn och ro. Eva finns med men hon är också tyst.

Det finns även mycket mörka minnen som har att göra med mamma. Hon växlar och blir som en annan person, sinnessjuk, hatisk, stirrar. Det är som att hon blir tokig. Jag ser det här beteendet hos min mormor den sinnessjuka Birgit senare när vi är och besöker henne på Melringe sinnessjukhus.

Varför mamma skulle ha med sig Eva och mig till lägenheten är märkligt. När det gäller min mor är det dock helt i linje med hur hon gör. Det är för att Eva skall bli vittne till det som händer och för att hon skall se vad pappa har gjort. Att Eva eller jag skulle kunna fara illa är inget som hon bryr sig om.

Mamma har berättat att pappa hade fått tag på en pistol under den här perioden. Han hotade mamma och oss barn och sa att han skulle skjuta oss.

Det enda jag minns från den här tiden är fragment av gammelmormors lägenhet. Dock finns det en tydlig bild av att jag står och tittar i ett vardagsrumsfönster. Jag ser pappa nedanför bredvid en gul Mercedes och han vinkar till mig.

Daghem och Mormor, 3-5 år

Jag minns små fragment av mormors lägenhet på Oskarsgatan. Vi sa mormor, jag och min syster men egentligen var det gammelmormor, Hanna Wester. Vår riktiga mormor kallade vi Birgit eller Mammas-mamma.

Det finns en person, förutom mamma, som var mig nära. Det var gammelmormor. Jag minns hennes gråa hår, ansikte, rynkiga händer, tjocka armar men framförallt hennes ögon. De var varma men ofta lite sorgsna. Hon var tryggheten. Vi var hos henne ganska ofta. Det här var dock så tidigt så det finns inte så klara minnen eller man kanske skall säga att minnena inte sitter ihop, de är fragment.

Christer: Minnen som framkommit under bearbetning

I bearbetningen har jag hittat att min gammelmormor var lite försiktig i början när vi träffade henne. Sedan hittade vi varandra genom att hon accepterade mig som jag var. Det känns som att hon ville mig väl. Vi hittade på saker som jag tyckte om att göra och hon tyckte om att jag hade det bra. Det här var något nytt för mig. Andra personer som mamma, pappa och Eva växlar och gör mig illa och jag kunde inte slappna av på det sätt jag gjorde med gammelmormor, hon var aldrig farlig.

Hos gammelmormor fanns också Stig och Hilma. Stig var Birgits bror och han var alltså min mors morbror. Hilma skulle man idag kalla sambo eller särbo. Stig hade genomgått en tragedi i sitt liv då hans tidigare flickvän Sonja fick en hjärntumör. Sonja avled sedan i samband med operationen. Stig anklagade läkarna för hennes död. Jag tror att det här var en orsak till att han föraktade många människor och trodde sig veta bättre. Stig blev med tiden mer och mer religiös. Jag minns honom också som vegetarian. Han var väldigt påstridig och tolererade inte att andra hade en annan uppfattning. Det var mycket djävulen och gud och han visste alltid bäst.

Vi träffade också farmor och farfar ibland. Farfar var ganska barsk tyckte jag. Han rökte pipa och låg och vilade på kökssoffan minns jag. Vi var också uppe i Kilsbergen i deras stuga. Det var en större stuga som vi följaktligen kallade storstugan och en liten stuga som alltså hette lillstugan.

I Örebro finns ett område som heter Wadköping och är en del av stadsparken. Kommunen hade magasinerat fler hus än de som idag finns i Wadköping och tanken var nog att dessa skulle byggas upp senare. Ett av dessa köpte farfar. Det nedmonterade huset, det vill säga storstugan, fraktades upp till Kilsbergen där farfar arrenderat en bit mark av Greve Drakenberg, ganska nära Hidinge nya kyrka.

Först flyttade man dit lillstugan och där kunde man sova över och laga mat även om stugan kanske bara var två gånger tre meter.

Därefter började man gjuta grunden för storstugan. Stig var snickare och hjälpte till. Jag var med men har inga minnen från den perioden.

Jag och min syster träffade pappa ibland. Det var dock min mor som hade ensam vårdnad. Pappa ville att vi skulle bli en familj igen men min mor berättade hur fruktansvärt det var i Halmstad och att pappa var alkoholist så någon familj kunde vi aldrig bli igen.

Dränkning i badkar och det första daghemmet

Min mor har berättat att min syster och jag först var hos en dagmamma. Hon hade en hund som jag tyckte om och jag trivdes. Min syster bestämde tydligen att hon inte skulle vara där så då ordnade mamma en plats på ett daghem på söder i Örebro. Barnen var äldre, i min systers ålder. Inga treåringar som jag. Mamma uttryckte det som att personalen var snäll mot henne och lät mig vara där trots att jag var för liten.

Christer: Minnen som framkommit under bearbetning

Vid bearbetning hos Olle kommer följande. Först kommer minnesbilder från ett daghem som inte är Ullavigatan. Daghemmet på Ullavigatan har jag alltid kunnat minnas, det här måste vara innan. Det är pojkar som leker högljutt. Det är speciellt en pojkes röst som gör att jag blir spänd. Jag försöker hålla mig borta ifrån honom.

Det kommer bilder av pojken som står precis framför mig och slår till mig i ansiktet. Han står kvar och tittar i mina ögon för att se vad som händer. Jag får en chockreaktion och det går en våg genom hela kroppen. Han slår till mig i ansiktet igen och han ser nyfiken och nöjd ut. Jag känner ondskan från honom och tårarna kommer. Jag börjar gråta. Något får pojken att sluta efter ett tag och det känns som att det är stora människor, vuxna, förmodligen några ur personalen. Det är någon vuxen som bryter pojkens misshandel men han har kvar sitt intresse av att få tag på mig igen och slå mig i ansiktet. Han tyckte verkligen att det var kul. Jag är för liten för att kunna försvara mig och det känns inte som jag kan prata.

Ytterligare bilder kommer från en annan händelse. Nu är det den elaka pojken och några till som står i en ring runt mig. De slår mig i magen och den elaka pojken leder misshandeln eller leken med mig som offer. De slår så hårt de orkar i magen på mig. Jag får återigen chockreaktionen och vet inte var jag skall ta vägen eller vad jag skall göra. Återigen bryts detta av någon av de vuxna. Det känns som en kvinna. Det blir mer allvar i hennes reaktion mot pojkarna den här gången och det blir en annan situation för mig. De vuxna kvinnorna har mer koll på pojkarna.

Situationen på dagis är dock så ångestladdat att jag inte vill gå iväg till dagis på morgnarna. Det kommer bilder av att jag sätter mig ner på golvet och skriker och gråter, det är hemma i mormors lägenhet och jag gör allt för att slippa gå iväg.

Jag känner att protester är farligt. Plötsligt kommer bilder av ett badkar. Det är långt ner på något sätt, man går nedåt i flera trappor för att komma dit. Jag sitter i badkaret och det är vatten i det. Mamma har en dusch i handen. Sedan är jag under vattnet. Mamma är väldigt arg. Hon trycker ner mig under vattnet och håller mig kvar och jag får panik. Det känns som livet försvinner och att jag kommer att försvinna. Det känns inte som jag har kunskapen att förstå att jag skall dö, jag förstår inte vad död är. Däremot kommer allt att försvinna, det tar slut här och det är skräck, ångest, smärta i kroppen, allt på en gång.

Sedan släpper hon. Det tar tid innan jag hämtar mig, förmodligen för att kroppen skall komma tillbaka från chocken och syreskulden. Jag hostar och skakar i kroppen, jag fryser.

– Passa dig du!

– Du slutar att protestera!

– Förstår du det?

– Passa dig du?

Jag är fortfarande delvis i chock och förstår att jag inte får göra mamma arg igen. Jag måste foga mig. Det här hände i badkaret på Oskarsgatan i Örebro där vi bodde i gammelmormors lägenhet. Badkaret är nere i källaren.

Kommentar Olle Wadström:

Christer lär sig genom dessa och liknande traumatiska erfarenheter att det inte är lönt att sätta sig på tvären eller att protestera. Alla försök att fly, kämpa emot bestraffas med åtgärder som kvävning, dränkning. Det enklaste och snabbaste sättet att komma undan är att aldrig säga emot utan blint lyda. Denna inlärning har, enligt min mening, generaliserats till situationer med mindre dispyter med chefer, påstridiga medarbetare och dominerande personer i allmänhet.

Ur inlärningssynvinkel så har sådana situationer blivit så kallade betingade stimuli. De har blivit triggers för ångest och därmed förlamat allt sunt självhävdande. Christer rasar ögonblickligen ner i kataton immobilitet (paralys) och förmår inte att göra något.

Flyttar till Varberga

Sedan flyttade vi till Varberga. Det är alltså samma lägenhet som det blev bråk i mellan mamma och pappa. Mamma har berättat att hon "stal" bilen från pappa, hans käraste ägodel. Hon krävde sedan att få lägenheten i utbyte mot bilen. Det första jag mins från Varberga var en grävskopa som stod ute på gården. En sådan där med stålvajrar. Fantastisk maskin att titta på. Minnet med grävskopan är positivt, det känns ljust och rent. Jag tror att det minnet kommer från när mina föräldrar har separerat och det bara är mamma, Eva och jag som bor där. Mörkret som har att göra med pappa finns inte nu.

Vi träffade pappa ibland. Bilden nedan är från farmors lägenhet och förmodligen är pappa där. Det kan vara han som tog kortet.

Leker i snön med pappa

Vi är uppe i Kilsbergen, mamma, farmor, faster Ulla, pappa, Eva och jag är där en vinterdag. Mamma och pappa leker i snön och det ser ut som att de har det hur bra som helst.

Vad tänker du på, lille pojke? På honom bakom kameran?

Kärnfamiljen tillsamman igen

En lekfull stund med mycket glädje,
eller?

Christer: Reflektion som framkommit under bearbetning

Bilderna från när vi var uppe i Kilsbergen på vintern förbryllade mig
när jag såg dem. Min mors berättelse om min fruktansvärde far verkar
inte stämma. Det är när jag ser dem som jag får en insikt om att min
mor beter sig som en kameleont. Hon kan säga en sak och göra något
helt annat. Det skulle kunna vara så att hon låtsas som att allt är bra och
ger pappa en förhoppning att det skall bli bra mellan dem, men hon gör
det för att plåga honom. Det är hon som har vårdnaden om oss och det
är hon som har makten. Hon kommer aldrig att bli tillsammans med
honom igen.

En annan händelse som min syster berättat var när min far flyttade till
Nyköping. Det var inte så långt efter skilsmässan. Vi åkte dit till hans lägenhet och
övernattade. Det här är också väldigt konstigt med tanke på hur mycket min mor
säger att hon hatade honom.

Daghem nummer två

Det andra daghemmet jag var på låg på Ullavigatan, på väster i Örebro. Där träffade
jag tant Maja. Hon var stor och rund och snäll. Tant Maja var min trygghet. Jag tror
att det riktigt tydliga första minnet jag har i mitt liv är när vi är ute på gården. Jag
springer, minns inte varför. Då hör jag tant Maja ropa:

43

– Heja Christer, friskt humör, skjortan hänger utanför!

Det är så tydligt men så här i efterhand förstår jag inte varför. Kanske för att hon såg mig, jag fick uppmärksamhet, jag betydde något.

Tant Maja var Ullavigatan för mig och jag minns inte så mycket av de andra fröknarna. Jag skulle ha velat tacka henne för det hon gav mig, trygghet och värme. På sätt och vis är hon nog en livräddare för mig. Jag har aldrig blivit alkoholist eller förövare själv och människor som tant Maja har säkert påverkat mig, jag har träffat goda människor i min barndom.

> *Christer: Reflektion som framkommit under bearbetning*
>
> För mig är tant Maja unik. Hon är varm och ger mig trygghet. Hon får mig inte att ge upp mig själv eller att vara till lags som min mor får mig att göra.
>
> Under den här tiden är det tant Maja som är min mor. Det är henne jag skall till på morgonen, det är henne jag lämnar på kvällen.
>
> *Christer: Minnen som framkommit under bearbetning*
>
> Det finns minnesbilder där pappa kommer och försöker hämta mig på daghemmet. Någon av fröknarna säger vid ett tillfälle nej. Det känns som han är berusad och det gör att han blir nekad.
>
> Det är minnen där jag känner stor skräck och är på väg in i "kataton immobilitet", det är som att jag förutsätter att jag kommer att bli utsatt för ett övergrepp. Bara att känna den här skräcken är så jobbig att det tar flera dagar innan den helt släpper.

Pappas liv efter skilsmässan

De här åren som följer mår min far mycket dåligt och missbrukar både alkohol och tabletter. Jag visste inte om de här sakerna under min uppväxt men min mor visste det förmodligen. Efter hans död hittade vi några papper i hans lägenhet från den här tiden. Jag blev förvånad att han sparat dessa dokument. Jag trodde inte han var sådan att han sparade på detta elände.

– Ville pappa att vi skulle hitta pappren?

ADVOKAT SURE STARK
Budbäckesgatan 20, tel. 124721
Örebro

25/1-25/2 1966   Mellringe Sjukhus, Örebro

17/3-30/3 1966   S:ta Annas Sjukhus, Nyköping

15/3-21/9 1966   Psykiatriska Kliniken, Reg.sjukh., Örebro

10/10-17/10 1966 Mellringe Sjukhus, Örebro

26/10-28/10 1966 Mellringe Sjukhus, Örebro

POLISEN 21/10 1966
25/1 1966   Doktor Torsten Hagnelius, Psyk. Mottagningen, Örebro

21/2 -67   Doktorn Bengt Lundqvist, Mellringe Sjukhus, Örebro

21/3 -67   Psyk. Mottagningen, Örebro-2 epyk, provtest CVB,
                  Thurstones minnesprov, Bourdon I

14/7 -67   Personundersökn., lie nces...ss istent Roland Johansson

14/9 -67   Överläkare Ingemar Ekldf, Rättspsyk. Stationen, Örebro
                  Intyget utskrivet 16/9 -67

6/10 1967   Rättegång

n/3 -68   Överläk. Bengt Lundqvist, Mellringe Sjukhus, Örebro

---

LÄNSSTYRELSEN
I
ÖREBRO LÄN

III BI-193/68

Länsstyrelsen i Örebro län beslut på
ansökan av Rolf Olof Göransson, P Vinbg
gatan 172, 725 44 Örebro, om förhands-
besked om hinder möter för utfärdande
av körkort;

givet Örebro slott i landskansliet den
4 juli 1968.

Hos länsstyrelsen har Göransson med bifogande av läkarintyg ansökt om förhands-
besked, om hinder möter för utfärdande av körkort för bil.

Socialstyrelsen har i sitt yttrande anfört:"Enligt styrelsens mening bör
Rolf Olof Göransson på grund av anfall av epileptisk typ för närvarande icke
inneha körkort. En anfallsfri period om tre år bör avvaktas, innan
förnyad prövning, d.v.s. tidigast under april månad 1969. Härvid bör han första
dels av neurologiskt skolad läkare utfärdat intyg, dels intyg, utfärdat av psy-
kiatriskt skolad läkare, varefter ärendet ånyo bör underställas styrelsen."

Med hänsyn till vad socialstyrelsen anfört, finner länsstyrelsen hinder för när-
varande möta för utfärdande av körkort.

Besvär över detta beslut må anföras hos Konungen. Besvären skall h inkommit till
kommunikationsdepartementet inom tre veckor från delfåendet av beslutet.

På länsstyrelsens vägnar

Sten Sture Lindström

Nils Mikeller

---

2. 17.3 - 30.3 1966 på S:ta Annas sjukhus, Nyköping. Diagnos: Reactio
neurotico-depressiva + Epilepsia. Han intages i ett predelirivt tillstånd
och får den 22.3 efter avslutad insulinbehandling (20 IE) ett epileptiformt
anfall. Eeg är patologiskt med en bilateralt synkron, paroxysmal aktivitet
av delvis specifik epileptogen typ. Abnormiteten har generell utbredning,
oftast med vänstersidig dominans, men är dock av den typ, som anses proji-
cerad från hjärnstamsstrukturer. Inga hållpunkter för fokal konvexitetshärd. -
Patienten utskrives på egen begäran med diflugdan 1 x 2.

3. 13.9 - 21.9 1966 å Psykiatriska kliniken, Regionsjukhuset, Örebro.
Diagnos: Reactio depressiva person. schizoid. + Ethylismus. Denna gång in-
kommer han via medicinkliniken, där han vårdats från 10.9 1966 för trötthet
och slutkördhet. Ur epikrisen antecknas: Gör vid inkomsten ett bisarrt in-
tryck , förefaller splittrad, disträ, avflackad, hjärnskadad, saknar sjuk-
domsinsikt, är klart paranoid, vad beträffar sitt förhållande till myndigheter, verk-
lighetsfrämmande beträffande sina utsikter att lyckas i arbetet, anser sig
överbegåvad, ett affärsgeni, har stora planer för framtiden. - Under vård-
tiden är han klar och orienterad; han utskrives på egen begäran.

4. 10.10 - 17.10 1966 å Mellringe sjukhus under diagnos Alcoholismus
chronicus + Persona pathologica + Reactio neurotico-depressiva. Under sjuk-
skrivning och vistelse på konvalescenthem börjar han ett intensivt alkohol-
missbruk, som leder till predelirium. Efter avgiftning repar han sig fort
och utskrives.

5. 26.10 - 28.10 1966 å Mellringe sjukhus. Samma diagnos. Han har åter-
fallit i sprit- och tablettmissbruk, avgiftas och utskrives på egen begäran.
Senare har framkommit, att Göransson den 21.10 1966 fört bil och "därvid
uppenbarligen varit påverkad av narkotika och/eller alkoholhaltiga drycker"
(BDAIC 2-884/66). Utredning beträffande aktuella preparat har verkställts
på distriktsåklagarens önskan och tillställts honom. Det framgår, att klar
överdosering av särskilt isomyl och bromidia Westerlund måste ha föreligat.

Den 25.11 1966 underaökes han på psykiatriska mottagningen (doktor
Hagnelius) och säger sig då vara resande i hushållsmaskiner. Han hade anmälts
till polisen av en person, som sett honom gå underlig. Den ifrågavarande
tiden hade han sovit dåligt, sökt praktiserande läkare och även varit intagen
på Mellringe sjukhus "för att vila". Han gick underlig för att han hade ont
i benet. Spörit drack han efter hemkomsten för att lindra värken. För till-
fället påstod han sig lugn och harmonisk, hade medicinen inlåst hemma, sov
bra.

Vid undersökningen den 27.2 1967 för sig patienten ordnat, är vänlig
och tillgänglig, artig och förekommande men emotionellt påfallande flack
och saknar helt insikt om sitt tillstånd. Man gör honom säkliga upplysningar
om vad som kan utläsas ur sjukhandlingarna beträffande förändringar i

---

samband med alkoholskada hos honom. Av och till er han förvånad över att
man kunde anse honom sprit- eller tablettpåverkad eller i predelirium vid
angivna tillfällen men viker snart undan och varken tillstår eller förnekar
uppenbara fakta. Aktuell psykisk insufficiens synes icke föreliga.

Som komplettering företages psykologiska tests (CVB, Thurstones
minnesprov, Bourdon I). I provsituationen visar han aktivt intresse för
uppgifterna, är prestigekänslig och mån om att visa sig duktig. Han har
miscelynkes, blir han mycket genad. Svaren är genomgående långa och om-
ständliga. På CVB presterar han 6 sp (36-54 år), sålunda något över genom-
snittet. Thurstones minnestal ligger inom normalzonen. Lägst ligger resul-
tatet på minnesprovet. Thurstones minnesprov ger 4 sp. Koncentrations-
förmåga normal. Sammanfattningsvis: 36-årig man med något övergenomsnittlig
begåvning. Närminnet något subnormalt. Uppmärksamheten och koncentrationen
normal.

Utlåtande: Av utredningen framgår, att patienten missbrukat sprit och
senare även tabletter sedan flera år och att han i samband med missbruken
råkat i svåra depressiva insufficienstillstånd, som nu synas överståndna.
Han har i mars 1966 patologiskt eeg, tydande på specifik epileptisk akti-
vitet. Nya anfall har inte förekommit. Psykologisk testning visar övergenom-
snittlig begåvning med normal uppmärksamhet och koncentrationsförmåga, medan
närminnet är något subnormalt. Vid olika sjukhusvistelser har han uppfattats
som patologisk personlighet.

Frågan om fortsatt körkortsinnehav måste nu, ur nuvarande tidpunkt, innan
tillståndet pålitligt stabiliserats, författningsenligt bedömas som tveksamt.
Med hänsyn till att han är beroende av sitt körkort för arbetet för jag före-
slå, att ärendet underställes Kungliga Medicinalstyrelsen för prövning.

Remissbehandlingar återgår.

Örebro den 6.4. 1967.

/Bengt Lundqvist/
Överläkare

Däldenäs, en lycklig tid, en fredad plats

Under den här perioden börjar vi åka ner till en släkting som bor nära Finnerödja, söder om Laxå. Stället heter Däldenäs och ligger vid sjön Skagern. Det är en gammal släktgård och nu bor Sandfrid där. Sandfrid har svårt att gå efter att han fick barnförlamning när han var liten. Min mor var där ibland när hon var liten, så hon känner Sandfrid.

Vid sjön Skagern på våren. Jag och min syster hoppar på stenarna vid vattnet.

Däldenäs är för mig ett underbart ställe. Huset är gammalt och Sandfrid bor egentligen bara i ett rum, köket. Det finns ett finrum men där är vi aldrig. På övervåningen gör mamma i ordning så vi kan sova. Det finns en stor dubbelsäng och två enkelsängar. Mamma och jag sover oftast i dubbelsängen och Eva sover i en av enkelsängarna. Den andra enkelsängen är egentligen min men jag sover oftast med mamma. Det är likadant som det är hemma i Örebro.

Huset ligger ganska nära grusvägen, med en gräsmatta. Först var det dock ingen gräsmatta. Bonden Ström, som ägde granngården kom och klippte gräset med traktor. Senare köpte mamma en handdriven gräsklippare som vi slet med. Man fick ta sats från den klippta delen och springa ut i det oklippta. Man kom kanske en halv meter innan det tog stopp och man fick backa tillbaka igen och ta ny sats.

Det var ungefär 200 meter till sjön Skagern från huset. En stor insjö som mynnade ut i Gullspång. Min barndoms badsjö. Det var underbart att gå ner till stranden på morgonen och sedan vara där nästan hela dagen. Ofta hade vi stranden för oss själva. På vägen ner passerade vi boden med källaren. Den "läskiga" källaren med syltburkar, spindlar och råttor.

Efter det kom man till ladan och dasset. Ett riktigt gammalt utedass med flugor och ännu flera spindlar. I ladan fanns spiltor för kor som man hade haft tidigare och sedan var det logen med släde och hästvagn. Uppe på höskullen var det också läskigt. Mamma berättade att ett lik hade legat där. Det var en släkting, kanske Sandfrids mor, jag kommer inte ihåg. Man begravde henne inte direkt utan hon fick tydligen ligga på höskullen en tid. Kanske var det för att det var fruset i marken och svårt att gräva en grav.

Fortsatte man ner mot sjön kom man ut i hagen där Ström brukade ha sina kor. Kanske var det för att jag träffade dessa kor som jag aldrig utvecklade någon ko-skräck. De var snälla. De släppte dock "koblajor" överallt i hagen så det var den största faran, att trampa i en "koblaja".

Sedan kom man ner till Sandfrids båthamn. Sandfrid kunde inte ta sig ner hit nu när han var gammal men tidigare hade han sin fiskebåt här.

Jag glömde förresten bort vedboden, den låg nära huset. En gång fick jag syn på en yxa och blev mycket intresserad. Sandfrid förbjöd mig att använda den. Jag var lite rädd för Sandfrid och vågade inte prova yxan när han såg det. Därför gick jag upp tidigt morgonen därpå och smög iväg till vedboden. Jag tog yxan och provade att hugga. Några hugg gick bra men sen tog jag i lite mer. Jag slant och högg mig i benet. Det gjorde rejält ont och började blöda. Jag smög in igen och kröp ner i sängen. Tror jag tog ett papper och höll emot så att det inte skulle bli blod på lakanen.

En annan gång när jag stod ute vid tvättfatet utanför sovrummet och tittade i spegeln tyckte jag att min lugg såg alldeles för jämn ut. Jag tog en sax och klippte så den var ojämn, eller kanske mer som ett sick-sack-mönster. Det blev inte så populärt hos mamma. Jag tror hon tog mig till frisör som fick fixa till mig, så jag såg anständig ut igen. Själv tyckte jag inte att det var så farligt.

Skall jag sammanfatta den här perioden så var det jobbigt att bli lämnad på dag-hemmet, underbart att vara nere i Däldenäs, mycket rädsla när jag var hos pappa och i närheten av mammas-mamma dvs. den sinnessjuka Birgit. Allt var dock bra eftersom jag hade en så jättesnäll och bra mor som jag aldrig bråkade med. Bråk var det dock med min syster. Hon hade väldiga raseriutbrott och var emellanåt riktigt elak.

Christer: Förtydligande för läsaren.

För läsaren kan det verka konstigt att jag betraktade min mor som "jät-tesnäll och bra mor" vid den här tiden. Det har att göra med de starka minnesförträngningarna jag hade. Min mor fick under inga omständigheter ifrågasättas, det var livsfarligt.

Operation i näsan

Jag var med om en operation när jag var rätt liten då jag sövdes med en mask. Jag tror att de skulle ta bort polyper. Jag blev livrädd när de kom med en svart gummimask som de skulle hålla framför min mun. Jag blev fullständigt hysterisk och gjorde allt för att inte få masken framför munnen. Till slut sa läkarna åt min mor att gå ut ur rummet. Sedan höll de fast mig och satte på mig masken.

När jag vaknade upp ur narkosen låg jag i ett litet rum och min mor på sängkanten. Hon hade blivit tillsagd av läkarna att jag skulle hålla mig lugn. Det var inte precis vad jag gjorde. En enorm vrede mot henne välde upp inom mig när jag vaknade. Jag for upp det fortaste jag kunde och började klättra på väggarna. Jag slog min mor allt vad jag kunde. Det var ett våldsamt hat inom mig som jag riktade mot min mor. Efter en stund lugnade jag ned mig. Det kändes inte som att det var direkt kopplat till att de opererade mig utan det var något förlösande att få slå henne.

> *Christer: Reflektion som kommit efter bearbetning*
>
> Jag har precis vaknat upp ur en narkos och tillståndet påminner om en berusning, hämningar släpper. Jag hade alltså inga spärrar och vaknar upp. Min mor, som kuvat mig fullständigt med sadistiska handlingar står framför mig. Allt raseri väller fram.

Den sönderklippta klänningen

Jag är nu i femårsåldern och min mor beklagar sig ofta över min syster. Eva är inte med själv utan det här kommer när min mor och jag är ensamma. Eva har ofta "utbrott".

Under hela uppväxten har min mor beklagat sig över Eva, min syster. Mamma brukade säga:

– Hon är så elak.

– Hon är så ond, så ond.

– Jag förstår inte.

– Vad har jag gjort henne?

Hon lät så förtvivlad, ledsen och maktlös. Jag tröstade henne efter bästa förmåga.

Hon brukar berätta om när min syster klämde sönder mitt finger i dörren, när jag kröp efter henne. Den krokiga nageln syns än i dag på mitt vänstra långfinger.

Min systers elakhet och ondska blev mycket tydligt när hon en gång klippte sönder mammas finaste klänning. Jag tror att det var efter att Eva och mamma slogs vid pianot. Jag såg det inte själv men hörde skrik och smällar. Kanske blandar jag ihop händelserna.

Eva satt och torkade av sitt piano med en trasa som mamma tyckte var för blöt. Jag satt i ett annat rum och hörde hur deras röster blev högre och högre. Så började det smälla och jag förstod att de slogs. Eva skrek som vanligt högst. Sedan tystnade det. Jag har för mig att Eva fick en tröja sönderriven. Bråket slutade och den tysta tryckta stämningen kom.

Vi åkte iväg ett tag, mamma och jag. När vi kom tillbaka verkade det som att Eva lugnat sig. Det gick en stund men sedan upptäckte mamma vad Eva gjort medan vi var borta. Eva hade klippt sönder mammas finaste klänning som hängde i garderoben.

Det här fick hon höra under hela sin uppväxt och det var beviset på min systers ondska.

Christer: Kommentar efter bearbetning

Det min syster gjorde var naturligtvis fel men vad var det som egentligen hände? Om man inte kände till hur utfryst min syster var under den här tiden kan man tolka situationen som att hon var "skurken". Om man sett vilka roller vi hade och hur fullständigt olika min mor behandlade Eva och mig så skulle man se att Evas beteende ur ett annat perspektiv. Man skulle se uppgivenhet, hopplöshet, bitterhet över att inte bli älskad och accepterad. Eva bråkade sig till uppmärksamhet. Jag har aldrig sett min mor uttrycka kärlek gentemot Eva.

För min egen del har jag aldrig känt ondska i min syster. Däremot avundsjuka och ett behov av att hävda sig. Min syster har gjort fel, hon kan vara elak men hon är inte ond. Hon är nog inte så annorlunda än jag men vi fick helt olika roller i familjen.

Nytt daghem i Varberga, Solbacken

Efter en tid bytte jag daghem. Jag började i Varberga på ett daghem som jag tror hette Solbacken. Det låg nära. Mellan vår bostad och Solbacken låg ett ödehus, Varbergagården. Det var lite otäckt att gå förbi Varbergagården. Man sa att det spökade där.

Det kändes inte alls bra att byta daghem. Jag saknade verkligen tant Maja från Ullavigatan, det fanns ingen fröken som var som hon. Vi blev behandlade på annat sätt nu. Vi var de stora grabbarna men jag tillhörde inte de tuffa. Fortfarande var det jobbigt att lämna mamma på morgnarna.

Fröken flyttas från min avdelning

En gång började en fröken som jag blev fixerad vid. Hon var så snäll och jag var hela tiden där hon var. När jag kom till daghemmet på morgonen ville jag gå direkt till henne och sitta i hennes knä. Efter en tid kanske några veckor flyttades hon från min avdelning och jag såg henne aldrig mer. Långt senare berättade mamma att personalen hade pratat med henne om att jag ville vara hos fröken hela tiden. Mamma hade sagt att det gör väl inget. De hade dock bestämt att hon skulle flytta från avdelningen på grund av mig.

Christer: Framkom i bearbetningen

Jag har fått insikter om den här händelsen. För mig liknade det här det jag tidigare upplevde när jag träffade tant Maja. Jag hittar en person som är genuint snäll. Jag har en sådan brist på trygghet och kärlek att jag inte kunde göra annat än försöka vara intill den här fröken. Nu är jag dock för gammal för att bete mig som en treåring. Det här är konstigt i andras ögon, men för mig var det en oerhörd längtan efter trygghet.

Konstiga fantasier

Under den här perioden hade jag även mycket konstiga fantasier. Jag förstod inte var de kom ifrån och berättade inte om dem för någon. Det som dök upp som bilder i huvudet var att jag skulle slicka en kvinnas anus. Det var helt sjukt och äcklade mig. Jag skulle också ta på en kvinnas bröst. Bilderna kom utan koppling till något annat och var helt "knäppa". Om jag minns rätt var det på förmiddagarna de kom då vi hade en typ av morgonsamling när alla barn satt i en ring.

Christer: Reflektion

I min bearbetning har jag många gånger fått låsningar och skakningar i nacken. Jag har även fått kväljningar, illamående och det känns som att jag inte kunde andas. Under flera sessioner hos Olle kom det fram minnesbilder och jag sammanfattar här det som jag upplevde. Det här handlar om sexuella övergrepp som min mor utsätter mig för på nätterna. Hon trycker mitt ansikte mot sin klitoris och masserar sig själv. I fantasibilderna som kommer på dagarna finns även en tråd i kvinnans anus. Nu framträder en tråd som går in i slidan, till en tampong. Jag är så liten att jag inte riktigt förstår hur en kvinna är skapt i underlivet utan tror att anus och slida är samma sak. Samtidigt som bilderna kommer upplever jag också en fastlåsning av min nacke och huvudet. Det är mammas lår som klämmer fast huvudet så jag inte kan ta mig loss. Illamående av lukten, skakningar i nacken när jag försöker vrida mig loss och kvävning när munnen är tryckt mot slidan, det är vad mina minnen visar. Även här är jag hjälplös och kan inte komma loss, det är bara att ge upp och låta henne fortsätta tills hon är nöjd.

Jag i mammas knä och gammelmormor bredvid..

Julen 1967 i Varberga. På bilden, från vänster, den sinnessjuka Birgit, gammelmormor och min syster Eva.

Mamma börjar umgås med en gift man

Min mor träffade vid den här tiden en gift man som var på samma arbetsplats som henne. Jag och min syster kallade honom farbror L... Han var snäll. Jag trivdes att vara med honom. Han var ingenjör och berättade om vad han gjorde på sitt jobb. Jag bestämde mig redan då för att jag skulle bli ingenjör som honom.

Han brukade komma hem på fredagskvällarna. Vi åt revbensspjäll och rostat bröd. Sedan låg mamma och farbror L med varandra. Vi hade TV 'n precis bredvid dörren in till sovrummet. Min syster och jag brukade sitta och titta på den samtidigt som vi hörde hur de höll på innanför dörren. Någon gång tänkte jag mig inte för, utan gick in. Dörren var olåst och där låg de, nakna. Min mor brydde sig inte men farbror L for upp snabbt som ögat och gömde sig bakom dörren. Efter det började de låsa om sig. Jag och min syster brukade titta i nyckelhålet ibland.

Det som hände efteråt var alltid samma ritual. Farbror L kom ut med kläder eller morgonrock, medan min mor skuttade glatt helt naken på väg till toaletten, medan hon utstötte läten som "oh, oh, oh!", med ett förtjust tjoande.

Ibland åkte vi iväg till andra orter. En gång till Sunne. Vi tog in på ett stort hotell som var helt folktomt. Eva och jag skulle bo i ett rum medan farbror L och mamma i ett annat. Mamma och farbror L gick till sitt rum och blev kvar där. Det

51

drog ut på tiden så jag gick dit och knackade på. Då kom mamma ut i korridoren helt naken och undrade vad det var. Jag fick gå tillbaka till Evas och mitt rum och vänta ett tag till.

Jag förstod inte vad otrohet var vid den här tiden och vid ett till fälle tog jag ett kort på dem. Det fick jag bannor för efteråt. Min mor sa att farbror L var gift så jag fick inte ta något mer kort.

Kilsbergen med pappa

Vi, min syster och jag, träffade pappa under den här tiden. Jag kommer inte ihåg något speciellt mer än att Eva och jag var rädda för att han skulle vara full. Ibland stank det sprit om honom. Jag minns att vi åkte upp till farmors sommarstuga i Kilsbergen och någon gång var vi i farmors lägenhet. Det hände allt som oftare att han var full och körde bil. Mamma frågade ofta vad som hänt och hur han var. Om vi sa att han var full suckade hon bara och sa.

– Ja, vilken människa! Tänk vad svårt jag hade det när vi levde med honom.

Att han var berusad och körde bil, när vi, hennes barn var med, kommenterade hon aldrig.

> *Christer: Reflektion i samband med senare bearbetning*
>
> När jag själv blev far så var det ett chockartat uppvaknande när jag tänkte på hur jag själv skulle ha reagerat om någon körde berusad med min dotter i bilen. Jag hade en självklar instinkt att värna om mitt barn. Om hon for illa mådde jag dåligt. Jag skulle ha blivit fruktansvärt arg och aldrig tillåtet att en person körde berusad med min dotter.
>
> Min mor var fullständigt likgiltig inför den fara vi utsattes för. Det hon uttryckte var att det var synd om henne, som hade levt med denna vidriga man tidigare.

Kramper i magen

En annan sjukhusvistelse har förbryllat mig efter som läkarna inte kunde hitta någon orsak till det som hände. Jag och pappa skulle åka till Gustavsvik och bada. Det var bestämt sedan säkert en vecka tillbaka. Gustavsvik är ett stort område där det finns familjebad, hopptorn med mera. Jag gladde mig mycket inför det här. Det vara bara pappa och jag som skulle åka. På natten innan vi skulle till Gustavsvik fick jag dock en fruktansvärd värk i magen. Det gjorde så våldsamt ont att jag trodde jag skulle dö. Jag låg och kved med uppdragna knän hela natten. Först på morgonen körde mamma mig till sjukhuset. Hon fick bära mig till bilen för jag kunde inte räta ut mig utan var ihopkrupen med knäna upp mot hakan så mycket det gick. Jag blev inlagd och man höll mig under observation under ett antal dygn.

Jag fick ligga i ett eget rum som var alldeles kalt. Jag minns att jag för första gången fick äta frikadeller, kokta köttbullar. Det var vidrigt. Efter några dagar fick jag åka hem. Man hittade inge fel. Kanske var det några körtlar som krånglade.

Christer: Reflektion i samband med senare bearbetning

Det här var en psykisk reaktion. Att vistas ensam med pappa har tidigare inneburit att han utsatte mig för övergrepp. Det här var kroppens sätt att signalera livsfara. Krampen i magen var skräck. Jag hade dock förträngt alla minnesbilder av vad han hade gjort. Kramperna släppte när jag kom till sjukhuset och det blev klart att jag inte skulle åka iväg med pappa.

Minnesbilder som framkom var att min far utsatte mig för analpenetration.

Tog på mig en tröstande roll hemma

I femårsåldern började jag bli något som liknade en fadersfigur i familjen. Jag och min syster bråkade ofta och mamma stod inte ut. Jag bråkade med Eva eftersom jag inte tolererade att hon styrde och ställde som hon ville. När sedan mamma blev ledsen fick jag sitta och trösta henne. Hon beklagade sig över att Eva var så elak men berömde mig, samtidigt sa hon att hon inte orkade med oss. Hon började gå ut när hon inte orkade mer. Jag, fem år gammal, gick ut och letade efter min mor. Ibland hittade jag henne sittande i bilen, ibland var bilen borta, då fick jag gå upp igen och vänta ett tag. Jag minns att jag kunde vara ute i strumplästen och leta efter henne. Det var sent på kvällarna och jag hade inte någon nyckel till porten så jag fick ställa upp den med en sten. Jag minns att jag var orolig över att någon skulle ta bort stenen.

En annan sak som jag minns är att jag hjälpte till rätt ofta hemma. Jag var med nere i tvättstugan, manglade och hängde tvätt. En annan sak var att jag hade hand om dammsugningen hemma. Varje helg dammsög jag. Vi hade en Electrolux dammsugare och jag minns knappar, munstycken, sladd och slang. Det var inget tvång utan jag kände mig stolt över att göra det och jag var betydelsefull för min mor.

Christer: Reflektion i samband med bearbetning

Att som femåring dammsuga hemma och vara med och hjälpa till i tvättstugan kan för en del kanske synas gulligt och snällt. Idag så ser jag det som ett nästan sjukligt behov av att vara till lags. Jag har inget eget jag. Om jag kan göra mamma glad så är det viktigast. Själv är jag ingen. Det är som en ettåring som inte har påbörjat sin frigörelseprocess där man förstår att jag och mamma är olika personer.

”Eva vill åka hem”

Vid ett tillfälle var vi hemma hos pappa i Stjärnhusen. Det som jag nu skall beskriva hände när han flyttat ihop men sin andra fru, Ester. Ester var inte hemma bara Eva, jag och pappa. Vi är där kanske några timmar. Förmodligen spelar pappa lite gitarr och spelar in på sin bandspelare. Sedan går pappa och Eva in i badrummet. De blir kvar där en stund. Plötsligt kommer pappa ut och säger:

– Eva vill åka hem.

Jag ser att Eva är helt förstörd. Hon snyftar så hon knappt får luft. Hon har rödgråtna ögon och skakar. Vi tar snabbt på oss ytterkläderna och pappa kör hem oss.

(Här fyller jag på med Evas ord dock inte hela berättelsen). När vi kommer hem till oss säger pappa något till mamma förmodligen något ursäktande. Mamma går sedan och häller upp ett varmt bad till Eva.

Christer: Reflektion i samband med bearbetning

Det här beteendet från min mor är väldigt bekant. När jag själv blev far insåg jag att en förälder som älskar sitt barn inte kan bete sig så här. Att något hände inne i badrummet mellan Eva och pappa är ju uppenbart. Antingen förgriper sig pappa på henne eller också stannar det vid att han försöker. Min systers reaktioner var mycket starka. Eva kunde bli arg, det var inte ovanligt, men att till synes otröstligt gråta och hyperventilera, att inte kunna tala, det tror jag aldrig jag sett tidigare. Att som mor inte fråga efter vad som hände anser jag beror på att min mor egentligen visste vad som hade hänt.

Kanske var det så att min mor tyckte att Eva förtjänade det. Däremot skulle ingen lägga skuld på henne så hon hällde upp ett varmt bad och var alltså en snäll mor.

Daghem och en elak styvfar, 6–7 år

Jag blev äldre men fortfarande låg jag ofta i min mors säng. Jag och min syster delade rum men jag vaknade ganska ofta och var mörkrädd. Då tog jag min kudde och gick genom den svarta lägenheten bort till mammas rum. Det var tryggt där och jag somnade. En mardröm som jag väldigt ofta hade var att jag jagades av en svartklädd man i gummistövlar. Han hade en lång svart rock. Jag vågade aldrig se hans ansikte. När han kom i drömmen gick plötsligt allt så långsamt för mig. De var som att sitta fast i sirap eller att jag rörde mig i ultrarapid medan mannen rörde sig normalt. Efter ett tag lärde jag mig att jag kunde kasta mig ut för stup, då kom han inte efter. Det var dock fruktansvärt att kasta sig ut och sedan krossas mot marken nedanför. Jag överlevde dock. Det tog rätt lång tid innan jag lärde mig det här och i början fick han alltid tag på mig och jag vaknade ur drömmen med en kvardröjande skräck.

Mannen i mina mardrömmar är min far. I drömmen upplever jag både mig som liten när jag kryper och försöker fly från honom men också efter skilsmässan när då jag fortfarande inte har kommit ifrån honom i och med att han träffar mig. Att kasta mig utför stup så jag egentligen skulle ha dött är det som hände i mitt inre, jag dog till viss del som barn när den som jag älskade plågade mig på det sätt han gjorde.

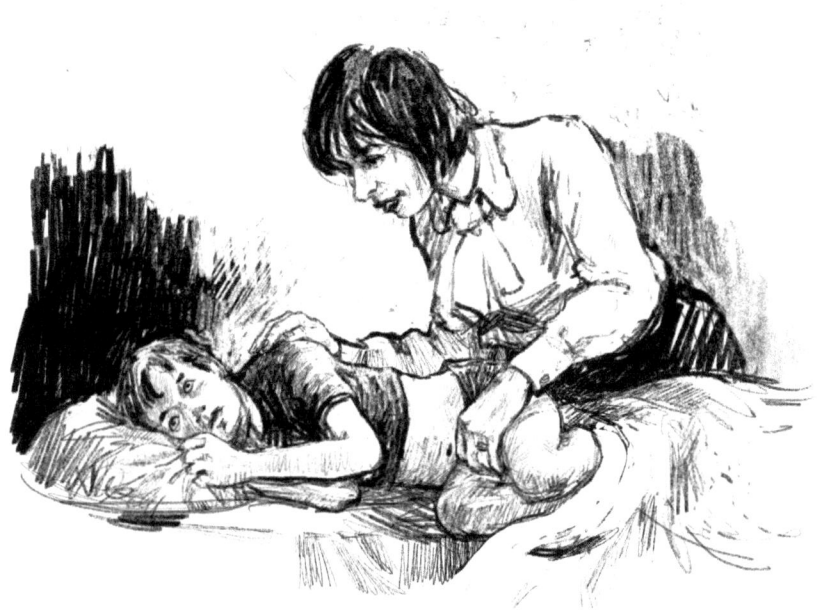

Min mor lägger handen på mitt könsorgan

Vid två tillfällen hände något som jag aldrig vågat berätta (först efter många års bearbetning). Jag skämdes fruktansvärt för det min mor gjorde. Hon brukade gå på fest. Hon var alltid mån om sitt utseende så att sitta i hårtorken, måla naglarna, klä upp sig visste jag att det innebar att hon skulle gå ut. Hon gick iväg och jag och min syster var ensamma hemma. När jag sedan somnat blev jag väckt av att mamma kom in i rummet. Var min tanke kom ifrån vet jag inte men jag visste att hon skulle sätta sig på min säng och lägga handen mellan mina ben, på mitt könsorgan. Jag visste att det skulle komma och började dra upp mina knän och vända mig mot väggen för att undvika beröringen. Jag hann dock inte utan hennes hand rörde vid mig där mellan benen. Hon sa: -Skall du inte följa med mig in till sängen. Jag sa: - Nej jag vill inte. Sedan hände inget mer, hon gick iväg.

Veckan därpå upprepade sig samma sak. Hon gick iväg på fest, kom tillbaka, kom in och satte sig på min säng, men den här gången hann jag vända mig helt om mot väggen och dra upp knäna. Hennes hand trevade men hon vidrörde inte mitt könsorgan.

Det här har jag alltid kunnat minnas. Då såg jag det inte som ett övergrepp. Jag mindes händelsen och sedan stannade tanken. Jag värderade aldrig min mors handling. Jag frågade mig aldrig varför hon gjorde det. Det kom inga känslor. Okej jag skämdes för hennes skull, men på ett sätt så att jag var tvungen att hålla det hemligt. Jag fick inte säga något till någon det visste jag.

Christer: Reflektion från bearbetning samt att förträngda minnen kommit fram:

För mig så var det här något som jag alltid har mints. För mig var dock detta inte ett övergrepp, detta var en seger. Jag lyckades komma ur min mors övergrepp. Jag blev inte foglig och följde med henne in till hennes säng där hon skulle onanera mot min kropp eller bara ha mig bredvid när hon gjorde det. Jag lyckades värja mig och jag stod upp för mig själv. Jag ser det här som en vändpunkt. Jag segrade.

Tyvärr vände min mor det här till något värre. Strax efteråt när jag precis hade stoppat hennes utnyttjande så kom min styvfar Sven in i vår familj. Hon använde Sven för att trycka ner mig och straffa mig för att jag inte ville vara hennes sexleksak längre. Det var den enda nytta hon såg med mig, den lilla pojken som hon hade en sexuell lust till.

En ny gift man, styvfader Sven

När jag var i 6 årsåldern kom en annan man in i vårt liv. En man som har präglat min barndom, ungdom och mitt vuxenliv. Till att börja med var han rätt snäll men efter en tid, började han bli elak mot mig. Han retades mycket och började ha "predikningar" för Eva och mig hur odugliga vi var och hur jobbigt mamma hade det. Ha ansåg att vi var lata, jag och min syster. Jag brukade dammsuga hemma innan Sven kom in i familjen. Nu slutade jag med det. Jag tappade lusten när han hånade och förlöjligade mig hela tiden. Jag höll fortfarande bra ordning i min del av sovrummet, Evas och mitt. Annat var det med Eva hon hade alltid stökigt och mamma fick tjata mycket på henne att hon skulle städa. Ju mer jag blev beskylld desto mer tappade jag lusten att hjälpa till. Det var absolut inte någon protest utan snarare så att Sven var med i tvättstugan och jag kände mig utanför. Jag hörde inte dit längre.

Jag började äta godis. Jag tog ut pengar jag hade på banken för att köpa godis. Jag snattade godis. Efter ett tag började jag bli tjock. Min styvfars reaktion på detta var att nypa mig i magen och fråga hur det "stod till med bilringarna". Jag blev väldigt ledsen men sa inget till honom, han hade ju rätt. Det var just det han var mästare på, att håna och kränka men på ett sätt så man inte kunde försvara sig. Det hände ofta att jag blev så ledsen att jag nästan började gråta. Då gick jag till mitt rum och stängde dörren. Hans utskällningar kom ofta vid matbordet. Det var aldrig någon som kom in och tröstade mig efteråt. Tidigare hade mamma brytt sig om mig om jag blev ledsen. Nu märkte hon mig inte. Det var inte så att jag tyckte synd om mig själv eller så, men det blev bara så tomt. Jag låg där tills det började kännas lite bättre. Då kunde jag gå ut och titta på TV en stund. Jag sa inte något till någon utan satte mig bara och började titta.

Tidigare när mamma och farbror L åt middag på fredagkvällarna åt jag också. Några gånger satt jag med när Sven och mamma åt på fredagkvällarna men nu hände något som jag aldrig glömmer. Jag kom med min tallrik och tänkte att jag skulle få sitta med vid vardagsrumsbordet som vanligt. Då tar Sven tag i stolen jag tänkte sätta mig på. Han hånflinar och säger:

– Här skall inte du sitta.

– Här skall mamma och jag sitta.

Jag blev helt kall och visste inte vad jag skulle göra. Det var en sådan förnedring. Jag var dessutom fullständigt oförberedd på det.

Jag tyckte fortfarande mycket om Sven, men det här hånet och föraktet han visade ibland var fruktansvärt att möta. Han berättade dock många historier och kunde mycket. Han lärde mig att skjuta pilbåge och åka slalom. Det fungerade bra i början men eftersom han kunde vara så hånfull och fullständigt okänslig började jag förändras. Han hade makten hemma och mamma sa aldrig emot honom. Hon dyrkade honom. Hon blev som ett litet barn och började prata "babyspråk", som jag och min syster kallade det, när hon pratade med honom. För mig försvann hon. Jag blev en person som skulle ha mat och kläder, något annat hade hon inte tid med.

En annan sak han tyckte mycket om att göra var att skrämma vår katt när den åt. Linus hade sin matskål i köket, bredvid dörren till hallen. Sven brukade smyga fram på alla fyra från hallen och sedan hoppa fram och skälla högt som en hund. Linus blev skräckslagen och rusade ut ur köket och gömde sig i vårt sovrum. Mamma och Sven skrattade gott åt hur rädd katten blev. Jag mådde dåligt av att se det här. Det var elakt.

Christer: Reflektion från bearbetning

Här blir en effekt av min bearbetning väldigt tydlig. Gamla minnen får en helt annan betydelse, det är som att jag vaknar upp ur en dvala och ser plötsligt var som hände. Mitt uppvaknade handlar också om att jag ser vad min mor inte gör. Hon försvarar mig aldrig. Att jag inte kunnat se det här är fullständigt otroligt. ATT JAG HAR VARIT SÅ FULL-STÄNDIGT AVSTÄNGD. Jag förstår nu i efterhand att så som min mor förtalat min syster Eva, inför mig, så förtalade hon mig inför Sven. Hon använde mig på samma sätt som Sven. Den mannen som redan var hånfull och gillade att retas fick full frihet att trakassera två barn, mig och min syster. Det här pågick upp i 30-årsåldern, då jag tog parti för min syster och ifrågasatte min mor.

Den här avstängda "tankeförmågan" är starkt kopplad till skräcken för att göra något som väcker min mors ilska. Det som styrt mig är erfarenheten från när hon kvävde mig efter pappas övergrepp och skållningen med kaffet.

Pappas födelsedag

Det var sällan vi firade pappas födelsedag men vid ett tillfälle skulle vi åka dit. Farmor var där och jag tror även fastrarna, Ulla och Maggan. Det var kul till att börja med. Men efter ett tag började pappa bli full. Han började bli högljudd och aggressiv. Han blev så full att han satte sig på golvet och på något sätt kom han åt sin gitarr. Det knakade till i den. Men jag vet inte om den gick sönder. Plötsligt kände jag en våg av rädsla. Jag började gråta. Folk omkring mig frågade vad det var som hänt men jag kunde knappt prata. Det var farmor som till slut tog tag i situationen och sa att:

– Christer ska åka hem.

Christer: Reflektion i samband med bearbetning.

Jag har under hela min uppväxt haft en oförklarlig rädsla för min far. Rädslan kommer av de trauman han utsatt mig för. De har ofta mönstret att han är full, luktar sprit, har glansiga ögon. Sedan kommer en fas där han skrämmer mig exempelvis med kvävning. Därefter när jag slutat fly och gett upp utsätter han mig för analt eller oralt övergrepp.

Vid den här födelsedagsfesten ser jag tecken på att det kan bli ett övergrepp, berusningen, lukten och de glansiga ögonen utlöser mitt sammanbrott och min gråt.

Någon ringde efter taxi och min syster och jag åkte hem. Jag skämdes mycket över det som hände och kunde inte förklara varför jag reagerade som jag gjorde.

Gammelmormor dör

Min gammelmormor, som jag tyckte så mycket om, blev dålig och hamnade på sjukhus. Hon kom till en avdelning ute på Mellringe. Det var inte så långt från den avdelning som Birgit, min sinnessjuka mormor, var på. Jag ville åka och hälsa på henne ofta men tror att min mor gjorde det endast en gång.

Efter några veckor avled gammelmormor. Det var en svår förlust för mig. Större än jag först förstod.

Strax efter hände något som satte sig fast i mitt minne. Något konstigt som mamma gjorde. Jag satt vid köksbordet och plötsligt kom bara gråten. Jag mindes något som hade att göra med mormor. Mamma frågade var det var och jag sa att jag saknar mormor. Då satte hon sig med händerna för ansiktet och det såg ut som hon grät. Plötsligt såg jag att hon kikade fram mellan fingrarna som att hon skulle se min reaktion. Jag ignorerade den konstiga blicken men i mitt inre kändes det som att hon bara låtsades gråta. Jag tröstade henne i alla fall.

Höll på att inte få börja skolan

På den här tiden började man skolan när man var sju år gammal. En dag kom en tant till vår förskola och vi skulle prövas om vi var skolmogna. Vi skulle rita en teckning med flagga och hus och lite saker. Tror även att man fick bilder som skulle fyllas på, man skulle fylla på rök ur en skorsten eller liknande.

Hon började även ställa frågor och jag kommer ihåg att en fråga handlade om trafikljus. Vi den tiden hade jag knappt sett trafikljus med grön eller röd gubbe. För mig var trafikljus något man såg när man satt i bil. Vi bodde i ett bostadsområde som hette Varberga och där fanns inga trafikljus. Jag kommer ihåg att jag tyckte det lät konstigt om man fick gå när det var grönt. Eftersom jag alltid suttit i en bil så var det väl inte speciellt bra att någon gick framför bilen. Efter ett tag började jag tycka illa om tanten. Tydligen tyckte tanten illa om mig också. Hon bedömde mig tydligen som omogen. Vad jag minns var jag inte elak eller trotsig, men hon kanske tyckte det. I alla fall tog de kontakt med mamma och sa att jag skulle göra ytterligare test och det skulle ske på sjukhuset.

Jag fattade inte vad testen var bra för eller vad det hela handlade om. Mamma och jag åkte i alla fall dit. När vi kom dit var det en flicka som tog emot oss. Jag tyckte direkt om henne. Hon frågade massa saker och vi pratade ett tag. Förmodligen var det teckningar och bilder här också men det är inget specifikt som jag minns. Det jag framförallt minns är att jag tyckte om henne.

Efteråt hade de pratat med mamma och sagt att hon ska vara stolt över mig. Jag hade tydligen fått ett IQ som var 120 och det var bättre än genomsnittet. Själv tyckte jag det var självklart att jag skulle börja skolan. Korkad var jag inte.

> *Christer: Reflektion från bearbetning*
>
> Här är jag lite osäker på vad som händer. Kvinnans barskhet och avståndstagande från mig utlöste förmodligen delvis min blockering, kataton immobilitet. Jag kan inte tänka, logiken försvinner. Hon uppfattade mig som korkad eller omogen.
>
> Vid det senare tillfället, på sjukhuset uppfattar jag inte någon fientlighet eller något avståndstagande. Kvinnan på sjukhuset var snäll och jag tycker om henne. Därför funkade hjärnan som den brukar på mig. Jag fick ett resultat som motsvarade min tankeförmåga som jag har när jag är avslappnad och trygg.

Evas piano del 1.

Min syster har alltid betraktats som musikalisk. Man sa " det har hon efter pappa". Min far har ju alltid spelat. Min syster hade en orgel hemma tidigare och hon tog nog pianolektioner. En jul fick hon verkligen en fin present, ett helt nytt piano. Både jag och min syster uppfattade det som att hon fick det. Det sas aldrig något annat och absolut inte från min mor som betalade det. Det var snarare en fantastisk symbol på vilken god mor hon var. Flera år senare kom det fram något helt annat. Jag återkommer till det längre fram.

Skolan börjar

Det gick skapligt i skolan tycker jag. Jag minns att jag vann ett pepparkakshus vid en jul. Det var en frågetävling och jag kände att jag kunde nästan alla frågor som vi fick. Till slut var det bara jag och Anna Spåman som var kvar, om jag kommer ihåg rätt. Anna var duktigast i klassen men den här gången var jag strået vassare.

Övernattning i Lillstugan

Vi är nu framme vid ett av mitt livs värsta händelser. Det jag kom ihåg från händelsen var delvis fragmentariskt och konstigt men jag tillät mig aldrig att tänka på den speciellt mycket, jag ville undvika den. Det var uppe i Kilsbergen, vid min farmors sommarstuga. Pappa, min syster och pappas andra fru Ester skulle övernatta i Kilsbergen. Jag var glad och tyckte att det var kul att vara där. När kvällen kom sa pappa att han och jag skulle sova ensamma i "Lillstugan" medan Eva och pappas fru skulle sova i "Storstugan". Dessa hus ligger ungefär 20 meter från varandra. Jag var inte alls beredd på att pappa och jag skulle sova för oss själva. Det kändes obehagligt men jag visste inte varför. Vi gjorde oss i ordning och gick och lade oss. Pappa började berätta om andar och män som spökade i närheten. Jag blev rädd och bad honom att sluta. Han blev irriterad och fortsatte. Efter ett tag slutade han och jag somnade.

Nästa sak jag minns är att jag vaknar och ser nyckelhålet i dörren, där sitter ingen nyckel. I nästa minne är jag utanför stugan och står och hukar mig ner. Det är mycket tidigt och det är inte ljust ännu. Det är kallt och gräset är blött av dagg. Klockan kanske är tre på natten. Jag försöker kräkas men kan inte. Det värker i baken i anus. Jag befinner mig på baksidan av huset men minns inte att jag tagit mig ut därifrån.

Efter en stund går jag och sätter mig på utedasset och sitter där i flera timmar. Det är kallt och jag har bara pyjamas. Jag tänker ingenting. Inte heller att jag skall gå in och lägga mig. Till slut blir det morgon, solen har gått upp för länge sedan. Något gör nu att jag känner att jag på något sätt kommer tillbaks igen. Jag går in och lägger mig igen. Jag talar inte om för någon vad som har hänt.

Christer: Minnen funna i samband med bearbetning

Händelsen i Lillstugan är en av de mest fruktansvärda jag råkat ut för. Det har tagit många år att bearbeta. Jag har fått gå igenom flera lager av blockeringar. Allt måste upplevas för att traumat skall kunna lösas upp och klinga av så det inte styr allt i mitt liv längre.

Här finns nära döden-upplevelser, strypning, sexuellt övergrepp. Här återupprepas det jag var utsatt för som riktigt liten. Här reagerar jag autonomt utifrån trauman som mamma utsatt mig för tidigare. Kort sagt här slocknar livet för sjuårige Christer.

Den här händelsen är direkt kopplad till något jag gör med vår katt, Linus, senare.

Så här minns jag idag vad som hände:

Jag vill inte sova ensam med pappa. Det knyter sig i magen. Jag säger att jag inte vill. Då blir pappa arg. Han säger att vi ska sova där ute. Nu slår blockeringen i mig till, jag blir tyst och gör som han säger.

Historien han senare berättar är egentligen inte det jag blir rädd för. Det är hans ilska han visade tidigare. Jag tror faktiskt att han hade planerat det som skall hända.

Vi somnar och jag minns nu att han går in och ut ur stugan flera gånger. Förmodligen har han en flaska utanför och dricker under natten.

Så plötsligt vaknar jag och ser hans siluett, han sitter på min sängkant. Jag ser hans flin och de glansiga ögonen, det luktar starkt om honom. Han tar stryptag på mig och håller så jag inte får någon luft. Jag försöker ta bort hans händer, men han är alldeles för stark. En kort stund försöker jag komma loss. Sedan börjar det svartna för mig. Han släpper och låter mig vara en stund. Sedan börjar han stryka en hand över mitt huvud och säger: -Såja, nu är det bra. Såja.

Så dras munnen ihop i ett grin igen. Han tar struptag igen och nu håller han längre. Jag får sådan syreskuld, jag får panik och skakningar i kroppen. Så släpper han igen. Återigen de tröstande strykningarna. Jag är helt lamslagen kan inte röra mig.

Återigen grinet, blottade tänder och strypning. Han håller ännu längre. Jag går igenom syreskulden, paniken. Han släpper och tittar på mig.

Jag inser att det är över. Det är en oerhörd sorg som kommer över mig. Jag vet att jag skall dö, jag vet att min far kommer att döda mig. Jag säger till honom:

– Döda mig då, det är ju det du vill.

– Döda mig.

Han tar struptag igen och nu släpper han inte. Jag går igenom syreskulden, paniken och går över i något annat. Det kommer en väldig sorg, jag tänker på min syster Eva som ligger i huset bredvid. Det är som jag har ett samtal med henne. Jag säger

– Hej då Eva, nu försvinner Krille.

– Hej då

Tankarna förflyttas till Linus, vår älskade katt. Jag tar farväl av honom också:

– Hej då Linus!

– Hej då.

Jag är i lillstugan och svävar på något sätt i taket. Det är sådan sorg. Jag tänker:

– Det blev inte mer, det är slut

Jag svävar vidare och möter en figur med ljusbeige färgad kappa med luva. Jag ser inte ansiktet.

Han säger:

– Det är inte dags än.

Jag blir mycket arg. Han stoppar mig.

Det kommer lösryckta minnesfragment av att jag ligger över en stol och det känns som jag sprättas upp, det är en fruktansvärd smärta i anus.

Så är jag plötsligt tillbaka i Lillstugan igen. Dörren är öppen och det är kallt. Jag ligger på golvet, på trasmattan, bredvid är fotogenelementet. Det är så kallt. Jag ser att pappa ligger i sin säng vänd in mot väggen. Jag är illamående och det gör ont i baken.

Jag tar mig ut från stugan, vill bara ut. Jag tar mig runt huset och stannar på baksidan och sjunker ihop.

Så är jag tillbaka i det som jag alltid har mints. Det är ganska mörkt och klockan är kanske tre på natten. Jag står på alla fyra och kräks och det värker i baken, i anus. Det är kallt. Att gå in i stugan är otänkbart. Jag går och sätter mig på utedasset som är ganska nära. Jag sitter där tills det ljusnar.

Att jag inte pratar med min mor om det som hänt beror på den kvävning hon utsatte mig för i Halmstad efter min fars övergrepp. Det är som om kroppen eller mitt undermedvetna vet vad hon kommer att göra. Hon kommer att kväva eller tysta mig.

Min mor upprepade det här beteendet när jag sedan i 30-års åldern berättar för henne vad jag varit utsatt för. Hon tystade mig även då men då med hjälp av min styvfar. Hon lyckades få honom att tro på att "Det är modernt med incest idag", därför har jag hittat på allting. Hon och min styvfar hånade mig senare i ett brev för att jag grät och blev förtvivlad när jag berättade för henne. Då var minnet färskt för mig och jag drogs in i händelsen, mina känslor reaktioner var starka. Idag när jag varit "inne i minnet" kanske hundra gånger, blir det klart lugnare känslor. När jag nu i skrivande stund åter kommer i kontakt med händelsen känner jag främst sorg och gråter. Sorgen kommer för att jag var så klar över att jag skulle dö och att livet snart skulle ta slut. Kroppens skakningar, illamående och kramper kommer inte nuförtiden. Det som är förknippat med den fysiska smärtan jag upplevde.

Kommentar av Olle Wadström:

"Lillstugan" blev under PTSD-behandlingen ett begrepp, som jag ofta nämnde och hänvisade till för att förstå Christers "oförklarliga" reaktioner och automatiska säkerhetsbeteenden i vuxen ålder.

Episoden i Lillstugan torde ha skett mellan första och andra klass. Christer hade kunnat försvara sig innan detta övergrepp och beskriver sig som stark. Han menar att han även gick in och försvarade svagare kamrater som var utsatta i första klass. Efter sommarlovet och i andra klass var han rädd och vågade inte ens försvara sig själv. Han hade tidigare försvarat Ubbe en mobbad tjock kamrat, men hade i andra klass till och med förlorat viljan att försvara sig själv. "Jag var tom och hade ingen vilja, min hjärna fungerade inte.

Som ett resultat av "Lillstugan" och liknande övergrepp av fadern hade Christer utvecklat en rad triggande signaler (betingade stimuli). Sålunda kom lukten av alkohol att automatiskt utlösa ångest liksom röklukt och "karlar".

En mängd exponeringar av episoden i Lillstugan gjordes i terapin. Med tiden väcktes något mindre ångest. Avsedd habituering skedde men den paralyserande kraftlösheten i för honom konfliktfyllda möten kunde inte elimineras.

Älskade Linus, förlåt mig

När jag var i sjuårsåldern händer något helt obegripligt med mig. Det pågick under en vecka och jag drabbas av ett sjukligt tvångsbeteende. Det var så hemskt att uppleva. Det var verkligen inte likt mig.

Vi hade en katt som hette Linus. Jag älskade honom jättemycket. Normalt är jag väldigt snäll mot djur. Spindlar och myggor har jag inte så mycket till övers för men annars är jag djurvän. Linus var en trygghet för mig. Om jag var ledsen gick jag och hämtade honom och kramade honom. Då kändes det bättre.

Plötsligt en dag när jag kom hem från skolan tog jag upp Linus, höll honom i mitt knä och fick ett tvång att ta struptag på honom. Jag tryckte ihop hans hals så att han inte kunde andas. Jag ströp honom så länge jag tordes. Jag hamnade i någon sorts trans och kunde inte kontrollera mig själv. Jag var bara tvungen att strypa honom. När jag hade gjort det släppte det sjuka i mig. Jag blev alldeles skräckslagen över vad jag hade gjort.

Den första dagen ströp jag vår katt en gång. Nästa dag gjorde jag det fler gånger och höll struptaget längre. Detta fortsatte under en vecka. För varje dag ökade jag antalet gånger jag ströp honom och ökade även tiden jag höll struptaget. Jag kände alltid samma avsky till det jag gjorde efteråt och lovade mig att inte göra om det något mer. När veckan hade gått upphörde den här fruktansvärda och sjuka längtan att strypa Linus.

Behovet att strypa dog ut och kvar var bara skammen över vad jag gjorde och skräcken över vad som hände i mig, det var liksom inte jag men ändå var det jag.

Det var en oerhörd lättnad att jag kunde sluta med det. Jag var på något sätt paralyserad och kunde inte kontrollera mig själv. Hela tiden, även när jag ströp, förstod jag att det var fruktansvärt fel och jag minns att jag hatade mig själv för det. Jag talade inte om vad jag gjorde för någon och gjorde inte heller om det någon mer gång.

Christer: Reflektioner i samband med bearbetning
Händelsen där jag under en vecka stryper vår katt har jag alltid mints. Det som däremot kommit fram under bearbetningen var kopplingen mellan övernattningen i Lillstugan och den efterföljande strypningen. Det var som ett inre tvång som kom över mig. Det kändes så sjukt och så fel och jag blev rädd för mig själv. Linus fick lida på samma sätt som jag. Att minnas koppling mellan händelserna gjorde inte att jag kom över

skulden jag kände gentemot Linus, det var precis tvärtom. Jag känner nu hur försvarslös han var och fullständigt oskyldig. Jag känner att jag utsatte ett försvarslöst djur för lidande samtidigt som jag vet att han tyckte om mig. Att Linus tyckte om mig gör det ännu värre. Jag ångrar det jag gjort men kan inte ändra på det som redan skett.

Trots all smärta och skuld är jag ändå tacksam för att jag har empati och kan känna skuld för jag anser att det är rätt.

Kan du förlåta mig, Krille?

Nästa sak som hände rätt så nära i tiden var något pappa gjorde. Min pappa kunde ringa upp på eftermiddagen eller tidigt på kvällen och prata. Han var nykter och trevlig. Senare på kvällen ringde han igen, då var han full och upprepade samma fras om och om igen. Frasen var :

– Kan du förlåta mig, Krille?

(Jag kallades för Krille när jag var liten.) Jag frågade vad det var jag skulle förlåta men han upprepade bara.

– Kan du förlåta mig?

Jag frågade om det var att han och mamma hade skilt sig men han fortsatte.

– Kan du förlåta mig?

Jag frågade om det var att han drack. Han ställde samma fråga igen och jag förstod aldrig vad han menade.

Samma sak hände under flera kvällar.

Christer: Reflektion i samband med bearbetning

Den maktlöshet och förtvivlan min far uttryckte när han ringde om och om igen, mer och mer berusad ju senare det blev på kvällen har ändå gett mig en viss tröst. Jag kan inte säga att jag har bevis för att han bad mig förlåta de övergrepp han utsatt mig för men de känns i mig att det var så.

Jag har gråtit många gånger över att han bad om förlåtelse men någon dag senare kommer ilskan och hatet mot honom. Hatet kommer för att jag levt med konsekvenserna av vad hans övergrepp gett mig. Alla dessa år går inte att reparera, de går inte att få tillbaks.

Det enda jag kan göra är att försöka göra något av det. En sak är att skriva denna bok och försöka beskriva att det går att komma tillbaka och finna en mening med livet och att hitta livsglädje igen, trots att den som skulle ha stött mig i livet var den som tog det ifrån mig. Visserligen dog jag inte i Lillstugan men hade jag själv fått välja hade jag valt att dö där inne, instängd med min sadistiske far. Men så här i efterhand var det rätt att leva vidare.

Något har förändrats

Händelsen i lillstugan var förmodligen mellan första och andra klass, på sommaren. Jag minns att jag var starkast i klassen i ettan. Det var flera som utmanade mig men jag var herre på täppan.

Det fanns en pojke som hette Ubbe. Han var lite tjock och retstickorna gav sig på honom men jag försvarade honom. Han hade inte gjort något ont så varför skulle de reta honom.

När jag började tvåan var det som att jag försökte gömma mig. Jag ville inte utmanas och jag ville inte slåss. Retstickorna hittade mig. Jag minns hur en pojke lurade av mig några "filmisar" (kort med filmstjärnor). Hade det varit året innan hade jag tagit tillbaka dem, men nu var det som att jag förlorade modet att hävda mig själv jag ville bara hålla mig undan.

Börjar få stödundervisning

Något var dock inte riktigt bra. Vi gick i skolan vid Varberga centrum. En bit därifrån låg Varbergaskolan där de flesta barn gick. En dag fick jag veta att jag skulle till Varbergaskolan en gång i veckan. Jag tror att jag gick dit med någon mer från min klass. Vi var kanske tre barn och fröken vi hade där höll lektioner i att skriva och stava. Jag hade tydligen svårigheter att stava men det förstod jag inte själv. Jag visste att b och d var svårt, jag blandade ihop dem. Vi lärde oss regler som "d och t dubbeltecknas aldrig före konsonant" och "lamm, damm, och ramm" är de enda ord med dubbla m, skjuta, stjärna och skjorta har jag skrivit rätt många gånger.

Jag var dock bäst på brännboll. Blev först vald när man skulle ta ut lagen. Jag minns även reaktionen när jag gick fram och tog tag i brännbollsracket.

– Backa, nu kommer Christer.

Jag slog längst och nådde ibland taggbuskarna bakom plan. Det var inte kul att leta boll där.

Det häftigaste var nog om alla i vårt lag var ute vid "stolparna" och jag var sist kvar, allt hängde på mig. Att i detta läge få på en fullträff kändes underbart. Jag varvade själv och alla i laget kom in igen. Okej, det hände att jag missade de två första slagen, då fick man byta till "tjejracket" och gå på säkerhet så i alla fall några kom in.

England och ett nytt daghem

På sommaren 1970 åkte vi till England. Det var mamma, min syster och jag. Jag visste inte vad som skulle hända där. Mamma sa bara att vi skulle åka till England.

Vi kom dit en helg tror jag. Mamma, Eva och jag åkte runt och titta på några sevärdheter. Så en dag gick vi upp tidigare. Mamma skulle iväg till en skola. Jag förstod inte varför. Senare förstod jag att det var en språkresa vi åkte iväg på. Vi hade vår bil med oss och mamma körde iväg till skolan som hon skulle gå i. Det var någon sorts introduktion och den tog inte så lång tid vad jag minns.

Dagen därpå skulle mamma till skolan men den här gången åkte hon iväg till ett daghem där jag och Eva skulle vara. Personalen kunde inte svenska och jag tror inte att det fanns några svenska barn. Det gick skapligt de första timmarna men sedan kom en väldig ångest. Jag grät och ville till mamma. När hon slutligen kom för att hämta oss har jag för mig att hon blev rätt irriterad på mig. Vi åkte hem och min ångest började släppa.

Dagen därpå gick vi upp och gjorde oss i ordning. Jag ville inte tänka på vad som skulle hända utan bara "gjorde". Vi satt oss i bilen och åkte iväg. Plötsligt förstod jag att mamma var på väg till daghemmet igen. Det knöt sig i magen och jag började känna mig gråtfärdig. Nu kände jag igen mig när vi gick fram till ingången till daghemmet. Jag minns hur jag fokuserade på stövlarna jag hade på mig. Det var stövlarna som tog all min uppmärksamhet. Men när jag kom in i entrén bröt jag ihop igen. Jag tror det var personalen som talade om för mamma att jag inte kunde vara kvar där.

Jag förstod inte varför ångesten kom. Det var så konstigt. Plötsligt tog den tag i mig och jag tappade uppfattning om tiden och slutade tänka. Allt var bara fruktansvärt. Jag skämdes över det som hände.

Jag behövde inte vara mer på daghemmet utan satt i bilen på dagarna när mamma var i skolan. Jag mådde någorlunda bra igen och tycket att det var ganska trevligt att vara i England. Det kanske inte är helt normalt att ett barn finner sig i att sitta i en bil i en vecka. Men efter några dagar fick vi komma upp till klassrummet och vara där.

Christer: Reflektion i samband med bearbetning

Efter att jag i bearbetningen mindes det första daghemmet i Örebro och hur jag blev utsatt för några elaka pojkarna, förstod jag kopplingen till daghemmet i England. I England förstod jag inte vad någon sa. Det liknade det utanförskapet jag upplevde på det första daghemmet. Jag försökte så mycket jag kunde att vara min mor till lags men ångesten var för stark. Det här väckte också rädsla, vad skulle hon göra för att straffa mig? Hur skulle hon hämnas om jag inte skötte mig?

Problem börjar komma

I 9-årsåldern började jag få huvudvärk på helgerna. Huvudvärken tilltog med åren. Min styvfar tyckte jag var mesig. Min mor sa ingenting.

Problemen med min styvfar tilltog och jag mådde inte bra i vår familj. Av någon anledning kunde jag bara inte försvara mig när han kom med sina hånfulla elakheter eller nedvärderingar av mig. Det gick bara inte. När jag försökte blev det bara en klump i halsen och jag kände att om jag sa något skulle jag börja gråta. Min reaktion var nästan alltid densamma. Jag blev tyst och gick iväg till mitt rum. Jag pratade med mamma om att han var elak mot mig, men hon sa bara att han inte menade något med det han sa. Han tyckte egentligen väldigt bra om mig. Det var något helt annat när det gällde min syster. Han hatade henne i det närmaste, men det hade ju sin förklaring i att Eva var så elak enligt mamma. Jag trodde att hon hade rätt.

Jag hade många kompisar som jag umgicks med innan jag började skolan. Efter hand som åren gick blev de bara färre. Jag umgicks bara med en som blev "bästis". Tyvärr så har "bästisarna" svikit mig på olika sätt. Jag kunde inte förstå varför, men jag kände mig mycket ledsen när det hände. Leif var min första bästis, han flyttade och ville inte ha kontakt med mig mer. "Gamlis", var nästa bästis och han blev jätteelak när jag flyttade. Lasse var den tredje och det slutade som de tidigare. Han mobbade mig när det var flera med, t.ex. på fester. Det var en jobbig tid från det att jag var 9 år.

Min syster flyttade hemifrån ett antal gånger, lika ofta kom hon tillbaka. Hon bodde ibland hos farmor men efter ett par år flyttade hon till pappa. Min styvfar brukade sitta med sin pipa i munnen och skatta åt henne.

– Jaha, nu får vi väl se hur länge hon blir borta den här gången, mamsellen.

"Mamsellen" var hans smeknamn på min syster. Mamma brukade fnittra lite åt hans "skämt". Jag tror att jag var 16 år när Eva flyttade hemifrån för gott.

Åren rullade på med en elak styvfar, en mor som jag betraktade sig som godheten själv och som jag aldrig blev osams med eller arg på. En syster som ofta protesterade, skrek och tjurade men som också kunde vara på bra humör.

Bågskytte, min räddningsplanka

Sven höll på med en del sporter och det här var något som tilltalade mig. Han visade hur man sköt pilbåge. Så här i efterhand tror jag att han gjorde det mer för att imponera på mamma. Jag fick faktiskt en pilbåge ganska tidigt och började skjuta. När jag var i början av skolåldern blev det en tid "poppis" att ha pilbåge på vår gård bland grabbarna. Jag kommer ihåg att vi gick ut på ett gräsfält och sköt pilar mot varandra. Man stod på ungefär 50 meters avstånd och siktade på kompisen. Sedan gällde det att hoppa undan när pilen kom. Därefter tog man samma pil och sköt tillbaka. Det här var inget man berättade för föräldrarna.

När jag blev några år äldre tog Sven med mamma och mig till en bågskyttebana och jag kom med i bågskytteklubben ÖBK Jaktpilen. Vi övade inomhus i en källare på vintern och ute på Gustavsviksfältet på sommarn. Precis i början fanns det en jaktskyttebana närmare Örebro men den flyttades senare och hamnade långt utanför. Jag kunde inte öva så mycket jaktskytte så tavelskytte blev min grej.

Jag blev rätt duktig med tiden. Jag tyckte om att koncentrera mig och analysera de olika momenten i skyttet. Jag frågade de vuxna om råd och tittade på min idol Kjell.

En helg var det dags för tävling i Kumla. Det var mycket som var nytt men jag fick hjälp av de andra som var med från vår klubb. Nu hände något konstigt, jag vann och skulle fram och bli fotograferad med de övriga segrarna.

Jag fortsatte att träna och tävla och blev liksom någon i klubben. De tyckte om mig tror jag och de tyckte jag var duktig när jag vann. Jag blev klubbmästare och distriktsmästare och tyckte om att tävla. Då skärpte jag verkligen till mig. Koncentration var något jag tyckte om, att fokusera och sätta pilen mitt i. Jag gillade också att stå sist kvar på skjutlinjen så att alla tittade på mig och sedan sätta pilen mitt i tian så det skallrade när pilarna slog mot varandra. Ibland satt de så tätt så man sköt loss fjärdarna på den andra pilen som redan satt i tavlan eller spräckte en nock.

Varje år sköt vi något som hette "Sjuttiaden". Det här var på 1970-talet, där av namnet. Man sköt distriktsfinal, regionsfinal och slutligen riksfinal. Ett år hade jag kommit vidare som vanligt från distriktsfinalen och nu var det dags för regionsfinalen. Jag kommer inte ihåg om jag vann distriktsfinalen eller kom tvåa. Det brukar var jag eller Gunnar Karlsson som vann.

I regionsfinalen skulle nu den ouppnåelige Anders Andersson vara med. Jag tror han var en av de bättre i Sverige. Han tränade jättemycket och hade klart bättre utrustning än jag. Nu var han med i regionsfinalen och jag tänkte att han säkert skulle komma etta. Sedan var det Gunnar Karlsson från Kumla (min antagonist) eller jag som skulle kunna komma högt upp i prislistan. Vi sköt och det gick skapligt. Till slut lyckades både jag och Gunnar besegra Anders. Det var tydligt att de mött varandra nyligen och var lite vänner. Jag var yngre än dem och det märktes att Anders var arg för att jag besegrat honom. Det gjorde ont i mig att han var taskig. Han var faktiskt en typ av förebild för mig. Jag har aldrig förstått det här med att vara taskig mot en annan person som man inte känner. Min syster kunde jag reta men hon var inte snäll mot mig. Det var en annan sak.

Nu hade jag kvalificerat mig för riksfinalen. Jag tror den skulle gå i Kramfors men där är jag lite osäker. Jag kom hem och var glad men det varade inte så länge. Min styvfar sa att:

– Dit får du åka själv. Mamma och jag åker inte med.

Jag tror jag var tolv år och visste att det här med att övernatta med okända i en gymnastiksal och vara med okända människor hade jag svårt för. Det här gjorde att det låste sig i mig. Jag tappade lusten att träna, även om jag försökte. När det började bli dags att åka kom som vanligt en förkylning och jag valde att stanna hemma.

Bästa prestationen, 5:a i Sverige

Jag hade dock en framgång som var uppe på nationell nivå. Det startade en serie-tävling i Sverige som man sköt på nationella tävlingar eller så bestämde man att nu skjuter jag en tävlingsomgång i som vanliga träningshall. Att skjuta i sin vanliga träningshall gav normalt mindre press men för mig spelade det ingen roll. Jag har för mig att man sköt fem tävlingsomgångar och räknade de tre bästa.

Vid första tävlingen fick jag en riktigt bra serie. Jag hade tränat bra och var i form. Jag låg delad 1:a. Jag tror det var över 150 startande.

Tävlingen fortsatte och det gick skapligt med inte riktigt så bra som vid 1:a tävlingen. Det blev lite nervöst också när jag såg att jag var bland de bästa i landet. Till slut kom jag på 5:e plats och var väldigt nöjd.

Nästa år var det dags igen men då hade jag slutat att träna och kom på 15:e plats. Det var i alla fall rätt bra.

Min antagonist Gunnar Karlsson blev nordisk mästare senare i fältskytte.

Jag är mycket tacksam att jag hade bågskyttet. Det var vinsterna i bågskyttet som gav mig viss självkänsla. Jag blev någon i klubben. Trots att min styvfar retade och tryckte ner mig så var jag bäst på bågskytte. Han berömde mig inte vad jag kommer ihåg. Däremot var min mor med och körde ibland till tävlingar. Hon var också med och sköt ganska ofta.

Christer: Reflektion i samband med bearbetning

Sven (styvfar) var aktiv i början med att lära mig bågskytte. Efterhand som jag blev bättre blev han fullständigt ointresserad. Jag kände inte att han var avundsjuk. För min egen del var det aldrig ett sätt att hävda mig gentemot honom. Jag var intresserad av själva sporten och fascinerad av att skjuta bra. Jag tyckte om att förbereda mig och se till att allt var i bästa skick: pilar raka, vaxad sträng, talkficka påfylld, rent och snyggt i väskan, allt skulle ligga på sin plats. Sista träningen före tävlingen började jag fokusera på tävlingen som skulle komma och hur det kändes med pirret i magen.

Jag undrar hur långt jag skulle ha kommit inom bågskytte om jag inte haft problemet med att resa. Tänk om jag kunde ha skaffat vänner som sköt och jag fått uppleva gemenskap. Nu var jag där men riktig vänskap hade jag aldrig upplevt och därför visste jag inte vad jag saknade.

Vänskap och närhet med människor gick inte att föreställa sig när man aldrig upplevt det. Jag förväntade mig slag, fysisk smärta och svek när som helst från de som är nära. Mina "vänner" var mina saker. Jag skapade en sorts vänskapsrelation med dem. Människor som fanns omkring mina saker (de jag mötte i bågskytteklubben) var inte så viktiga för mig.

Byter skola 12–16 år

Lyftet

När jag gick i femman bestämde mamma och Sven att vi skulle flytta till Norrgatan i Örebro. Jag blev av med klasskamrater och vänner medan de fick 2 minuters gångväg till jobbet. Jag fick också 2 minuters gångväg till nya skolan men det var inte roligt att byta klass.

Jag började på Olaus Petri skolan och hamnade i en lite ovanlig klass. Det var gamle magister Ottosson som styrde. Det ovanliga var att det var pojkarna i klassen som var bäst. Stenmark, Ullström (tror jag han hette) och Linden. Jag hamnade bredvid Ullström och det är jag mycket tacksam för. Han drog med mig i skolarbetet. Jag ville också kunna svara på frågor. Dessutom hade de något som passade mig riktigt bra, läxor. Jag kunde i lugn och ro hemma läsa igenom det vi skulle lära oss. Nu fastnade kunskapen. Jag har haft svårt att få kunskap att fastna bara av att lyssna, dessutom antecknade man här när Ottosson skrev på tavlan.

Matten var fortfarande svår, massor med tal på proven och stress. När jag senare började i högstadiet så ändrades uppgifterna på proven. Från att man skulle göra massor med enkla uppgifter på kort tid till att man fick god tid på sig och det behövdes mer logiskt tänkande. Mindre stress och klurigare uppgifter funkade för mig. Jag har alltid haft problem med slarvfel.

Vid ett tillfälle kom jag hem och mamma fick syn på mitt betyg.

– Men vilka bra betyg du har?

Det var något konstigt med hur hon sa det. Det var liksom inte med glädje utan med en viss del irritation, jag liksom bröt hennes mönster, hennes föreställningar. Det här var lika konstigt som när jag såg att hon låtsades gråta efter att gammelmormor dött.

Mamma klär av sig inför Svens brorsbarn

Min mor gör ibland saker som är mycket märkliga. Det känns väldigt fel det hon gör men jag blir alltid tyst eller försöker strunta i det som hände. Vi har bjudit ner

Svens bror till sommarstället som vi kallar Backerud. Det ligger vid sjön Skagern. Svens bror Rune har två söner, Jörgen och Anders. Jörgen är lika gammal som jag och vid det här tillfället är vi ungefär 15 år. Jag har för mig att Anders är två år yngre, alltså 13. Vi är nere vid sjön och ska bada. Det här är en tid innan man badar top-less så kvinnor har baddräkt på sig.

Nu går min mor och ställer sig mitt framför Jörgen och Anders och tar av sig överdelen på baddräkten så att brösten är bara. Sedan tar hon och tvättar sig under armarna. Jag skäms över vad hon gör och det ser ut som hon gör det för att visa upp sig. Samtidigt börjar hon prata som om inget hänt.

> *Christer: Reflektion vid bearbetning*
>
> Min mor har en sexuell lust till små pojkar. Hennes sätt att se på mig än idag är obehagligt. Jag har inte sett det här från andra mödrar när de ser på sina söner. Att blotta sig tror jag är hennes sätt att se om hon väcker lust. Jag tror även att det väcker en viss spänning hos henne att göra så här.

Vaknar till Svens utskällning

En eftermiddag ligger jag och sover. Jag har en förkylning och har feber, mår inget vidare. Jag vaknar av att jag hör Svens hörs röst utanför mitt sovrum. Jag ser honom inte men han måste vara i vardagsrummet utanför. Han skäller och låter förbannad:

– Nä du, så FAN heller att du ska!

– Det kan du glömma!

– I helvete heller att du får följa med!

Jag är precis yrvaken och blir stel av rädsla. Vad är det som pågår? Jag ligger blick stilla och försöker förstå vad som händer utanför samtidigt som jag inte vågar röra mig. Jag ser inga personer så jag vet inte hur många som är utanför.

Han sitter och skäller i flera minuter, högt och ljudligt. Så tittar han fram genom dörröppningen och frågar:

– Är du vaken?

Jag kommer inte ihåg vad jag säger men jag vågar inte ifrågasätta vad han gjorde. Jag tiger om det som hänt.

> *Christer: Kommentar*
>
> Långt senare ifrågasatte jag Sven och undrade vad han höll på med. Han förnekade inte det han gjorde utan förklarade det med att min mor och han skulle åka till England och spela golf. Min mor hade haft det jobbigt tiden innan och de ville åka ensamma på resan. Min mor försvarade också Svens beteende och sa att det var hon som hade det jobbigt.

För mig var det obegripligt att han satt och skrek utanför mitt rum när jag sov där inne. Det var obegripligt att min mor försvarar ett så här stört beteende vid den senare konfrontationen. Det naturliga hade varit att bara förklarat situationen för mig så hade jag accepterat. Varför väcka mig med aggressiva svordomar och sitta och skälla utanför mitt sovrum? Min förklaring i dag är att han njöt av att skrämma mig. Han fick ett gyllene tillfälle att trycka ner mig och han visste att min mor stöttade honom i det han gjorde.

Mamma gör gymnastik utanför mitt rum

På morgnarna börjar min mor under en tid att göra gymnastik precis utanför dörren in till mitt sovrum. Om jag ligger i sängen är dörren precis framför min säng. Min mor ligger nu och drar upp knäna och blottar sitt underliv samtidigt som hon gör höftrullningar från sida till sida. Hon stönar ljudligt varje gång hon rullar upp knäna.

När jag skall ut ur rummet så är hon till viss del i vägen för hon ligger så nära min dörr. Rummet hon är i är ett vardagsrum och det är riktigt stort. För mig är det obegripligt varför hon skall ligga precis utanför dörren och blotta sitt underliv.

Christer: Reflektion från bearbetningen.

Det här är ett karakteristiskt sätt som min mor har. Att göra gymnastik är ju inget konstigt. Att hon gör det precis utanför min dörr så jag får kliva över henne när jag skall gå ut ur mitt sovrum är väl inget farligt. Om jag sagt till henne att sluta blotta sig för mig hade hon säkert pratat med Sven och sedan hade dom hånat mig och skrattat ut mig. Det hade varit jag som hade sjuka tankar.

Mamma klär av sig i mitt rum

Något hon gör under några veckor när jag är i 16-årsåldern är att hon kommer in i mitt rum på eftermiddagarna. Hon hänger först av sig kappan i hallen men går rakt in i mitt rum med ytterskorna på. Sedan går hon förbi min stol där jag sitter och gör läxor och går fram och ställer sig med ryggen mot mig. Hon drar upp kjolen och böjer sig fram och tar av sig skor och strumpbyxor. Hon pratar hela tiden. Hon böjer sig fram och drar upp kjolen som om hon vill blotta sig. Sedan går hon ut ur rummet och lämnar skor och strumpbyxor kvar. De får jag gå ut med. Jag är lite osäker på när hon slutar med det här helkonstiga beteendet. Kanske var det så att jag går ut ur rummet och lämnar henne ensam där hon står och klär av sig.

Christer: Reflektion från bearbetning.

Redan när det hände kändes det som hon strippade för mig. Hon försöker locka mig. Jag känner mig kränkt och maktlös eftersom jag vet att jag kommer att bli utsatt för min styvfars hån om jag säger något.

Jag börjar låsa dörren till mitt sovrum

Under en period vaknar jag på nätterna och har en obehaglig känsla av att någon har varit inne i mitt rum. Det händer flera nätter och det kommer tankar om att min mor varit där och tafsat på mig och suttit på sängkanten.

Efter ett tag börjar jag stänga dörren på kvällen. Efter ytterligare några nätter låser jag även dörren.

Christer: Nya minnen som kommit i bearbetningen.

Min mor går in i mitt rum när jag sover och tar på mitt könsorgan. När jag börjar vakna till går hon ut. Jag tillät inte det här att komma fram därför att jag är så kuvad av min styvfar och även har en skräck för att göra något som min mor inte tillåter. Man avslöjar inte henne ostraffat. Då drabbas man av ett straff värre än döden. Min kropp tillät mig inte att minnas det här tidigare. Jag har alltid förlorat mot min mor.

Gymnasiet, jag börjar leva

Evas piano, del två

Min syster fick ju ett piano, jag tror det var när hon fyllde 9. Det har ju alltid varit symbolen för att mamma var så snäll även om hon hundratals gånger sagt att Eva var så elak och OND.

Historien som jag nu skall berätta om är när min syster är ungefär i 20 års åldern. Eva har sökt in till en kantorutbildning på Geijerskolan. Sven brukade tråka henne för att hon inte var något vidare på att spela. Min syster övar nu varje dag inför antagningen. Nu blir Sven tydligen trött på all övning. Han förbjuder Eva att spela. Hon blir förtvivlad. Den enda räddningen är pappa. Pappa får tag på några karlar och flyttar hem pianot till sig. Eva flyttar också dit och fortsätter öva.

Det blev ett herrans liv och en dag ser jag att pianot är tillbaka men skadat i bakstycket. Eva har berättat att det blev skadat av de som hämtade tillbaka pianot. Sven skrev sedan ett brev där han krävde att Eva skulle betala skadan. Sven skrev "… jag skall med glädje pressa ur pengarna med våld om så behövs…". Eva bad en jurist granska brevet och det var formulerat på ett sätt att Sven skulle ha blivit fälld för det hot han uttalade.

Mamma tar av sig BH'n

En morgon inträffar en sådan där händelse som etsat sig fast i mitt minne. När jag tänker på det känns det obehagligt och konstigt. Min mor har klätt på sig under-kläder och går runt i lägenheten. Sven har gått till jobbet. Vi står i vardagsrummet och pratar om något. Hon brukar göra så här och nästa steg brukar vara att ta på sig resten av kläderna. Så tar hon bara av sig BH'n. Hon är kanske en meter framför mig. Varför hon tar av sig den förstår jag inte. Vi avslutar samtalet och hon tar på sig BH'n igen. Det hon gör känns ologiskt och konstigt.

Sommarjobb på Lanna golfrestaurang

Under två somrar jobbar jag på restaurang. Det som jag upplevde här var helt underbart för mig. Visserligen var det ett jobb där man stod längst ner på skalan, diskade, dammsög, skrubbade golv, skalade potatis, serverade dagens rätt och stod i kassan. Men jag betydde något. De andra tyckte om mig och vi hade kul. Det fanns några tjejer som jag tycket om att prata med. En kille som var några år äldre, Jonas, spelade golf och gick ut på banan ibland.

Det hände att jag jobbade på kvällarna när det var fest, vilket tempo. En gång kom det folk från Stockholm, de jobbade åt Sven Tumba på Ulna. När maten skulle ut måste allt klaffa. Maten skulle vara varm och sallad och bröd skulle ut snabbt utan att gästerna fick vänta. Hela övervåningen i klubbhuset var fullt, kanske 100 – 150 gäster. Jag gillade när det var full fart, alla måste hjälpa till och vi var ett team. Inget hån och trakasserier som jag var van vid hemifrån. Här blev jag accepterad och jag betydde något.

Jag fick en konstig reaktion under några veckor. Det som hände var att jag inte sa något, inte ett knyst där hemma. Jag svarade inte på tilltal. Eftersom det var rätt sällan jag blev tilltalad så märktes det nog inte så mycket utåt. Det kändes som att om jag inte yttrade mig kunde inte Sven reta eller kränka mig. När jag kom till restaurangen levde jag och där fanns det några tjejer. Anna-Lena, Ann och Birgitta. Jag tror att Sven blev avundsjuk på Birgitta. Hon var några år äldre än jag, ganska fryntlig och framåt. Om jag inte var med när mina föräldrar kom och skulle äta mat brukade hon fråga efter mig. Sven sa något i stil med: "Ja, det där är väl en fin brallis. Det vore väl något!" och så skrattade han lite hånfullt.

Jag fortsatte med min tystnad. Även om han hånade så sa jag inget. Efter någon vecka sa han till mamma: "Varför säger han inget?" Det var som att till och med han märkte att något var annorlunda. Min mor sa: "Det gör väl inget." Sedan var det inget mer med det. Ingen som frågade hur jag mådde eller om det hänt något. Jag hade slutat att prata hemma och Sven och mamma tycket nog att det var positivt. Då tog jag ju ingen fokus från dem.

Det bästa med restaurangen var att vi hade roligt. Jag upptäckte att jag kunde skoja och de andra skrattade och vi mådde bra. En dag stod jag och skrubbade pota-tis, vi var två som skalade. I ett infall tog jag en golfboll, skrubbade och slängde ner i kastrullen. Vi gapskrattade båda två. Det fanns mycket annat man kunde göra. Ibland var golvet blött och såphalt. Då kunde man graciöst "glida" ut från köket till kassan där kunden stod och säga: "Jaha, vad får det lov att vara?"

Jag flyttas hemifrån

Konstig rubrik, eller? Men det var faktiskt så det gick till. Jag flyttade inte hemifrån utan mina föräldrar flyttade ut till det som tidigare var vår sommarstuga i Lanna, ligger mellan Örebro och Karlskoga. Mamma ordnade en lägenhet till mig genom kontakter hon hade på sitt jobb.

Det hände något konstigt i samband med min flytt. Jag skulle packa mina saker i flyttlådor och började en vecka innan själva flytten. På dagarna hade jag ett sommarjobb och jag mådde som jag brukade. När jag däremot kom hem på eftermiddagarna och skulle börja packa blev jag plötslig väldigt trött. Jag blev så trött att jag var tvungen att gå och lägga mig och sova. På kvällen lyckades jag ta mig upp och äta och sedan packa en stund men sedan fick jag lägga mig och sova igen. Jag skulle gissa att jag sov ungefär 12 timmar per dygn den här veckan.

Examensdag jag och pappa. Väger 62 kg är 179 cm lång och känner mig tjock..

Efter flytten ändrades mitt liv ganska snart. Jag började umgås med några grannar som bodde i samma trappuppgång. En tjej, i 25-års åldern och en kille. Han bodde på våningen ovanför. Vi började träna tillsammans. Nu kom livsglädjen och det kändes bra en tid. Efter ett par månader träffade jag en tjej, Inger. Det var helt fantastiskt. Jag började komma in i hennes gäng. Jag kände för första gången i mitt liv, att jag tyckte om andra människor och de accepterade mig.

Lumpen, ett helvete

Mitt underbara liv blev kort. Efter ett år skulle jag in i lumpen. Jag kände mig stark men den styrkan försvann på några dagar. Jag kände ångest bara av att vara på regementet. Vad orsaken till ångesten var tänkte jag inte på. Jag försökte bara hålla den i schack. Efter några veckor tyckte jag ändå att det började bli bättre. Vi hade nattpermis, så jag kom hem till min sambo på kvällarna.

Efter några veckor var det dags för den första övningen. Vi skulle vara ute i ungefär 14 dagar. Nu bröt helvetet löst. Jag kunde inte sova på nätterna, tappade matlusten, förlorade all energi. Det kändes som om jag gick in i en sorts tunnel efter ett par dagar. Ångesten var starkast tidigt på morgonen. Om jag var ensam någon gång så grät jag. Jag hade ett foto på min sambo i plånboken som jag tog fram så ofta jag vågade.

Jag hatade det militära. Jag hade mycket ångest och mycket problem med olika människor. Förkylningarna avlöste varandra och det blev många penicillinkurer. Jag fick aldrig några riktiga kompisar i lumpen, jag mådde för dåligt. Det hela slutade i ett fiasko. Jag var egentligen utsedd till gruppchef men vi hade en gruppchef för mycket på vår pluton. I stort sett alla i plutonen var säkra på "Vem som inte skulle bli gruppchef". Det blev dock inte han som blev degraderad, det blev jag. Ett befäl som jag frågade sa att jag varit sjukskriven för mycket.

Det var visserligen sant men jag tog det här beslutet mycket hårt. En kompis till mig sa dock att det inte gick att göra på det sättet, att genomgå militärtjänsten som gruppchef och sedan bli krigsplacerad som menig om det inte hänt något alldeles speciellt. Efter att jag jobbat några år blev jag inkallad till repmöte. Jag hade då blivit flyttad från min gamla pluton till en annan och var åter gruppchef. Det kan tyckas konstigt att jag tog det som hände så hårt, när jag hatade allt som hade med militären att göra, men det kändes som om jag inte dög till något och att jag var värdelös.

Christer: Reflektion från bearbetning

Att övernatta med okända män väckte skräcken i mig från pappas övergrepp. Jag kunde inte sova på nätterna och gick in i min blockering när vi var ute på övningar. Blockeringen släppte inte helt under mellanperioderna heller eftersom jag visste att det snart var dags igen. Jag hade alltid ångest.

Jag kom aldrig på tanken att jag kunde få hjälp. Här låg erfarenheten från mammas kvävning efter pappas övergrepp. Det var farligt att försöka få hjälp. Dessutom skulle säkert styvfar håna och reta mig om jag hade gjort det.

Arbete, arbete och åter arbete

Efter lumpen började jag arbeta. Det kändes som om jag hade en väldig tur när jag fick jobba med att ta i drift ett av våra kärnkraftverk, Oskarshamn III. Det var ett mycket bra jobb och jag lärde mig enormt mycket. Det här var skillnad mot den dj-a lumpen. Jag kände att jag började leva igen. Jag och Inger bodde två och ett halvt år i Oskarshamn. Mina föräldrar kom aldrig och hälsade på.

Efter några år bytte jag jobb. Vi flyttade till Linköping. Det var rätt bra men om jag gjorde något fel kändes det som jag om jag skulle bryta ihop. Jag var känslig för kritik.

Åren gick och min sambo var med mig hela tiden. Jag lärde känna dem som var i hennes gäng lite bättre och jag tycket att det hela var ganska bra. Jag jobbade mycket, faktum var att jobbet var nog den viktigaste delen i mitt liv. Mina arbetsuppgifter var ofta självständiga men samtidigt fick jag kontakt med andra människor utan att komma för nära. Ibland hände det dock att jag blev kritiserad. Det här var mycket jobbigt för mig. Det var även jobbigt att känna att jag inte klarade av vissa saker. Jag läste en del böcker om att förverkliga mig själv, t.ex. "Sikta mot stjärnorna".

Jag köpte även en bok om självhypnos. Det fungerade dock inte särskilt bra, jag kände rädsla när jag började komma in i transtillstånd. Jag vågade aldrig slappna av.

Även om det var många år sedan jag flyttade hemifrån kände jag mig alltid underlägsen och rädd för min styvfar. Det var inte att jag var rädd för något fysiskt våld, utan att han skulle bli arg och börja kritisera eller förlöjliga mig. Ofta när mina föräldrar var på besök kunde de komma in på att tala om något av mina misstag eller saker jag gjort som de kunde skratta åt, det kunde vara golffilmen där jag missade bollen, när jag blev tjock, nio år gammal och gick med badrock på badstranden för att jag skämdes för min kropp, att Eva och jag inte ville byta om på badstranden utan att skyla oss med badrock eller handduk, att Eva och jag alltid låste dörren till badrummet när vi var inne och bytte om på morgnarna, etc. etc. För både mig och min syster har det alltid varit viktigt att låsa dörren när vi var på toaletten eller i badrummet. Det har väl inte vållat min styvfar något problem men han tyckte mycket om att reta oss för det.

Mitt förhållande till min mor präglades av att jag alltid skulle visa upp en prydlig fasad och att jag aldrig kunde vara naturlig. Vi hade sällan kontakt med varandra. Ibland gick det några månader mellan telefonsamtalen. Jag märkte att Inger hade en helt annan relation till sin mamma. De talades vid minst en gång i veckan. Jag kommer ihåg att jag var lite irriterad över detta. Jag tyckte att hennes mamma var lite väl nyfiken.

Kramper på natten

Ganska snart efter att vi hade flyttat till Oskarshamn började jag vakna på nätterna av kramper i ändtarmen. Till att börja med höll jag det för mig själv men det tilltog. Det kom kanske 3 gånger per vecka. Det gjorde så fruktansvärt ont att jag bara stod på alla fyra och kved. Ibland trodde jag att jag skulle svimma. Det pågick under många år. Långt senare efter mycket bearbetning försvann det. Det var psykiska reaktioner men det visste jag inte då. Under många år var det otänkbart att jag skulle sökta hjälp för det här, det var bara min sambo som visste om det. Efter ett tag kom jag på att kläder som långkalsonger eller träningsoverallsbyxor och strumpor gjorde att krampen mildrades.

Christer: Insikter från bearbetning

Kramperna var kroppsminnen från min fars övergrepp. När jag flyttade från Örebro till Oskarshamn släpptes dessa minnen fram. Det finns ett talesätt som även är en titel på en bok som jag läst "Kroppen minns det du vill glömma". Det stämmer men jag anser också att det fyller en funktion. Om man upplever en fruktavsvärd sak som man helst vill glömma så kapslas det in och bevaras där inne i väntan på att få komma fram. Det finns ett behov av att förstå och att kunna avsluta det man upplevt genom att gå stärkt ur situationen. Att flytta långt från Örebro, betydde också att jag slappnade av i kroppen. Det gjorde att det gamla oavslutade började komma fram.

Pappa dör

Vi hade köpt hus i Mantorp och planerade för att skaffa barn. Inger pratade ibland om att vi skulle gifta oss men jag ville inte. Den främsta orsaken var något som hade med pappa att göra. Alltid när Inger började prata om giftermål såg jag pappa framför mig så som han såg ut när jag konfirmerade mig, högröd i ansiktet och stinkande av sprit.

Sent en kväll ringde Eva. Hon sa:

– Pappa är död!

Vi pratade mycket och jag började gråta efter en stund. Pappa hade tydligen varit magsjuk en tid och mått mycket dåligt. Eva hade sagt till honom ett flertal gånger att han var tvungen att söka läkare men han vägrade. Nu hade en granne till pappa tyckt att det var något konstigt att hon inte såg till honom, så hon gick in i lägenheten. Hon hjälpte honom ibland med att vattna blommorna när han var bortrest så hon hade nyckel till hans lägenhet. Det låg några tidningar innanför dörren, vilket tydde på att ingen varit där på några dagar. Hon gick dock in i lägenheten och hittade pappa död på toaletten. Hon såg till att man hämtade honom och ringde sedan till Eva.

Pappa och jag hade knappt haft någon kontakt under de senaste tio åren men ett år tidigare, hade vi träffats hemma hos Eva. Det var något speciellt med det mötet. Det var enda gången som pappa jag och Eva spelade och sjöng tillsammans. Det var ett fint minne. Jag minns att jag började musicerandet med att sjunga "Let it be". Något som också etsade sig fast i mitt minne var att pappa såg riktigt rädd ut när han kom fram och hälsade på mig vid det tillfället. Jag tyckte det var konstigt.

Efter samtalet från Eva ringde jag upp mamma. Jag tror att klockan var ett på natten. Jag grät men mamma sa att det var väl inget att gråta över, "han har inte gjort dig något gott". Hon sa det inte på något bryskt eller nedlåtande sätt utan snarare som ett försök att trösta.

Dagen därpå ringde jag Eva igen. Vi måste städa ur lägenheten. Det var mitt i veckan och vi bestämde att vi skulle träffas kommande helg. Jag kände rädsla inför att gå in i lägenheten. Eftersom pappa var spiritualist och ofta pratat om sina möten med andar kändes det riktigt otäckt. Skulle han sitta på en stol därinne och säga:

– Hej Krille. Det var länge sedan.

Helgen var inne och jag hade träffat mamma tidigare. Vi stod och väntade på Centralstationen i Örebro på att Eva skulle komma med tåget från Stockholm. När hon kom kramades vi om och jag kände att tårarna kom. Vi åkte ut till Varberga och gick in i lägenheten. Det luktade fruktansvärt. Pappa hade varit magsjuk i flera veckor och de sista dagarna var han förmodligen ganska omtöcknad. Han hade dött på toaletten och jag började göra rent. Nu är det dock så att jag och äckliga lukter inte hör ihop. Jag kan exempelvis inte vara i djuraffärer om de har mycket fåglar. Jag tål inte lukten. Nu försökte jag klara av städningen men det tog inte många sekunder innan första riktiga kväljningen kom. Eftersom det var toaletten jag städade kunde jag inte spy i den. Jag fick ge upp. Mamma fick ta över. Jag fortsatte på andra ställen i lägenheten. Vi hittade hjärtmediciner i ett skåp.

Vi började titta igenom skåp som var fulla med papper och fann att pappa hade sparat på nästan vartenda kvitto och papper han fått sedan lång tid tillbaka. Vi hittade även andra papper som inte var speciellt roliga. Journaler från psykavdelningar som han varit på. Det var inte vid ett tillfälle utan det var mängder av gånger som han varit intagen. Detta kom som en chock för mig. Där fanns även papper som berörde en tid när han satt i fängelset för att ha lurat några unga flickor. Det handlade om seanser och kontakter med "andra sidan" (de döda). Vid ett annat tillfälle hade han blivit av med körkortet. Vi hittade nu papper om skrivelser till myndigheterna för att han skulle få tillbaka det. Dagen tog slut och vi åkte hem, jag till Ingers föräldrar och Eva hem till mamma och Sven.

Dagen därpå fortsatte vi att städa och började packa bilarna fulla med saker vi ville ha kvar. Jag ville ha ett dokumentskåp som skulle vara praktiskt att ha hemma. När jag plockade ur nedersta lådan märkte jag att det låg några saker längst in. Det var porrfilmer. Inte några oskyldiga heller. Det var sadistiska filmer. Bredvid filmerna låg även postorderkataloger som var uppslagna. På uppslagen var det kvinnounderkläder. Jag reagerade på något sätt instinktivt, jag fick syn på en kasse med skräp alldeles bredvid, stoppade ned filmer och kataloger utan att säga något och gick ut och kastade kassen i sopnedkastet. Jag gjorde mig av med filmerna så snabbt jag kunde och utan att någon annan skulle upptäcka dem. Då förstod jag inte vad som hände med mig, det skulle dröja flera år.

Christer: Reflektion efter bearbetning

Alla övergrepp jag varit med om var fortfarande förträngda. Jag handlade instinktivt och kastade de saker som kunde påminna mig dem, det var en typ av flyktbeteende. Jag stängde även av tankeförmågan och blev "tom" inuti.

Jag var hemma från jobbet några dagar men grät inte så mycket. Tankarna kom in på pappa ibland men ganska snart väcktes en rädsla jag har haft väldigt länge. Den har att göra med andar och spöken. När jag var liten trodde jag att om jag tänkte för mycket på en död människa fanns det en risk att den människans ande skulle visa sig för mig. Det gick alltså inte att sörja. Jag började arbeta i stället. Däremot på pappas begravning kom plötsligt tårarna de bara vällde fram. Det var nästan pinsamt.

Veckorna gick och månaderna likaså. Jag kände inte av pappas död så mycket. Däremot började mitt intresse för musik vakna allt mer. Jag hade tagit hand om pappas gitarr när han dog och nu lämnade jag in den på ett ställe i Norrköping för att få den helrenoverad. Det var en Levin, orkestergitarr, tillverkad 1937. Den var i ett bedrövligt skick. Kroppen var sprucken. Det gjorde att ljudet var riktigt dåligt. Halsen satt löst. Uttaget för micken hade någon flyttat från den ursprungliga platsen till ett annat ställe. På det stället hade nu lacken spruckit. Banden var snedslitna och det var mycket svårt att få rena toner på ackorden. Senare har den här gitarren fått ett mycket symboliskt värde. Det var ett underbart instrument som kunde ha skapat fin musik men som min pappa misskötte. Han var inte värdig instrumentet. Han missbrukade det

Sammanbrott

Då är det dags att gå in i den delen av mitt liv när jag kraschar eller "vaknar upp". Det som inledningsvis ser helt svart ut omvandlas senare till något jag inte vill ha ogjort.

Sammanbrottet, vi får barn

Vi har fått barn. Vår lilla Cissi har kommit till världen. Förlossningen drog ut på tiden. Jag tror det tog ett dygn från det att vi kom in till förlossningsavdelningen till dess att Cissi föddes. Jag var med under hela förlossningen och är mäkta imponerad över kvinnors förmåga att uthärda smärta och att kämpa sig igenom det som krävs för att föda barn. Jag klippte navelsträngen och var med när de räknade tår och kollade leder. Det hade i alla fall gått bra.

Inger stannar på BB några dagar. Det var svårt att komma igång med amningen och jag tror att det även hade att göra med att förlossningen blev så utdragen. Jag åkte mellan sjukhuset och hemmet under några dagar.

Så var det dags att komma hem. Barnsäng och barnvagn fanns på plats men snart insåg jag att jag inte var förberedd på den förändring i livet som ett nyfött barn innebär.

Det gick bra till att börja med även om amningen var besvärlig. Vi hade en barnmorska hemma som hjälpte oss. Hon var ett bra stöd.

Nu började jag dock må sämre. Inger hade en del problem och min syster Eva sa senare att Inger kunde ha drabbats av en förlossningspsykos och hade svårigheter att ta till sig det nyfödda barnet. Det här var det som knäckte mig, jag såg inte kärleken mellan Inger och Cissi. Det kan ha varit så att Inger skulle ha behövt vilat sig och hämtat krafter en tid men vi bodde långt ifrån våra föräldrar. Även om Ingers föräldrar kom till oss ett par dagar så var de tvungna att åka och då började min ångest komma igen.

Efter några veckor kraschade jag. Jag sov knappt. Ständigt spänd. Jag föreslog att Cissi skulle ligga i vår säng så hon kände vår närhet. Då skulle hon känna sig tryggare och vi kunde i alla fall slumra lite. Man behövde inte gå upp och trösta. Vi försökte nog men Inger hade svårt att ha Cissi nära på natten. Amningen var besvärlig och vi gick över till välling och det gick lite bättre.

Jag rasade ner i ett mörker med sömnbrist och ångest. Livsviljan försvann och jag mådde så fruktansvärt dåligt. Det var inte värt att leva. Jag måste få hjälp. Jag ringde till min mor. Jag förväntade mig att min styvfar skulle håna mig och få mig att skämmas för min ynklighet och svaghet som vanligt men jag var tvungen.

Ringer efter hjälp

Min styvfar svarade i telefon. Jag började prata och försökte behålla kontrollen men det gick bara några sekunder så brast jag i gråt. Han hämtade mamma och jag bad att de skulle komma till oss och bo några dagar. Mamma blev nästan chockad och sa att naturligtvis skulle de komma.

På eftermiddagen samma dag kom de. Jag kände en enorm lättnad och det ångestfyllda tillståndet jag hamnat började försvinna. Det var fredag och hon lovade att de skulle stanna till tisdagen.

Ångesten släppte ännu mer. Inger och jag gick ut för oss själva för första gången sedan hon kom hem med Cissi. Det var som en förtrollning släppt. Samtidigt var jag rädd för vad som skulle hända på tisdagen när mamma åkte hem.

På söndagen kom mamma och sa att de skulle åka hem på eftermiddagen. - Sven tyckte att det var lite jobbigt! Nu var det min tur att bli chockad. Jag hade räknat med att ha de här dagarna på mig att hämta krafter och att prata med mamma om vad som hänt och kanske genom det hitta lösningar på våra problem. Jag blev åter igen alldeles nedbruten. Hur kunde hon? Hon hade lovat att stanna till tisdag. Jag hade ringt till henne och gråtit. Det hade jag inte gjort sedan 7-års åldern och nu var jag 30. Hade hon glömt det? Jag kunde inte få fram ett ord.

De åkte hem och snart bröt helvetet löst igen. Jag pratade med Inger och sa att jag inte klarade av det här. Vi kom överens om att hon skulle åka till sina föräldrar en del helger så att jag kunde vila ut.

Vad var det som hände? Ångesten blev djupare och djupare för varje dag. Livet var fruktansvärt. Jag förlorade till och med kärlek till min dotter, för jag orkade inte. Trots det visste jag att det fanns en enorm kärlek till henne inom mig. Det var bara att jag inte kunde känna den. Jag ville ge henne en bra start i livet men var nu så nedbruten att jag inte kunde ge henne något. När kärleken till mitt barn försvann kändes det som att motivationen att förstå barnets behov försvann. Om jag inte kunde ge henne något utan bara upplevde henne som ett hot mot mig var det inte rätt av mig att leva vidare. Nu började tankarna bli så ångestfyllda att jag tappade kontrollen över dem. Jag funderade över vad jag skulle göra för att känna mig bra igen. Det fanns inget! Jag kunde inte göra någonting för att det skulle bli bra. Mitt huvud hade slutat att fungera och skrik, matningsproblem och sömnbrist var det enda som cirkulerade i skallen.

Till slut började en tanke vakna. Jag kände olust inför den men samtidigt var den underbar. Först var det bara en känsla. En känsla av viktlöshet och lätthet. Strax realiserades känslan i vad jag skulle göra för att uppnå den. Jag skulle dö. Tanken var härlig. Plötsligt blev jag lugn. Jag grät av lättnad och av sorg över att mitt liv var slut. Inom mig hade jag tagit beslutet på någon sekund. Den underbara känslan att få dö var det enda som uppfyllde mig. Jag längtade så oerhört. Det var den slutliga känslan. Den som varar för evigt. Underbar, sval, viktlös, utan ondska, utan smärta, utan hot.

Jag sa inget till någon. Flera gånger om dagen gick jag undan och grät. Det var en oerhörd sorg i att ta farväl av livet. Det var också så skönt att ha bestämt sig. Jag började planera när och hur. Några dagar senare var planerna klara.

Inger skulle åka till sina föräldrar och jag skulle vara ensam kvar hemma. Då ringde mamma. Hon frågade om veckan som skulle komma och blev orolig. Till slut sa hon att jag inte fick vara ensam så de skulle komma och vara hos mig. När Inger åkt dröjde det inte länge innan mamma och min styvfar kom. Vi pratades vid i köket min styvfar och jag. Efter en stund kom mamma också. Mamma frågade varför jag skulle vara ensam hemma. Då brast det och jag berättade att jag hade planerat att begå självmord. Det var faktiskt så att hon räddade livet på mig den här gången. Hon sa att hon känt på sig att det var något som var fel, det var därför hon ringde.

Vi pratades vid en längre stund och vi beslöt tillsammans att jag måste söka hjälp. Min mor sa dock att: "Du skall nog inte söka några svar i det förgångna utan det är bättre att du tittar framåt." Jag sa att för min del gör det detsamma om jag tittar framåt eller bakåt, bara jag börjar må bra igen.

Jag berättade för Inger om att jag planerade att begå självmord och hon blev mycket ledsen. Hon ville hjälpa mig så mycket hon kunde från och med nu. Hon hade inte förstått att det var så allvarligt tidigare.

26 år av bearbetning och vägen från ett liv till ett helt annat

Nu börjar 26 år av bearbetning av min barndom och de beteendemönster som bildats på grund av. alla övergrepp jag varit utsatt för. Eftersom jag i mina tidiga år levde i en familj med två pedofiler och en elak syster så betraktade jag alla människor som farliga. Jag hade behov av att kunna ta mig bort från människor. Om jag blev utsatt för en elak människa fanns det inget annat att göra än att stänga av. Att försvara sig gjorde bara situationen värre. Det var ett skrämmande liv jag levde och jag behöver börja om igen. Men hur kan man få tillbaka tilltron till människor när man aldrig upplevt trygghet och ständigt är orolig för att bli utsatt för övergrepp? Det är en stor svårighet i att jag inte har haft några trygga och pålitliga personer i mina tidiga år.

Med tiden utvecklade jag en metod att jobba med mina problem. Jag skall kortfattat beskriva den. Det handlar mycket om att plocka fram känslor och att förstå varför de kommer. Ett av mina stänga av, att inte känna, att inte minnas. Det måste jag nu vända på. Jag måste släppa fram känslor och minnen. Att hitta förträngda minnen är som ett detektivarbete för mig. Man letar efter luckor i händelsekedjor eller känslor som inte motsvarar det som faktiskt händer. Exempel på reaktioner jag har är jag kan bli fruktansvärt trött och börja gäspa eller plötsligt få en stark huvudvärk. Då är det förträngningsmekanismen som aktiveras. Något min nuvarande fru ibland säger är att jag blir blek, blodet försvinner från ansiktet. Olle förklarar det med att det är ett sympatikuspåslag. Blodkärlen stryps i huden och i frontalloben och blodet omfördelas till musklerna. Detta för att kroppen reagerar som om den är utsatt för en stor fara, dödshot. Den primitiva delen av mig prioriterar muskelkraft, inte intellekt. Jag kan även få yrsel och bli tvungen att lägga mig. Det här har koppling till snabbare andning, ibland hyperventilering. Olle gav mig en förklaring till varför yrseln kommer. Vid snabbare andning minskar koldioxidnivån i blodet och man upplever yrsel tack vare detta. Lösningen är alltså att lugna ner andningen även om jag kan känna ångest över att jag inte får luft. Andra reaktioner kan vara att jag känner dödsångest. Det känns som om att jag kommer att dö. Om dessa reaktioner kommer utan att jag egentligen är i fara så är de ledtrådar.

Om ovanstående symptom är problemet så anser jag det som löst om jag kan gå in i liknande situationer utan att få reaktionen. Jag löser oftast problemet med följande metod:

1. Jag försöker göra något som jag bestämt mig för att göra. Antingen något jag längtar efter att göra (positivt) eller något som jag måste göra (negativt) för att det inte skall bli värre.

2. Blir reaktionen för stark måste jag ta mig ur situationen. Att agera i ett tillstånd av kataton immobilitet går inte. Jag har blivit bättre och bättre genom åren på att känna igen och bryta detta tillstånd.

3. I en trygg miljö återvänder jag till den ångestladdade händelsen i minnet. Jag försöker minnas vad som hände, vad det var som utlöste reaktionen. Jag betraktar sedan mina känslor på distans och ifrågasätter om de är berättigade. Om det en koppling till ett av mina barndomstrauman är reaktionen kanske dödsångest, medan det som verkligen hände mer är "riktigt jobbigt" men inte mer.

4. Om det liknar ett trauma följer jag med "mörkret" in till dess centrum. Jag följer den tanken som skrämmer mig mest.

5. När jag hittar kärnan kommer ofta en skräckvåg som sköljer genom kroppen. Kärnan kan vara ett av min faders övergrepp, t.ex. att han stryper mig när jag är mycket liten. Håret reser sig på kroppen, jag ryser. Det kan komma skräck som väller över mig så jag tappar kontakten med tid och rum.

6. Sedan kommer ofta en djup gråt och en djup lättnad. Jag har fått isär nutid och trauma.

7. Efter ett djupt minne måste jag vila. Jag blir totalt slut.

8. Efteråt kan jag tänka mig in i den verkliga händelsen som hände idag och plötsligt ser jag det med helt andra ögon och andra känslor. Situationen är som den är, inte mer.

9. Nästa gång jag går in i en liknande situation spelas hela sekvensen upp med kopplingen till traumat. Traumat är dock inte blockerat utan jag går liksom igenom det och kommer ut på andra sidan. Jag hamnar inte i kataton immobilitet, kanske blir jag ledsen för det som hänt men är tillbaka till nutid och kan ta tag i dagens händelse.

I punkt 1 skrev jag att detta kan hända både för positiva saker jag längtar efter att göra och jobbiga saker jag inte vill göra. Mina reaktioner kan alltså triggas igång av att jag har det bra. Jag är så präglad av att plågas och fara illa att jag blir orolig av att ha det bra.

Så, nu återgår jag till att beskriva det som hände efter sammanbrottet.

Så börjar 26 år av bearbetning

Till slut tog jag kontakt med en terapeut. Jag slog upp sidan i telefonkatalogen, det här var innan hitta.se och eniro.se. Jag skämdes enormt men hade inget val. Mitt liv hade slagits om fullständigt i och med att min dotter föddes. Jag älskade henne så mycket, jag ville inte att hon skulle få växa upp med att hennes far tog livet av sig. Mitt eget liv var för jobbigt. Jag levde för att ta mitt ansvar för min älskade dotter.

Möte med Paul Bergman

Jag slog upp telefonkatalogen och tittade under Psykologer. Ett av namnen var Briht Orstadius. Jag tyckte att det verkade bra och ringde. Jag sa att jag var mycket nedbruten och behövde träffa någon omgående. Vi avtalade en tid och jag tänkte att det började kännas lättare att leva. Det var faktiskt en stor lättnad bara att söka hjälp. Det har varit något som jag har haft mycket svårt för. Jag skall alltid klara av allt själv.

Dagen kom och jag åkte iväg. Jag skämdes mycket för det här. Inom mig var jag mycket rädd för att någon som jag kände som skulle komma fram och fråga vad jag gjorde där. Jag hittade på många olika förklaringar. Det låg en godisaffär ganska nära porten där man gick in. Om jag inte hade passerat denna när jag blev "upptäckt" skulle jag gå in där och låtsas att jag var på väg dit. Om jag hade passerat den affären så fanns det andra företag som hade kontor i samma trappuppgång. Jag skulle säga att jag var på väg dit om någon frågade. Jag hade säkert över fem olika nödlögner som jag skulle ta till om någon såg mig. Den här skamkänslan för att gå till en psykolog har hållit i sig men avtagit högst betydligt. Det blir även bättre ju fler av mina vänner som känner till vad jag varit med om och att jag lider av posttraumatiskt stressyndrom.

Jag gick upp till mottagningen och satte mig i väntrummet. Jag kände mig mycket orolig över att möta någon. Så kom en yngre kille fram till mig, med yngre menar jag knappt 30 år. Han hette Paul Bergman och verkade väldigt trevlig. Den här situationen kändes mycket konstig för mig. Jag hade aldrig pratat om mina känslor med en man och absolut inte i min egen ålder. Vi satte oss mitt emot varandra och jag visste inte vad som skulle hända härnäst. Paul började prata lite om att bearbeta, om journalen som skulle skrivas men sen sa han inte så mycket mer. Jag började fråga om hur det här fungerade, hur "behandlingen" skulle gå till. Paul sa att det inte fanns någon metod eller fastställd mall som man skulle följa och jag förstod ännu mindre. Jag visste faktiskt inte vad jag skulle säga. Det var så ovanligt att prata med en man. Jag hade så ofta blivit retad, förnedrad och ignorerad att jag trodde att det skulle fortsätta så även här.

Så började jag prata om vad som hänt alldeles nyligen och varför jag sökte hjälp. Det kändes konstigt, orden kom liksom av sig själv. Jag bara pratade på. Plötsligt insåg jag att den här mannen faktiskt hade känslor ungefär som jag hade. Dessutom verkade det som om han brydde sig om mig. Efter ett tag började jag förstå att han inte tänkte göra narr av mig utan att han var att lita på. Det här tror jag var första gången i mitt liv som jag upplevt den känslan.

Det gick lättare och lättare att prata och snart kom jag in på vad som hänt mig i min barndom. Det var inte så att jag medvetet började prata om det utan det gick via en association till problem som jag har med män. Efter ett tag kom jag in på att prata om min styvfar som varit elak emot mig. Därefter kom jag in på pappa. Jag sa att han dog för ungefär ett år sedan. Plötsligt började jag gråta. Jag kände sorg och längtan till honom. Det här hade jag inte känt när han dog. Samtalet gick vidare och tårarna slutade rinna. Snart var tiden slut, det hade gått väldigt snabbt. Paul sa att det var helt klart att det fanns mycket känslor inom mig angående pappa som inte hade kommit ut. Kanske hade jag inte sörjt färdigt honom.

Jag började drömma mer eller kanske var det att jag började fokusera på drömmarna och skrev ned dem. En dröm var att jag simmade i ett hav med bruna växter som hela tiden slingrade sig runt mina fötter. Det var mycket obehagligt. Plötsligt skingrade sig växterna och vattnet blev öppet och jag kunde se. Då såg jag en sjukhussäng på hjul och en död vit man som låg på den. Runt själva sängen var det en blå skärm. Jag hade börjat läsa böcker om att tolka drömmar och gick nu tillbaka till drömmens situation fast jag var vaken. Jag prövade olika saker och tolkningar. Tidigare har jag upplevt att när jag tolkar drömmen rätt så känns det i hela kroppen. Jag för gåshud eller ryser. Det kan även vara att känslor släpps fram och jag gråter för att det känns som allt stämmer. Vid denna dröm kände jag plötsligt att växternas färg i vattnet hade exakt samma färg som min mors hår. Det var något med henne som hindrade mig. Sedan såg jag att det var min styvfar som var den döde mannen på sjukhussängen. Då mindes jag också att blå färg betydde att det var något man skulle respektera. Min tolkning av drömmen var att det inte var min styvfar som hindrade mig det var min mor.

En annan dröm som var så tydlig och enkel men gav mig en våldsam sorg. Jag grät länge men förstod inte riktigt varför. Det var jag som litet barn som kröp runt vid vardagsrumsbordet. Mamma stod och strök. Plötsligt tar hon tag om min nacke och böjer mig framåt så huvudet trycks ner mellan benen. Jag fälls ihop som en fällkniv. Nu trycker hon in mig under soffan. Jag kilas fast och kan inte röra mig. Huvudet mellan benen och rygg och fastkilad under soffan. Hon stryker färdig tvätten som om inget hänt. När hon är klar drar hon ut mig igen.

Ganska snart släppte behovet av att bearbeta minnen av min styvfar. Vid bearbetning efter bearbetning kände jag att det inte var han som var början. Det hade hänt saker innan. Ständigt dök min mor upp i bearbetningen och drömmar.

Nu började även min far komma i fokus. Kanske var det att jag själv blivit far som gjorde att jag inte kunde förtränga allt som hade med honom att göra. Det hade gått nästan exakt ett år sedan han dog och plötsligt började kärlek och längtan strömma fram gentemot honom. Jag längtade efter honom. Det kom minnesbilder från när jag var mycket liten och grät på hans axel. Han hade en vit skjorta på sig och jag bara längtade efter hans närhet. Skall jag försöka tolka vilken ålder jag var i så var det krypstadiet, alltså mindre än ett år. Jag grät varje dag efter att jag kom hem från jobbet. Jag minns att jag satt i vår gungstol. För varje gång jag grät kände jag mig öppnare och närmare min kärlek till min far. Det var som om den alltid funnits där men jag hade tryckt undan den. Jag minns också det hat min mor haft till min far, att säga till henne att jag saknade pappa hade varit helt otänkbart.

Jag mindes hur jag plötsligt började gråta vid hans begravning, sedan var gråten borta lika plötsligt som den kom. Det hade nog också att göra med att min mor som sa att:

– Du har väl ingen anledning att gråta över honom.

– Han har väl inte gett dig något.

Så en kväll när jag satt i gungstolen hemma och grät upplevde jag något mycket konstigt och skrämmande. Mina händer sträcktes fram som av sig själva, handlederna vändes uppåt och trycktes ihop. Ord kom med sådan tydlighet att jag var tvungen att säga dem:

– Döda mig då, det är ju det du vill!

– Döda mig!

Känslan som tidigare varit kärlek förbyttes omedelbart till en dödsångest och bottenlös förtvivlan. Fortfarande hade det att göra med min far. Han ville döda mig och jag hade inget annat att göra än att ge upp och be honom att göra det. Det var en så chockartad vändning att jag omedelbart bröt kontakten med det jag upplevt och reste mig upp. Jag gick till Inger, min sambo och berättade vad som hände. Tårar strömmade, jag hade någon typ av chockreaktion i kroppen men samtidigt var det en oerhörd lättnad. Något som alltid suttit gömt inuti mig tömdes ut.

Jag tror inte kopplingen till minnet kom första dagarna. Det var mycket otäckt att släppa fram tankarna och sträcka fram händerna men jag var tvungen att göra det.

Så började minnet av lillstugan komma. Först bara de gamla minnesbilderna, sedan blev det starkare och starkare att lillstugan hade att göra med det som hände med mina händer och viljan att min far skulle döda mig. Minnen av att jag vaknade några gånger på natten och såg att nyckeln i nyckelhålet var där och sedan att nyckeln var borta. Det var något som var skrämmande som jag inte kom åt. Hur kunde känslan att jag ville att han skulle döda mig höra ihop med det här?

Jag träffade Paul flera gånger men sedan skulle han flytta till Västervik så vi fick avsluta terapin. Han frågade om jag vill fortsätta och gå hos någon annan hos Britt Orstadius men jag bestämde att jag väntar ett tag.

Eva gör samma sak

Min syster och jag hade inte haft kontakt på ett tag efter min fars begravning men nu ville jag prata med henne om vad som jag gick igenom. Till min stora förvåning sa hon att hon hade börjat mått dåligt nästan samtidigt som jag och nu gick hos en terapeut. Hon hade också börjat minnas saker.

Min mor springer nere vid duschen

Vid ett tillfälle reser min sambo och vår dotter iväg till svärföräldrarna och mamma och Sven kommer och bor hos mig. Det kändes väldigt bra att de skulle komma. Nu kunde jag vila upp mig. Jag jobbade hela tiden även om jag mådde psykiskt dåligt. Det var inget jag reflekterade över att jag kunde få vara sjukskriven. Nu var det morgon den första dagen. Jag gick upp tidigt och gick ner i källaren för att duscha. Det fanns ingen dörr för duschen bara ett draperi. Då hör jag att min mor kommer ner och går på toaletten precis bredvid. Jag kan inte förstå varför hon skall gå där. Det finns en toalett på övervåningen som är den vi brukar använda. Hon börjar prata med mig när jag står och duschar. Som vanligt känner jag mig blottad och exponerad när hon gör så här. Jag säger inget när hon sitter där. Jag sträcker mig efter handduken utan att dra undan draperiet och hon är precis bredvid.

Efteråt sitter vi och äter frukost. Jag tar mod till mig och säger att jag inte vill att hon kommer ner i källaren när jag duschar. Jag säger att hon kan gå på toaletten på övervåningen i stället.

Dagen därpå upprepas exakt samma sak. Hon kommer ner igen. Vid frukosten säger jag återigen till henne att jag inte vill att hon kommer ner.

Tredje morgonen… samma sak igen. Jag säger: "Om du inte slutar att gå ner i källaren låser jag dörren." Nu slutar hon. Det här känns mycket jobbigt. Jag är liksom försvarslös också eftersom min styvfar har hånat mig under hela min uppväxt att jag låser dörren till toaletter och badrum och att jag inte vill visa mig naken. Det här har min mor varit med på och hon brukar fylla i med att både jag och min syster har samma beteende och de gör sig lustiga över oss.

Maj-Briht Bergström Walan

Jag kände att de terapisessionerna på 45 minuter hämmade mig. De var för korta. Jag skulle vilja få mer tid och även kunna fokusera på händelsen i lillstugan mer. Jag tittade i bokhandeln och försökte hitta information om olika terapiformer. Jag hittade saker om primalterapi och tyckte det lät som det jag sökte. Det fanns en bok som upphovsmannen Janov gett ut som hette "Det nya primalskriket", 1992. Jag fick tag på boken och läste på. För mig verkade det här vara det jag sökte.

Jag letade i telefonkatalogen och hittade Maj-Brith Bergström Walan. Det lät bekant på något sätt men jag kunde inte placera var jag hört det namnet. Nu tog jag mod till mig och ringde. Maj-Brith svarade och jag tyckte hon var lite kort och barsk i tonen men när jag beskrev vem jag var och vad jag ville jobba med blev hon intresserad. Vi bestämde en tid och jag åkte upp till Stockholm där hon hade sin mottagning. Jag förväntade mig att det skulle stå någon skylt utanpå med "Psykolog" eller något men det som stod högst upp på skylten var "Svenska Sexualforskningsinstitutet". Oops det här lät konstigt tänkte jag. Jag har inte kommit för att prata sex. Jag ringer på dörren och det kommer en ganska liten äldre gråhårig kvinna och öppnar. Nu kände jag igen henne. Henne hade jag sett på TV flera gånger.

Vi går in och vi sätter oss i ett arbetsrum. Hon frågar rätt mycket och jag förstår att hon bedömer om jag är lämplig som patient. Jag klarar tydligen hennes prövning. Hon talar om att terapin sker antingen i enskilda sessioner på 2-3 timmar beroende på vad som kommer fram. Det är patienten som är i fokus. Hon säger att det är viktigt att inte avbryta känslor, det som kommer kan vara mycket jobbiga saker och om man bryter sessionen kan det i sig bli ett övergrepp. Man kan även gå en hel vecka. Då har man sessioner på 2-3 timmar per dag, fem dagar i sträck. Hon säger att för att terapin skall ge resultat skall man hålla sig isolerad från omvärlden, inte titta på TV, absolut inga droger eller mediciner som dämpar känslorna, ibland kan man behöva minska sömnen för att ta bort försvarsmekanismer vi har. Kaffe är dock okej. Terapin är dyr, enskild session kostar 1800:- och en vecka kostar 10.000:-. Jag var även tvungen att ta in på hotell eftersom det inte var lämpligt att åka mellan Mantorp och Stockholm om jag sovit dåligt.

Vi går in i bearbetningsrummet. Det är en madrass vid en vägg och två fåtöljer med ett soffbord emellan. Rummet är ljudisolerat och det är tillåtet att gråta och även skrika om det kommer känslor som gör att man måste.

Förträngda minnen

Jag börjar nu gå hos Maj-Brith. Efter att vi träffats och jag ser att hon inte är intresserad av något trams utan att vi skall nå kärnan i det som skrämmer mig börjar minnen komma fram. Maj-Brith guidar mig fram. Om jag viker av från "känslan" och börjar tomprata om något som inte berör styr hon tillbaka samtalet. Jag kommer åt det som hände i lillstugan och det är fruktansvärt.

Jag upplever först den fysiska smärtan med strypningar. Jag minns min fars grin när han stryper mig. Jag minns hur jag ber honom att döda mig för att jag orkar inte med att känna syreskulden. Det är så fruktansvärt. I terapin upplever jag allt igen och sugs in i händelsen så att jag tappar kontakten med rum och tid. Sedan kommer jag tillbaka och är mentalt i rummet. Jag ser Maj-Brith och jag gråter och gråter. Det är en djup gråt som är förlösande. Jag känner ett lugn i kroppen som jag förmodligen aldrig upplevt sedan jag blev utsatt för detta tidigare. Sedan kommer minnet av hur jag stryper vår katt Linus. Det här är en upprepning av vad jag själv varit med om. Jag upplever en sådan oerhörd skuld och sorg över det jag gjorde honom. Han var försvarslös och jag älskade honom. Jag förstår var det här sjuka tvånget kom ifrån.

Hela händelsen kommer i små delar. Det är som att kroppen bara släpper fram så mycket som jag orkar med. Alltid följs genomgångarna av mängder med insikter och en väldig lättnad. Jag börjar se på min styvfar och min far och hur skräcken för fader spritt sig till styvfader. Jag kunde aldrig svara emot, jag kunde aldrig försvara mig mot Svens hån och förakt.

Fler delar kommer från händelsen i lillstugan. Jag förstår fortfarande inte hur jag tog mig ut ur huset. Nu följer minnen och upplevelser som kom fram som är så kallad näradöden-upplevelser. Jag tar farväl av Linus för jag vet att jag skall dö, han är den jag älskar mest vid den här tiden i mitt liv. Jag tar farväl av Eva som jag vet ligger i huset bredvid. Jag ser min kropp på golvet och jag själv är i taket. Sedan far jag iväg ut ur stugan och befinner mig sedan på en ganska mörk plats. Det är en figur i beigefärgad kappa med luva på, som en munkkåpa, framför mig. Jag ser inte hans ansikte. Han kommunicerar inte genom tal utan jag känner som ett budskap som bara är där. Som att man har hört någon säga något och man tänker på vad han nyss sade. Det är bara det att budskapet kom direkt. Budskapet är "Det är inte dags än". Jag blir arg jag vill inte tillbaka, jag hatar honom som stoppar mig. Så kommer smärtan tillbaks och kylan. Jag är i lillstugan och det är kallt. Dörren är öppen och jag tar mig ut. Jag stapplar runt stugan så jag är på baksidan. Där sjunker jag ihop av utmattning. Jag kräks och det smärtar i baken. Jag går till dasset och sätter mig där. Klockan är kanske några timmar efter midnatt. Jag sitter ute på dasset tills det ljusnar.

Det går nu en tid och jag bearbetar inte den här händelsen på ett tag. Det som saknas är smärtan i baken och den kommer kanske något år senare och minnesbilderna är följande. Min kropp är slapp och jag har gett upp. Jag är inne i kroppen men inne i ett rum på något sätt. Min far och jag känner att min kropp är död, skändad och allt liv har tagits ifrån mig. Jag är som en trasa.

Att minnas det som hänt har varit oerhört smärtsamt men det ger ändå en avslappning och lättnad.

Något som förundrade mig var varför jag inte berättade vad som hänt för min mor då det hände men det var inget jag ens funderade på. Det här skulle jag dock förstå många år senare.

Berättar för föräldrarna

Ganska snart efter att minnen kommit tillbaka om vad som hänt i lillstugan åker jag till mina föräldrar och berättar vad jag varit med om. Innan mötet har jag en märklig känsla. Det är som att jag vet att jag inte är färdig med bearbetningen av händelsen. Jag är trots allt tillräckligt stark för att kunna berätta. Jag vet inte hur mina föräldrar kommer att reagera. Det finns framförallt en längtan efter att min mor skall förstå och trösta mig. Samtidigt är jag beredd på att Sven skall håna och skratta.

Jag sitter i deras vardagsrum och nu kommer kroppsminnen tillbaka. En våldsam smärta i baken och kväljningar. Jag vrider mig av smärtan och har svårt att prata. Jag kommer dock igenom. Sven sitter tyst. Min mor blir lite glansig på ögonen men säger bara: "Varför sa du inget?" Det blir ingen tröst. De håller mest distans.

Jag åker därifrån ganska tom och blottad men det är som att jag ändå fått med mig något mycket viktigt. Jag förstår dock inte vad ännu.

Det är något med min mor som jag inte kan sätta fingret på. Det är som att jag stänger ner mig själv när jag funderar på hur hon är. Det blir stopp i skallen, kan inte tänka.

Tror att jag är klar

Jag har nu kommit åt flera övergrepp som min far har utsatt mig för. Jag har pratat mycket med min mor för att få reda på hur saker var i Halmstad. Jag tittar på foton och det kommer minnesbilder över möbler, leksaker och miljöer från Halmstad. Hon förnekar inte det jag minns inte så länge han svartmålas.

Jag råkar in i en situation på jobbet där jag får alldeles för mycket att göra. Jag jobbar på STAL i Finspång och är delprojektledare och konstruktör på elsidan. Jag är i konstruktionsfasen på en gasturbin. Sedan slutar en kollega och jag får plötsligt 7 maskiner ytterligare som är i drifttagningsfasen. Jag får inte en lugn stund. Känner att jag inte hinner med något, bara stress.

Nu tar jag kontakt med en chef jag haft tidigare. Han erbjuder mig direkt ett jobb och jag börjar där. Jag vet att jag har svårt att resa och byta miljö men det bör gå att jobba hemifrån.

Det blev inte så mycket av hemmajobbet. Jag får nu ett uppdrag i Växjö. Det är visserligen resor men jag testar i alla fall. Jag jobbar några månader och veckopendlar. Det går riktigt bra och jag tycker jag kommer bra in i gänget. Jag får hyra en lägenhet i andra hand så boendet är riktigt bra.

Nu får jag frågan om jag vill åka med till Holland. Det kommer att bli ett tremånadersuppdrag och jag får komma hem var tredje vecka. Anläggningen är en sopförbränningsanläggning och det finns mycket teknik som är intressant. Jag trodde som sagt att jag var ganska klar med min bearbetning och tänkte väl prova hur mycket jag tålde. Dessutom var det så att det var bara våra närmaste vänner som visste om mina problem och jag ville inte tala om det för min arbetsgivare.

Holland

Jag åkte till Holland och det blev ett helvete för mig. Jag skrev dagbok i början av den här tiden och här följer några utdrag ur den.

> *Tisdag 96-09-03*
>
> Resan gick bra jag körde sista delen från färjan till Tyskland. Lägenheten verkar inte bra. Jag skall bo i en lägenhet med L. B. En nästan 2 m lång man i 45-års åldern. Han röker och har mycket sprit i lägenheten. Han verkar dock skötsam förutom toaletten som är full med intorkad skit. Fy fan. Mitt rum är litet och har konstigt nog ett fönster mot korridoren. När någon kommer ute i trappen blir det ljust i rummet.
>
> Jag somnar ganska snabbt.

> *Onsdag 96-09-04.*
>
> Inga drömmar. Fruktansvärd dag. Jag väcks på morgonen genom att L. står i dörren och säger att kaffet är klart. Han har en mycket stark röst. Jag duschar och äter frukost som består av kaffe och två smörgåsar. Ute på Site är det kaos alla springer om varandra vi får en mycket splittrad introduktion.
>
> Vi går ut och äter men jag har tappat matlusten och har stark ångest. När vi äter talar vi om boendet. Jag bestämmer mig för att flytta till hotell.

> *Torsdag 96-09-05.*
>
> Inga drömmar.
>
> Ännu en fruktansvärd dag men morgonen är värst. Pratar med Marie om att jag inte vill bo kvar i lägenhet. Rösten brister något men inte mycket. Hon måste dock märka att det inte står rätt till. Marie säger att det är helt okej att jag bor på Hotell.
>
> Jag åker själv ut och äter lunch.
>
> Flyttar till Hotell Hengelo på kvällen. Det känns mycket bättre. Vi går ut och äter på kvällen och jag har fått tillbaka matlusten.

> *Fredag 96-09-06.*

Hotell Hengelo. Inga drömmar. Morgonen är mycket jobbig. Svårt att äta frukost.

Tar med lunchbox. Börjar looptest. Jobbar med BG och Monica på Siemens. Det känns bra. Jag mår bra av att jobba med detta. Det är däremot jobbigt att vara på kontoret.

Måndag 96-09-09.

Drömmer men har endast svaga minne av drömmarna. De har att göra med att resa.

Lätt ångest på morgonen. Vaknar tidigt och kan inte somna om. Bearbetar och kommer in i lätt hypnos. Det är mycket svårt att slappna av. Jag letar i rädslan för att bli väckt. Det är uppenbart att det har med morgon att göra och att bli väckt. Bilder av Pappa kommer. De är mycket tidiga. Jag väcks på morgonen och han tar ut mig ur sovrummet, förmodligen till badrummet. Jag kan inte gå men kan krypa. Smärtan sitter kring ansiktet.

När jag ökar avslappningen kommer attacker av illamående. Jag får kraftiga kväljningar. Känslorna är primitiva. De betyder:

– Livet, smärtsamt.

– Morgonen, jag plågas.

Jag får en tanke i huvudet. "Så här började det." Jag gråter lite. L. B. måste ha slagit rakt igenom mitt försvar den första morgonen när han väckte mig. Jag måste dock ha tillbaka mer energi innan jag kan bölja bearbeta på allvar. Äter bra och har endast lätta känslor av illamående.

Det känns mycket bättre på jobbet. Jag kunde äta nästan alla smörgåsar till lunchen. Eftermiddagen känns faktiskt bra. Jag tar för mig mycket mer. Jobbar med en kille på Siemens som är lite provocerande. Mot slutet av dagen tar jag initiativ till att avbryta provningen på grund av att Siemens inte har provat sina kablar. Detta är tecken på att styrkan har återvänt.

Äter bra på kvällen och känner stor lättnad och börjar känna mig hoppfull.

Jag lyckas ta mig igenom Hollandsjobbet men det var alldeles för tufft. Det som hjälpte mig var nog att jag visste att det fanns en tidsgräns efter tre månader.

Jag har så mycket ångest att det inverkar på mitt arbete. Jag kan ha varit inne i ett rum och provat en givare. Dagen därpå ser jag i anteckningarna att jag varit där men jag minns inte. Jag får ta till flera strategier för att klara jobbet.

Även om det är jobbigt så fanns det delar som var kul och intressanta. Hela rökgasprocessen är fascinerande. I ena änden slänger man in sopor, allt förbränns som kan brinna, sedan renas allt i olika steg, först skall det grövsta plockas bort, typ cyklar. Sedan börjar man gå på sot av olika finhetsgrad. Allra sist finns en katalysator, samma princip som vi har i våra bilar.

Jag hade hand om ett Elektrofilter. Elektrofiltret är en enorm plåtbehållare, högt som ett trevåningshus. Inuti finns stora plåtar och spiraltrådar. Med hjälp av el spänningssätter man plåtar och spiraltrådar och sotet fastnar på plåtarna. Det kan handla om 3000- 6 000 kVolt beroende på hur smutsigt. I toppen finns ett slagverk som slår på plåtarna. Detta gör att sotet lossar och faller ner en bit och sedan återigen fastnar. Till slut har sotet nått botten och man transporterar bort det.

Krasch i Västerås och första sjukskrivningen

Nu är jag åter i Sverige och hemma. Jag får frågan om jag vill åka ner igen men jag säger nej. Tanken skrämmer mig. Det var alldeles för jobbigt där nere. Min dotter är fyra år och jag vill inte vara borta så mycket. Då får jag erbjudande om att åka till Forsmark. Det verkar vara ett ganska enkelt jobb för mig. Det är inte tekniskt svårt men däremot mycket viktigt att man håller kvalitet och tidplan. Det är inget konstigt, man får anpassa arbetet efter dessa förutsättningar. Det är dock en chef på huvudkontoret i Västerås som intervjuar mig och börjar ifrågasätta mitt sätt att vara. Det är som jag inte duger som person, det handlar inte om teknisk kompetens utan snarare hur jag beter mig. Jag fattar inte vad han är ute efter men känner mig påhoppad och trängd. Det börjar nu verkligen kännas jobbigt. Jag tänker på hur det skall bli uppe i Forsmark, att bo i barack med montörer som kanske super och är burdusa. Det knyter sig och jag ringer upp min egen chef i Linköping. Jag berättar nu för första gången vem jag är. Han känner mina styrkor men inte mina svagheter. Jag talar om att jag varit med om svåra övergrepp och har svårt att resa och bo med andra människor. Jag har insikt om att det handlar om att boendet är känsligt för mig. Jag beskriver hur bra det fungerade i Trängslett och hur dåligt jag mådde i Holland. Jag har nu för första gången i mitt liv berättat om mina problem. Det känns lite bättre men jag vet att det endast är tillfälligt.

Jag åker upp till Västerås. Återigen kommer chefen och börjar granska mig. Han bjuder ut mig på lunch och säger "Det är något med dig som jag inte blir klok på?". Jag känner mig ännu mer pressad. Han målar upp olika scenarior och problembilder: -Om det här skulle hända hur skulle du göra då? Jag svarar efter bästa förmåga. Kvalitet säkrar man främst med utbildning och kontroller. Resursproblem åtgärdar man med bemanning och att man förbereder sig. Det går att testa varje moment som skall göras innan vi börjar och mäta tider. Det här är inget konstigt och jag förstår att allt måste bli klart i tid. Han pressar mig mer och det känns inte realistiskt det han håller på med. Om han inte vill ha mig är det bara att säga så. Jag skulle bara bli glad om jag fick vara hemma ett tag. Jag försöker dock göra så rätt jag kan inför min arbetsgivare. Han säger dock till slut att han låter mig få uppdraget att leda jobbet i Forsmark.

Det finns en person till här i Västerås som kommer från mitt bolag, Linköpingsbolaget. Han är delägare av bolaget. Tidigare har jag haft rätt svårt att prata med honom men han har genomgått en del personliga prövningar och blivit klart mer mänsklig. På eftermiddagen pratas vi vid och jag säger att jag tror att Västeråsaren inte vill ha mig och att det känns rätt jobbigt.

Jag går till ett personalhotell på kvällen för att sova. Ett personalhotell är som ett hotell fast enklare. Jag har inte bott här tidigare och möbler i rummet ser ut att vara från 50-talet. Jag känner igen köksskåp med lutande skjutdörrar och köksbord och stolar som liknar det min farmor hade i sin lägenhet. Något med rummet gör att ångesten som kommit tidigare på dagen kraftigt tilltar.

Jag sover väldigt oroligt och på morgonen är det som något brister inom mig. Dödslängtan och ångest väller fram. Kanske är det att jag för första gången har några människor som vet vem jag är och vilka problem jag har som jag kan prata med. Jag måste inte trycka tillbaka allt. Det går i alla fall inte att fortsätta. Jag ringer till honom som är delägare och är i Västerås. Han säger att han såg på mig att det inte skulle gå. Han kommer att prata med "Västeråsaren". Han säger också att det inte är något konstigt att sådant här händer. Man har rätt att må dåligt och jag har rätt att bli sjukskriven.

Jag tar mig hem till Finspång och tar kontakt med psykiatrin. Jag får antidepressiva tabletter, sömnmedel och blir sjukskriven.

Jag börjar gå hos en psykolog i Finspång men det här funkar inte speciellt bra. Hon är öppen för att prata om barndomen de först två gångerna men sen säger hon att vi skall lämna det. Hon börjar prata väldigt mycket och lyssna mindre och mindre. Under en 45 minuters session brukar hon ägna de sista 15 minutrarna åt att sammanfatta vad jag kommit fram till. Efter ett tag förstår jag att hon inte orkar höra på när jag kommer i kontakt med mina trauman. Min uppfattning är att de skrämmer henne och därför börjar hon teoretisera och tar upp saker som jag inte tycker är de viktiga. Hon vill plocka fram händelser jag råkat ut för idag och säga: "Skulle du inte kunna göra så här i stället." Sedan beskriver hon hur jag skall göra. Det här blir konstigt för mig. När jag är i den jobbiga situationen låser det sig. När jag sedan har lämnat det jobbiga då vet jag hur jag skulle ha gjort. Jag behöver inte ha hjälp att i efterhand bestämma vad jag skall göra, jag har redan kunskapen. Jag behöver hjälp med att få tillgång till det jag redan vet, när jag känner mig pressad eller mår dåligt.

Det här har dock lett till en sak som är positiv. Jag fick mycket övning i att prata. Jag blev klart bättre på att formulera mig. Dock återstår låsningarna i pressade lägen eller att "mörkret" kommer.

Hypnosterapi, Jan Åström

Den kvinnliga psykologen och jag funkar inte bra ihop. Det som var bra var att det inte kostar så mycket pengar eftersom det går via Landstinget. När jag dessutom kom upp ovanför gränsen för högkostandskort var det gratis. Om jag skall åka upp till Maj-Brith kostar det mycket pengar och det har jag inte råd med nu. Jag förstod nu att primalterapi var ett fult ord bland psykologer. Det som tidigare var hypat var nu en skamfläck inom psykologin. Att skrika i grupp eller genomföra andningsövningar för att frigöra sig var förkastligt. För min egen del kände jag inte igen de här konstigheterna. För mig handlade det om att jag kommit i kontakt med minnen som var så skrämmande att min kropp stoppade mina möjligheter att få fram dem. Jag hade alltid vetat att något var fel, något hade hänt. Det fanns minnen före och efter men det som var emellan var utsläckt. Det var som en varböld som jag hela tiden kom emot och som gjorde ont och sprängde men jag kunde inte punktera den. Sättet jag använde för att punktera var att skapa trygghet och stöd som kunde hjälpa mig när den brast, det var primalterapi för mig. Jag kunde inte göra det på egen hand.

Nu kom jag att tänka på en annons jag sett för flera år sedan, när jag tog kontakt med Paul Bergman, hypnosterapi. Jag vågade inte då men nu ville jag göra ett försök. Jag kontaktade Jan Åström. Jag avslutade terapin med den kvinnliga psykologen och började hos honom.

Det funkade rätt bra men fortfarande var det den begränsade tiden som störde, 45 minuter. Jag kom snabbt in i induktion och gick in i gamla saker. Jan var bra på att prata och reflektera. Han märkte att jag var motiverad och vill komma åt mina problem.

Tid att bearbeta

Jag var sjukskriven under några månader. Det kom massor av insikter. Jag började mer och mer ifrågasätta vad min mor gjort under min uppväxt. Jag började se vad hon gör när Sven sitter och hånar mig, hon gör inget. Fortfarande får jag stoppen i skallen när jag försöker förstå hur hon fungerar. Men jag börjar se Sven ganska tydligt. Det är som att han är avundsjuk. Han är som en avundsjuk storebror som får chansen att ge sig på sin lillebror som han föraktar och som han tycker har tagit mamma ifrån honom. Nu är det så att "mamma" ger honom fria tyglar att håna och reta. Modern (dvs. min mor) straffar honom aldrig. Sven hade en lillebror, Rune. Han pratade ibland om att "den där lille Rune" var favoriserad. Den här logiken kändes helt rätt. Avundsjukan fanns från hans barndom och nu fick han ge sig på mig och min syster medan "mamma" stod på hans sida.

Separation

Ingers och min relation knakar i fogarna. Jag bearbetar och börjar fundera på val jag gjort i livet. Vår relation bygger inte på kärlek, men vi är vana vid varandra och så har vi vår lilla Cissi. För hennes skull vore det bra om vi höll ihop. Det krisar ordentligt och vi bestämmer oss för att separera. Tiden går och vi pratar rätt mycket. Vi går båda till terapeuter och vi bestämmer att vi skall försöka igen.

Det går bra i början men sedan ser jag att gamla mönster och problem kommer tillbaka. Jag vill inte lägga skulden på någon. Vi passar inte för varandra längre och vi bestämmer oss för att separera.

Vi har verkligen försökt och jag är väldigt ledsen. Jag sitter och gråter nästan varje kväll under flera veckor. Inte för att jag ångrar mitt beslut utan för att det är en sorg att det inte gick att reda ut och att vi hade varit tillsammans i nästan 14 år och nu var det slut. Det kändes som något dog i mig. Kanske missförstod Inger det här och trodde att jag ångrade mig, kanske var det något som jag sa som gjorde att hon kastade sig in i nästa relation utan att fundera vem det var som kom in i hennes liv.

Jag hade dock accepterat att vi skulle separera och det hade Inger också.

Min före dettas nya man

Vid ett julbord på jobbet sitter vi några stycken och pratar. Jag har fått bra kontakt med flera på jobbet. Vi är ganska öppna gentemot varandra, jag har haft lite ”konflikter ” med två personer, en i mitt projekt och en annan i ett parallellt projekt som ansluter till mitt. Man brukar tala om ”firo-cirklar” när det handlar om gruppdynamik och jag vill kalla konflikterna för utvecklande. Det hettade till, vi redde ut och hittade varandra och gick vidare stärkta i vårt samarbete.

Vid det här samtalet var det en person till som var med och lyssnade, Jörgen. Han sa inte så mycket och jag visste inte vem det var. Nu kom jag väl in på att det var trist på hemmaplan. Vi hade beslutat att separera. Han blev med en gång väldigt intresserad och la sig i samtalet. Han gick på och det kändes som att han var för framfusig. Jag styrde över samtalet till annat och tänkte inte så mycket på det som hände även om det gav en ”bitter eftersmak”.

Någon vecka senare var det dags för julfest med respektive. Vi kom till Borgen i Norrköping. Inger och jag gick dit tillsammans. Vi var ju inte osams, beslutet att separera var taget.

Direkt när vi kom dit gick Jörgen fram och presenterade sig för Inger. Återigen var det ett märkligt beteende men jag ansåg inte att jag hade med det att göra. Han satt med Inger hela kvällen och han lyckades charma henne.

Det rullade på och de träffades fler gånger. Nu började jag få signaler på att den här personen inte var som han skulle.

Det gick några dagar. På jobbet skulle jag ta över en arbetsuppgift efter att Jörgen hade gjort färdigt den första delen av arbetet. Jag gick dit för att fråga hur länge han hade kvar. Han svarade kort:

– Det kan man inte veta, det kan ta två timmar, det kan ta en vecka.

Jag visste vilken typ av uppgift han satt med. Det var att rätta upp rödändringar. Den här typen av jobb är inget som är så svårt att uppskatta och det skall inte slå på en vecka. Hans svar kändes väldigt konstigt. Antingen betraktade han mig som en idiot eller också var det något annat som låg bakom det märkliga svaret. Jag brydde mig inte om vilket. Jag talade i alla fall om för chefen och bad om en annan arbetsuppgift så länge.

Några dagar senare hände nästa märkliga sak. Jag satt och jobbade vid mitt skrivbord och vände mig om, plötsligt får jag syn på Jörgen som stod precis bakom ryggen på mig. Han hade smugit sig in och stod nu och stirrade.

– Jag skulle bara kolla hur det går, sa han.

För mig var det här ett klart stört beteende. Jag frågande hur länge han hade stått där. Han svarade inte på frågan utan sa bara:

– Nej, jag skulle bara kolla.

Jag tyckte han blev märkligare och märkligare i sitt uppträdande. Kan det ha varit så att han kände sig pressad av mig när jag frågade när han kunde bli klar och nu skulle han ge igen? Det var dock ett mycket konstigt sätt att smyga sig på på det sättet och ställa sig bakom ryggen på mig.

Jag började få onda aningar om den här personens beteende. Det var något med blicken, kroppsspråket och sättet han pratade. Blicken var sökande och den kändes väldigt kall. Han pratade korthugget och forcerat, ofta fick jag fråga om vad han sa för jag hörde inte.

Nu hade det blivit så att Jörgen och Inger började umgås. Vi hade fortfarande ett hus som skulle säljas och Inger och jag bodde fortfarande där. Nu krävde Inger att Jörgen skulle få komma hem till vårt hus och umgås där. Nu sa jag definitivt nej, det här kändes kränkande.

Jag sökte snabbt ny bostad och fick en lägenhet. Vi sålde huset och vi tog det första bud vi fick. Vännerna från Örebro hjälpte mig att flytta och det gick snabbt att komma ur huset så de nyförälskade kunde leva tillsammans.

Det var nu jag pratade med min chef om att Jörgen blivit tillsammans med min före detta. Han reaktion blev överraskande kraftig:

– Nej, inte Jörgen igen!

Han förstod dilemmat för mig och den konstiga situationen som uppstod. Han berättade att det hade varit en historia med Jörgen och två andra kollegor på jobbet, Eva och Jesper. Eva kom senare att bli en nära vän.

Min chef beskrev kort vad som hänt men jag gick till Eva för att få hela bilden klar för mig. Jörgen, Eva och Jesper hyrde bil och åkte till Arlanda för att sedan flyga vidare till Finland. Jag har för mig att projektet var i Helsingfors. På tillbakaresan började Jörgen och Jesper bråka. Jesper skulle inte köpa någon sprit i taxfree. Nu krävde Jörgen att han skulle få Jespers ranson. Jesper vägrade. Det hade nog att göra med att Jesper inte drack och hade tagit beslut att han inte ville främja att någon annan heller drack. Självklart hade han rätt att besluta om sin egen ranson.

När de kom till Arlanda kom Jesper och Eva ifrån Jörgen. De satte sig och väntade och väntade. Det var ju Jörgen som hade bilnycklarna. De trodde att han kunde ha fastnat i tullen. Sedan började det gå upp för dem att Jörgen tagit bilen och lämnat dem på flygplatsen.

Evas man Peter var hemma och fick nu ett märkligt telefonsamtal. Det var Jörgen som ringde och sa:

– Jag har lämnat Eva och Jesper på Arlanda.

Han blev rätt paff men det var inte så mycket att göra än att ringa Eva och förklara vad Jörgen sagt. Sedan fick Jesper och Eva ta sig hem på egen hand.

Vid ett senare tillfälle hade Jörgen cyklat ifatt Peter när han var på väg till jobbet. Jörgen hade sagt:

– Din fru snackar skit om mig på jobbet. Det är bäst att hon slutar med det.

Den här historien berättade jag för Inger men helt plötsligt var jag den som var opålitlig och förtalade stackars Jörgen. Jag började bli riktigt orolig för vår dotter.

Cissi berättade att Jörgen gjorde dumma saker hemma och jag har tappat räkningen på hur många gånger jag fick prata med Inger så att hon i sin tur fick prata med Jörgen. Vi hade delad vårdnad och Cissi var hos mig varannan vecka. Jag hade inget annat val än att prata med Cissi och sedan med Inger. Det började bli ett mönster där Cissi protesterade eller satte sig på tvären på något sätt. Det kunde vara att hon satte sig på en sten utanför huset och vägrade gå in, eller att hon gick väldigt långsamt. Jag blev irriterad och sedan arg. Hon sa ofta att hon inte tyckte om Jörgen.

Hot om stryk

Det blev nu fler konflikter mellan Jörgen och kollegorna på avdelningen. Jag hörde fler historier om hur han misskötte sig. Det verkar som om han inte kunde sitt jobb och att han struntade i att ta ansvar. Jag var orolig för hur han behandlade min dotter och nu började det bli risk för att han skulle bli av med jobbet.

Min chef pratade ganska öppet med mig efter som han visste att min dotter bodde med honom. Jörgen gick inte att ha kvar på avdelningen. I ett försök att hitta andra arbetsuppgifter åt honom skulle man skicka honom till en organisationskonsult. En typ av psykolog som skulle utreda vad han kunde jobba med. Historien som Jörgen själv berätta för Inger var att han var en unik talang och skulle upp till en headhunter i Stockholm för att välja jobb.

Jag hade flyttat till ny lägenhet men hade fortfarande en del verktyg kvar. Jag var nere i källaren i vårt gamla hus och Jörgen kom ner. Jag frågade honom vad han hade berättat för Inger om den så kallade headhuntern. För att vara mig gick jag på riktigt hårt. Jag frågande om han sagt sanningen till Inger om varför han skulle till Stockholm. Nu blev han plötsligt mycket hotfull:

– Skall vi gå ut och göra upp?

Jag blev helt ställd. Det handlade inte om att argumentera eller förklara. Han tyckte att vi skulle slåss om sanningen. Det var helt sjukt. Hur i helvete fungerade människan? Nu råkade jag ut för något som jag inte kan minnas att jag någonsin upplevt. Mina knän började darra och de kändes svaga. Det var som om muskulaturen gjorde detta helt utan min kontroll. Jag försökte dölja det som hände och hoppades att rösten inte skulle ge vika. Jag fann mig och sa :

– Vad skulle det tjäna till? Nu får du hjälpa till och bära saker i stället.

Jag pekade på någon kartong och det kändes som jag lyckades bryta den absurda situationen.

Slut på vänskapen

I ett desperat försök pratade jag med våra så kallade gemensamma vänner. Alla fegade ur, alla utom en. Jag skrev ett långt brev till dem i Örebro. Jag försökte beskriva min desperation över att min dotter skulle behöva bo med en man som hotade mig med stryk.

Den enda som gjorde det rätta var Pyret. TACK. Hon ringde till Inger och läste upp brevet. Inger svarade med att säga att det var jag som var aggressiv i källaren. Det var omöjligt att ha kvar vänskapen med personerna i Örebro. Vi hade känt varandra i rätt många år och nu litade de inte på vad jag sa längre. De litade på Jörgen eller också var jag för betydelselös för att bry sig om. De insåg inte allvaret i min oro men de skulle sannerligen få se att min oro var befogad.

Fler konflikter

En vinterkväll hade jag hämtat Cissi på dagis. När vi kom hem satte hon sig på en sten och vägrade gå med in då vi kom hem. Jag kunde inte lämna henne i mörkret utomhus på kvällen. Det var fullständigt otänkbart. Hon krånglade ännu mer och jag tappade besinningen. Jag tog tag i hennes skoteroverall och släpade in henne. Hon grät och jag var förtvivlad. Vi kom upp och jag försökte få henne att prata om vad det här handlade om. Till slut lyckades jag nysta upp vad det var som hänt. Jörgen hade blivit arg när Cissi satt och tittade på TV. Han hade skrikit att jag (Christer) var en djävla idiot. Sedan hade han släckt ner i rummet och dragit ur sladden till TV och gått därifrån. Jag märkte att Cissi var rädd. Nu började Cissi gråta och vi höll om varandra. Det var som att hon behövde få ur sig känslor genom att bråka med mig. Nu hade vi i alla fall hittat varandra igen. Min älskade lilla Cissi-gumma.

Jag ringde som vanligt och pratade med Inger och hon lovade att prata med Jörgen. Jag kunde inte göra mer.

Under den här tiden började jag få telefonsamtal från någon som bara lade på luren. Jag hade nummerpresentation men det visade hemligt nummer. Då visste jag inte att man kunde knappa in en kod som gjorde att numret man ringde ifrån inte visades.

Min bil fick en märklig buckla uppe på framskärmen. Jag har varit med om att jag får bucklor av dörrar som slås upp men inte på det här stället. Det gick ju inte att få reda på vad som hänt så det var bara att leva med det.

Gestaltterapi, 1999

Jag tror det var min syster som gjorde att jag började intressera mig för gestaltterapi. Jag hittade i alla fall en grundkurs i gestaltterapi som jag anmälde mig till. Det var i internatform så vi samlades under några helger och levde tillsammans några dagar. Vi var uppe på en gård som hette Rosegarn och ligger i närheten av Vaxholm i Stockholm.

Det var mycket gruppövningar men även något enskilt samtal med terapeuterna, Hans Fagerstedt och Lisbet Westin. Jag var lite orolig för boendet men fick en lite friggebod för mig själv. Jag minns att jag brukade ligga och lyssna på en Peter Lemark-skiva det sista jag gjorde på kvällarna. Det kom mycket känslor. För mig handlade det mycket om att komma nära andra människor och att äntligen få vara den jag var. Det kändes som jag kommit rätt på något sätt.

Okej alla var väl inte som mina själsfränder, som till exempel socialchefen med stockholmsjargongen men de flesta tyckte jag väldigt mycket om. Den här personen hade mycket förakt i sig, han liknade mycket min styvfar, Sven.

Han berättade att om han satt och lyssnade på någon gammal tant som satt och grät över en hund som dött, så fick han lust att göra som Gösta Ekman gjorde i en Papphammarsketch. Papphammar kunde när som helst säga "pitt". Det hoppade bara ur honom, "pitt". Socialchefen fick alltså lust att säga "pitt" när tanten framför honom grät och var förtvivlad. När vi avslutade kursen så skulle vi ge varandra presenter som var saker vi bara hittade på. Jag gav en resa i tid och rum till en av kursledarna, där han kunde gå tillbaka i tiden till en person eller händelse som han var intresserad av och samtala med personen eller möta en annan varelse och kommunicera med denne.

Av socialchefen fick jag ett "Ariannesnöre" så jag skulle hitta hem efter min bearbetning. Jag fick också en tom cigarrlåda, så jag skulle förstå att man inte kan få allt. Jag gav honom en magisk silverbricka. Man kunde använda den som spegel och se sig själv, men man kunde också sätta den på sitt huvud så såg andra personer vad man tänkte på. I slutet av kursen sa han till mig "Konstigt att inte du och jag har hållit ihop mot kärringligan här". Visst det var väl sagt på skoj, men det är inte min sorts humor.

Vad är då min humor? Jo, det hände något dråpligt när jag och en av kvinnorna, tror hon hette Carolina, skulle åka iväg och handla mat åt resten av gänget. Det var självhushållning så vi var indelade i matlag. Vi åkte i väg och samlade ihop allt som skulle handlas och sedan nära kassorna var det dags att köpa godis. Carolina var fullt fokuserad på uppgiften och vi tog varsin påse och började fylla. Så hör jag Carolina säga till en annan man en bit bort: – Nä, men nu räcker det väl? Det var med en lite uppfodrande röst som att han hade fyllt på för mycket. Så möts mannens och Carolinas blickar och först då förstår hon att hon inte pratar med mig. Mannen såg väldigt skyldig ut. Som om han varit olydig. Hon sa: - Åh, förlåt jag trodde det var någon annan. Nu fick hon syn på mig en bit bort och vi började skratta. Vi småskrattade hela vägen tillbaka till Rosegarn. Allt var så dråpligt.

Gestaltterapin har många övningar och "verktyg", en hette "tomma stolen". Man sätter två stolar mitt emot varandra och sätter sig på den ena. I den andra föreställer man sig att en annan person sitter, exempelvis min far. Sedan för man ett samtal. Man växlar och sitter på de olika stolarna och byter då perspektiv. Jag kan till exempel bli min far och se situationen från hans sida och prata som han hade sagt. En kvinna pratade med sin far som hon inte kunnat försonas med innan han gått bort. Nu fick hon en annan förståelse för vad som hänt, ett bredare perspektiv. Det påbörjade en process som sedan kan leda till att man kan avsluta "gestalten". Det handlar om att händelser vi råkar ut för kan sluta på ett sätt så att vi inte kan släppa det som hänt och gå vidare. Man pratar om att man skall leva i "Nuet". Det här är mycket svårt om man har massa oavslutade händelser eller gestalter i sin historia.

Det här funkade jättebra för mig och det en av ledarna Hans Fagerstedt tyckte att jag gjorde en bra insats i gruppen. Efter grundkursen tänkte jag försöka komma in på deras ordinarie utbildning. Man blir antingen Gestaltterapeut eller Organisationskonsult. Organisationskonsulten kan till exempel jobba med problem som uppstår på företag. Jag började gå i egenterapi hos Hans och jag tyckte det var bra. Jag kommer ihåg att Hans trodde att jag skulle bli bra som terapeut och skulle kunna jobba med de svårare fallen. Dels för min egen erfarenhet men även för att jag var den person jag var.

Mina planer med Gestaltterapi ebbade dock ut efter att jag fått reda på att man måste ha en "klinisk praktik", det vill säga erfarenhet från att jobba inom sjukvården på något sätt. Jag skulle behöva ta tjänstledigt och jobba på någon vårdavdelning. Problemet var att jag inte hade någon tidigare utbildning så vem skulle anställa mig som vårdare. Sedan kostade det rätt mycket pengar och utbildningen var i Köpenhamn. Återigen kom mina tvivel på att resa och bo på en annan ort.

En annan typ av behandling som jag provade var Rosenterapi. Gården vi var på när vi gick grundkursen hette Rosgarn och den ägdes av Helene Arvas som var Rosenterapeut. Det kändes också som något jag behövde. Men det kommer in lite längre fram. Gården låg nära Vaxholm och vattnet var alldeles nära

Jag skrev en sång som jag spelade upp för dem som var med på kursen.

Rosors gård

*** Vers 1 ***

Ge mig tid,
ge mig rum.

Ge mig närhet som ser saknade.

Ge mig vind,
ge mig våg,
så att korset står för liv igen.

Bara du min vän
väcker kärleken.

Bara du min vän,
väcker vänskapen.

   Väcker vänskapen.

*** Vers 2 ***

Ge mig tid,
ge mig rum.

Ge mig lust
att väcka liv igen.

Om du ser,
tänds ett ljus,
ett ljus
som står för sanningen.

Mörk var denna tid,
bakom sluten dörr.

Mörk var känslan som
jag kände förr,
   Som jag kände förr.

*** Ver 3 ***

Men ni gav tid
Ni gav rum.

Det frusna väcks
Av dig min vän.

Om en sång kan ge frid,
Låt den gunga dig,

In i framtiden.

Och när saknad föds
Efter rosors gård

Då vi alla såg
Att din värld var hård

Var så hård.

*** Ver 4 ***

Mins vår tid
Och vårt rum

Och låt den väcka saknaden.

Faller tår
Föds ett liv.

Men den måste mötas av en vän.

Som ett barn kan hålla
kvar sin gråt
tills det möter modern
efteråt

Tårar kan komma efteråt.

****

Mins ditt liv
Även om

Det var svårt.

***

Christer Göransson 99-10-24

Några teckningar

Under en tid gjorde jag några teckningar. Jag trodde inte jag kunde teckna men det kom igång ett flöde genom handen och pennan. När jag började teckna visste jag inte vad det skulle bli.

Pojken i grottan.

Det jag ser i bilden är pojken som har öppnat dörren till sitt skyddsrum där han suttit i alla år. För att komma ut ur grottan måste han passera tre skuggfigurer, en man och en kvinna som håller ett barn. Det är mamma, pappa och Eva. Det är en väldigt tydlig skugga bakom pojken. Skuggan kommer av det starka skenet från facklan som pojken håller. Ett ljus som är pojkens. Med sin fackla kan han lysa upp skuggfigurerna så de inte är skrämmande längre.

Ny relation

Jag hade börjat sjunga i kör. Jag pratade musik med Eva, min arbetskamrat och kom i kontakt med Martina. Martina var med i en kör som hette STAL-kören.

Ett märkligt sammanträffande uppstod lite tidigare innan jag bröt med de så kallade vännerna i Örebro. Jag spelar gitarr och sjunger och några i Örebrogänget och jag skulle underhålla på en fest. Jag hade föreslagit "Smoke on the water". Det är ett gitarriff i låten som ingen kan ha undgått, ett av det mest kända. Jag skulle sjunga och behövde få tag på låten efter som jag normalt inte sjunger rock. Jag pratade med Eva om det här och hon sa att hennes man har "alla rocklåtar". Jag kan ringa honom och fråga. Hon slog numret och blev sedan sittande en kort sekund och log. Sedan lämnade hon ifrån sig luren. Jag tog den och satte den till örat och hörde … "Smoke on the Water". Peter hade spelat in den i telefonsvararen. Jodå, han hade den.

Vårt framträdande blev "omtalat" i gänget. Vi började "Smoke on the water" i valstakt, endast ackorden, vi gjorde en långsam övergång och drog sedan på med det klassiska riffet. Succé. Jag tror det här lyfte hela festen.

Kommentar av Christer:

Flera år senare gick Åsa och jag på en konsert i Göteborg med Bengan Jansson och Janne Åström. Döm om min förvåning när de körde "Smoke on the Water" och började i valstakt och gick över i den ordinarie versionen. Det var i stort sett precis som vi gjorde. Fast i stället för gitarr var det dragspel.

Det skulle vara kul att få reda på hur de kom på idén. Sådana här idéer kan färdas runt bland oss människor på de märkligaste sätt. Men det kan vara en ren slump också. Vi döpte vårt band till "Forget it" men vi kanske inte är helt bortglömda …

Så åter till kören och kvinnan i altarna. Jag hade gjort uppehåll från kören en tid. Eftersom jag flyttat och bodde ensam behövde jag träffa folk. Då träffade jag på en kvinna som var med i altarna vid flera tillfällen. Hon hade någon dragningskraft på mig. Jag visste inte vad, det fanns bara där och det attraherade mig. Jag tittade i medlemslistan men var osäker på vem hon var. Sedan såg jag att hon var flera år äldre än mig. "Glöm det" tänkte jag. Hon vill inte ha mig. Jag försökte glömma men det gick inte.

Det här var STAL-kören. Deras inofficiella valspråk var "Bäst på fest" och deras årsfester var verkligen något jag tyckte om. Varje år var det en stämma som ordnade underhållning och uppträdande. Alltid var det några som hade med sig gitarr och vi spelade och sjöng, ofta i stämmor. Det var ett musikaliskt gäng så när vi sjöng "covers" hittade man ofta någon över- eller understämma och vi fick en härlig klang.

Så vid en fest kom vi att mötas och vi förstod att båda hade gått och sneglat på den andra, samma dragningskraft. Det var starkt det vi kände och idag är Åsa och jag gifta sedan 18 år tillbaka.

Närhet gör ont

Min gamla relation var inte bra. Kanske byggde den inte på kärlek. Den nya som jag hamnade i var intensiv och vi längtade båda två till varandra och till närhet. Nu konfronterades jag med min rädsla för närhet. Min traumatiska barndom gör att ju närmare en människa kommer mig, ju mer jag älskar desto mer rädd blir jag. Jag förklarade vem jag var och vad jag varit med om, men det var svårt för Åsa att klara av att jag kunde bli fullständigt avstängd. Hon hade ett sätt som gick precis på tvären gentemot hur jag reagerade. Var vi oense om något så kunde jag knappt säga det. Om jag sa vad det handlade om kunde hon gå i försvar och ville att jag skulle förstå hennes argument och ta till mig dem och ge upp mina egna. Jag gjorde så men blev avstängd. Hamnade i kataton immobilitet, där jag inte var kontaktbar. Jag kunde sitta och vagga med överkroppen i ett hörn och stirra framför mig med tom blick. Åsa blev ändå mer intensiv och börja ta på mig. Fysisk beröring när jag är i detta tillstånd förvärrar det bara.

Jag har otaliga gånger känt att jag ville avbryta vårt förhållande för jag kände mig hotad och rädd för Åsa. Jag har flytt vid många tillfällen. Åkt iväg med bilen och känt att jag bara måste bort. Måste få frihet, utrymme. När jag kommit bort släpper skräcken. I början tog det längre tid. Nu har det inte hänt på länge.

När mitt tillstånd är brutet kommer dock alltid den starka kärleken och längtan till Åsa tillbaka. Hon kan känna sig sviken och ratad, men efter ett tag är det alltid en sak som besegrar oss, kärleken till varandra, den är starkast. Vi har en sång som vi brukar lyssna på och som sätter ord på det vi känner, "Störst av allt är kärleken". I texten finns orden "...jag går genom eld för dig..." Precis så känner jag för min älskade Åsa, "Jag kan gå genom eld för dig". Hon har gett mig den förutsättnings- lösa kärleken som min mor aldrig gav mig. Min mor använde min kärlek till henne som ett sätt att tvinga mig till underkastelse. Min mor har aldrig älskat mig på det sätt som Åsa gör.

Tack för att du finns min älskling. Du har vänt mitt liv åt rätt håll och vi går tillsammans, "i nöd och i lust" som du brukar säga.

Vi utvecklas tillsammans

En kort reflektion om relationen Åsa och jag har. Redan innan vi träffades vis- ste jag att jag var envis och att andra kan uppfatta mig som bestämd och att jag genomför det jag bestämt mig för, utan att lyssna på andra. Jag visste att skulle jag träffa en ny kvinna måste hon vara stark och självständig. Vi har båda en bred grund att stå på, när det gäller att lösa konflikter. Åsa är lärare inom "Barn- och fritids-programmet" på gymnasiet och undervisar i ledarskap och barns utveckling och mycket mer. Jag har min utbildning i självstudier och i att jag är jobbat med mig själv under många år. Åsa har ibland sagt att jag är verbal och har lätt att uttrycka mig, vilket har gjort att hon ibland kan känna sig i underläge. Min vilja är dock aldrig att trycka ner eller hämma en annan människa. Vi har haft många konflikter och gråtit mycket, men vi har alltid gått ur konflikterna som vänner och med kärleken bevarad.

Jag har saker som jag inte klarar av och det gör ont i mig att jag försvårar för henne i sitt liv. Jag har svårt för vissa människor och kan uppfatta hot när en människa är intensiv och högljudd eller inte hänsynstagande. Det behöver inte vara fel på den andra människan, men min kropp och dess system reagerar automatisk. Åsas dotter och jag klarar inte av något större umgänge ännu. Observera att jag använder ordet ännu. Jag har inte gett upp att vi skall kunna umgås på ett naturligt sätt, jag ger aldrig upp. Från min sida krävs att båda är öppna för att prata och vara beredda på att diskutera våra brister och vara öppna för förändring.

Samlivet och sex

Jag tänker inte skriva mycket om det här även om det skulle kunna bli en bok i sig. För tillfället anser jag att det är privat och det tjänar inget till att skriva halvdant om ämnet. Därför kommer jag endast att beröra det mycket kort.

Jag har hört någon" klok" person säga "Allt i livet handlar om sex. Utom sex som handlar om makt". Jag har förstått att vissa människor gör sex till makt och själv varit utsatt. Själv har jag aldrig förstått hur man kan kränka en annan människa vid dessa tillfällen. Det handlar om att bekräfta varandra och njuta av den andres njutning. Det behöver inte finnas något smutsigt eller kränkande med sex. Det är ett sätt att vara tillsammans med en annan människa som man längtar efter. Det ger en underbar dimension av livet vi lever, med de kroppar vi har och det skall aldrig handla om tvång.

Vårt samliv har alltid fungerat bra men i början tog jag till min vanliga förmåga att "stänga av" och förtränga. Om någon undrar om min mors sexuella övergrepp har påverkat eller förstört mina möjligheter att ha ett bra samliv så är svaret självklart:

– Ja.

Jag har drabbats av självförakt, illamående, kataton immobilitet om man skall nämna några saker. Jag har dock satt in en "vägg" som blockerar minnet till det

111

min mor gjort. Väggen finns "under tiden". Efteråt går det inte att hålla kvar blockeringen utan självföraktet kommer.

Eftersom jag bearbetat under många år så har övergreppens laddning reducerats. Det som har hänt har hänt det är inte mer. Jag kan tänka på vad min mor gjorde eller jag kan välja att inte göra det. Min mor har inget med min fru Åsa att göra. När alla minnen är framme och genomarbetade tvingar de sig inte på mig eller "överfaller mig". Nu för tiden är vårt samliv något som stärker vår relation. En annan aspekt av det här är att jag behöver ingen annan. Jag har ingen längtan efter någon annan. Otrohet skulle inte ge mig något, det skulle bara vara besvärligt och skada andra.

Mörkret trängde mig tillbaka och stärker den nya relationen

Jag tvekade många gånger inför att vi skulle fortsätta, men kärleken segrade. Det fanns även något annat som gör att jag är tacksam för att Åsa fanns där. Jörgen spårade ur fullständigt efter en tid och Åsa med sina fyra barn gav mig en trygghet. Visserligen var vi hotade, men jag hade Åsa och hennes syster Karin som vi kunde fly till, när Jörgen blev för hotfull. Det kan faktiskt vara så att även Jörgen gjorde så att jag blev kvar i relationen med Åsa. Jag hade sagt upp bekantskapen med Ingers och mina vänner, utan Åsa hade jag stått ensam mot Jörgen.

Nej, inte min dotter också

Åter till den eländiga historien med Jörgen. Jag tänker inte gå in i alla detaljer om vad han gjorde på jobbet men han gör sig osams med många. Han flyttas till en annan avdelning, men missköter sig även där. Han slutar på företaget. Jag har inte hela historien klar för mig, men man har berättat att han fick betalt för att sluta.

Hittills har jag varit den som Jörgen gett sig på. Jag har haft en stor oro för att han skulle göra Cissi illa, men har inte fått några direkta bevis. Jag har kunnat prata med Inger som sedan pratat med Jörgen och det verkar ha rett ut de konflikter som uppstått.

Men de hade dolt saker för mig och nu bryter helvetet löst.

Min dotter har det inte bra

Jörgen och Inger flyttar runt och hamnar sedan på Tallvägen i Finspång. Jag och Åsa köper hus inte långt därifrån. Jag har en ny familj nu med 5 personer. Åsa och hennes yngsta grabbar, Cissi och jag.

Cissi är inte glad längre och jag är orolig för henne. Åsa träffar Jörgen och reagerar på hans stirrande ögon och konstiga sätt att prata. Inger känner jag knappt igen längre.

Överfall och polisanmälan

Jag kommer till Jörgen och Ingers hem för att hämta Cissi en kväll. Jörgen har gett sig på Cissi och jagat henne runt i deras radhus och kastat henne över en soffa. Han har plockat fram knivar och lagt på en bänk när Cissi såg det, samtidigt som han säger åt Cissi att hon inte fick säga något till mig om vad som hänt. När jag kommer till huset och ringer på, har Jörgen gått in i sitt sovrum och stängt dörren. Cissi säger inget men jag förstår att det är något som hänt, hon är innesluten och dämpad.

Vi går iväg och sätter oss i bilen. Vi åker iväg och jag försöker prata med henne. Jag frågar:

– Har det hänt något?

Så börjar hon gråta. Efter ett tag säger hon:

– Jag lovade att inte säga något.

Jag stannar bilen. Jag säger att hon måste berätta vad som hänt.

Så börjar hon storgråta och berättar. Jörgen kom in hennes sovrum och drog för persiennerna. Hon berättar om soffan och knivarna och om hotet att hon inte fick säga något till mig. Jag blir rasande. Först kör jag hem Cissi till oss för att hon skall vara i säkerhet.

Jag åker tillbaka till Tallvägen och då har Inger kommit hem. Inger har förstått att det är något konstigt som hänt och hon ropar på Jörgen att komma. Först händer inget sedan kommer han utrusande och stannar några meter ifrån mig. Han är högröd i ansiktet och ser rasande ut.

– Vadå, det har inte hänt något, säger han.

– Jag låg och sov!

Han låter aggressiv på rösten. Pratar mycket snabbt och börjar bli röd i ansiktet.

Jaså, Cissi har berättat något annat, säger jag.

Nu rusar han fram mot mig och kastar ut handen mot mitt ansikte. Han griper tag i mina glasögon och sliter dem av mig. Han springer in i vardagsrummet samtidigt som jag ser att han vrider glasögonen fram och tillbaka som om han vill bryta sönder dem på mitten. Inger skriker åt honom att sluta, men han är rasande och bryr sig inte om vad hon säger.

Inger går in i vardagsrummet och hämtar glasögonen, hon ger tillbaka dem till mig. Jörgen kommer ut fullständigt galen. Jag rusar ut ur huset och ställer mig utanför. Han ställer sig på trappen och skriker. Plötsligt gör han ett utfall och klipper till mig i ansiktet med knytnäven. Jag rusar iväg förbi min bil och över på andra sidan gatan. Jörgen rusar efter och får nu syn på min bil. Han hoppar in i förarsätet och börjar leta runt. Förmodligen tänker han ta bilen och köra iväg. Han hoppar ut igen och skriker att jag skall flytta bilen.

– Det skall jag göra när du går därifrån.

Han går mot dörren. Det är som om han är vansinnigt arg, men ändå behärskad och beräknande.

Jag går och sätter mig i bilen och åker hem. Åsa har kommit hem och jag berättar vad som hänt.

Nu ringer jag polisen och berättar vad som hänt. De ber mig komma ner till stationen och lämna vittnesmål. Det är Cissi och jag som åker ner. Det är två poliser som är där. Jag beskriver vad som hände mig och den andra polisen tar med sig Cissi och pratar med henne.

Den polisen som pratade med Cissi beter sig något märkligt och vi kommer att träffa på honom vid senare tillfällen. När han kommer tillbaka med Cissi säger han att han pratat med henne, men att han egentligen inte fick det. Det skall vara en speciell person som är utbildad för att prata med barn. Jag får inte förtroende för den här polisen men det finns ju ingen annan att vända sig till. Det är väl inte någon stor skada skedd tänker jag.

Polisen ringer sedan till Jörgen och han är fortfarande fullständigt galen. Sedan får jag åka hem med Cissi. De griper inte Jörgen och det är mycket obehagligt att gå och lägga sig. Jörgen är alltså polisanmäld och vi skall in på förhör.

Polisen

Nu börjar helvetet igen. Jag tycker att jag har fått min del av ondskan i och med min barndom, men nu drabbas min dotter också.

Till att börja med bestämmer jag mig för att Cissi inte sätter sin fot i Jörgens och Ingers hem. Cissi vill inte någonsin mer träffa Jörgen. Jag tar kontakt med socialen och de tar kontakt med Inger. Fortfarande har Inger ingen tanke på att lämna Jörgen. För mig är detta ofattbart.

Jag åker in på förhör och träffar en polis, Susanne Godlund. Jag är så förtvivlad och arg att jag säger att jag skulle vilja döda den djäveln som gett sig på mitt barn. Susanne säger lugnt:

– Ja, men det kommer du ju inte att göra. Du är inte så´n.

Det verkar som hon kände mig och hur hon skulle behandla mig. Jag hittade lite fotfäste i livet tack vare denna kloka polis, en viss trygghet.

Jörgen kommer till polisen och blir förhörd. Direkt efteråt kontaktar Susanne mig och ber mig att hämta Cissi lite tidigare på "frita". Hon märker att Jörgen inte är som han ska och hon ser en risk med att han kommer att ge sig på henne.

Jag pratade med Cissis klassföreståndare och personalen på fritidshemmet där Cissi var efter skolan. De skulle hålla extra koll om Jörgen skulle komma dit. Cissi var mycket rädd under den här tiden och det var bra att de vuxna omkring henne visste vad som pågick. Hon kunde gråta och få tröst om hon behövde det.

Samtidigt saknade hon sin mamma oerhört. Jag försökte prata med Inger men hon var som i en dvala under den här tiden.

Systern tar sitt liv

Något som jag tyckte var märkligt var att Jörgens syster begick självmord två veckor efter att han blev polisanmäld. Det behöver inte finnas något samband, men det är ändå märkligt.

Står gömd utanför vårt hus

Jörgen kontrollerade och terroriserade mitt och Cissis liv under en lång tid framöver. Det drabbar naturligtvis även resten av vår familj.

En gång stod han gömd utanför vårt hus, när jag kom hem med Cissi. Jag hade hämtat henne på "frita".

Vi har en brevlåda nedanför en trappa som slutar vid vägen, längs vägen går en mur. Jag skall gå ned och hämta posten och är bara någon meter från slutet på trappen. Plötsligt kommer Jörgen fram. Han har stått och gömt sig bakom muren. Jag blir skräckslagen och vänder och rusar upp mot huset. Jörgen springer runt och klättrar upp på en slänt och tänker förmodligen genskjuta mig och spärra av vägen till huset, där Cissi är ensam hemma. Jag är snabbare än Jörgen och han hinner inte ifatt mig. Han blir stående några meter ifrån mig. Det är ett lågt staket som han måste kliva över och det kommer att ta någon sekund och han kommer inte att hinna få tag på mig. Han vrålar nu:

– DIN SKALLE SKALL BRINNA!
– DIN SKALLE SKALL BRINNA!

Jag springer vidare in i huset och låser dörren. Jag ringer polisen. De skall skicka en bil men det är något annat larm före så vi får vänta. Jag ser att Tomas är hemma, Åsas yngsta son. Vi hämtar några bordsben nere ifrån källaren för att försvara oss med om Jörgen bryter sig in.

Nu börjar Jörgen ringa. Jag svarar och han skriker bara i telefon. Det går inte att få någon kontakt med honom. Jag lägger på och det tar bara någon sekund så ringer det igen. Jörgen vrålar igen. Jag lägger på. Det ringer igen. Jag lyfter luren och lägger på direkt utan att svara. Det ringer igen. Jag lyckas ringa polisen igen och ber dem skynda sig på. De säger åt mig att låsa dörren och inte släppa in någon. De skall komma så snart de har möjlighet.

Nu orkar jag inte svara längre. Jag vill ha telefonen ansluten ifall polisen ringer. Efter ett tag kommer John, Åsas äldste son hem. John svarar vid nästa telefonsamtal och jag hör att Jörgen hotar honom.

Efter ytterligare någon halvtimme kommer Åsa hem. Hon möter ett hem där fyra personer är på helspänn och sitter med bordsben i händerna beredda att slåss med en galning.

Till slut kommer polisen. De antecknar och ringer till åklagaren och ber att få häkta Jörgen. Åklagaren tillåter inte detta. Den "personliga integriteten" är viktigare. Båda poliserna ser uppgivna ut. De ser vad vi går igenom, men är bakbundna av lagstiftningen och åklagarens beslut. De kommer i alla fall att åka till Jörgen och prata med honom.

Efter kanske en timme kommer de tillbaka och berättar att Jörgen vägrade att öppna. De märkte att han var "instabil" och bad oss se till att hålla fönster stängda och dörrar låsta och att ringa om det händer något mer.

De var vid det här tillfället jag fick insikten i hur jag skulle ha handlat om jag ville få Jörgen häktad. Att jag flydde från honom var inte rätt. Jag skulle ha stått kvar och låtit honom misshandlat mig eller slagit ihjäl mig. Då hade åklagaren förstått hur farlig han var. Då hade det förmodligen vimlat av poliser på vår tomt, polisbilar med blinkande lampor och plastband uppspända runt min kropp där den låg.

Jörgen fick kontaktförbud. Om han bröt mot detta kunde han få fängelse.

Det slutade inte med det här. En gång ringde Inger och varnade oss för att Jörgen gått ut och troligen hade en kniv på sig.

Vi fick skaffa hemligt nummer för att han höll på med telefonterror. Han lyckades hitta numret till min arbetstelefon fast det inte var officiellt.

Cissi berättade nu fler saker. Jörgen hade spottat henne i ansiktet och Inger hade varit vittne. Vi var inne flera gånger till polisen i Norrköping. När det handlar om minderåriga är det endast utbildade personer som får förhöra. Jörgen hade gjort flera saker, men jag går inte in på dessa här.

Stödsamtal, socialen och mer förhör

Jag fick hjälp med stödsamtal på jobbet. Det var alltid jobbigt att komma hem och sedan försöka somna med rädslan. Jag sov med ett bordsben under sängen i fall att han skulle komma på natten. Jag började träna karate.

Jag lyckas ordna så att Inger, jag och Anci Nilsson på socialen i Finspång träffades för att prata om situationen som uppstod. Att Anci var med gjorde att Jörgen tillät samtalen. Det verkar som Inger inte har någon vilja längre. Hon gör allt som Jörgen vill. Jag säger att Cissi längtar väldigt efter sin mamma, men hon är livrädd för Jörgen. Inger längtar efter Cissi, men det är tydligen Jörgen som har makten över henne. Tillsammans med Anci lyckas vi få Inger att bestämma att hon skall träffa Cissi. Kravet från både mig och Cissi är att Jörgen inte får vara i närheten. De kommer att träffas några timmar på helgerna.

Samtidigt som de träffas håller Jörgen på och ringer. I följande samtal får Anci Inger att ställa kravet att Jörgen inte får ringa.

Min svåraste prövning, men jag gjorde rätt

Mitt i detta helvete var det som att livet skulle pröva mig. Jag och Åsa var på väg hem från Norrköping det var vid lunchtid en helgdag. Vi kom vid Eneby centrum i Norrköping och stannade som bil fyra vid rödljuset. Plötsligt ser jag en bekant person gå ur bilen som är längst fram närmast rödljuset. Han går ut från passagerarsidan och det är Jörgen. Han går framför kön och går in i kiosken. Vad händer nu, tänkte jag? Skall vi i kön bakom deras bil vänta på att han handlar? Det blir grönt och vi får vackert vänta. Han kommer ut ganska snart så förmodligen blev han inte klar. Deras bil åker vidare. Vi åker efter varandra men de vet inte att vi åker bakom.

När vi kommer till Svärtinge ser jag att de stannat sin bil bredvid kiosken, Jörgen kliver ut i vägen. Han är inte mer än kanske 10 meter framför mig. Det skulle vara mycket lätt att styra iväg lite åt vänster och köra över honom. Jag känner dock att det här är inte det sätt som jag vill ge igen på honom. Han skulle komma undan för lätt och jag skulle stå med skulden. Jag åker bara förbi och känner att jag har övertaget och att jag inte är så rutten som han.

DOM, 2002-12-11

Dags för rättegång. Jag hade förberett mig på alla sätt jag kunde. I en sista ingivelse kom jag på att jag skulle ta med mina förstörda glasögon. Det var helt rätt tänkt.

Jörgen kom ensam. Han var mycket självsäker i början. Nu förstod jag att rättegången egentligen handlade om att Jörgen slitit av mig glasögonen och om de blivit skadade. Inger var vittne till det som hände och det var nog orsaken till att Jörgen själv medgav det under tidigare förhör. Nu framställde han det som att han hjälpte mig av med dem. Han ville bara vara snäll. Min version var en helt annan än hans. Han började nu kaxa upp sig mot domaren och sa att de kunde ta kontakt med Inger och fråga henne om hur det gick till. Domaren blev nu mycket tydlig och han fick tillsägelser som fick honom att förstå att det inte var han som bestämde i rättssalen.

Så började det gå mot slutet av rättegången och Jörgen lyckades styra iväg samtalet till att mina glasögon inte alls var skadade. Han vände sig nu mot mig och ifrågasatte min historia. Jag kände att allt drogs till sin spets. Det var ingen som bett mig ta med glasögonen men det var som ett trumf jag hade på hand. Jag stirrade honom i ögonen och visste att jag hade övertaget. Så lutade jag mig ner och tog upp glasögonen ur väskan och höll upp de två delarna. Det var inget tvivel om att de var förstörda. Jörgen bad att få se på dem. Han tittade på dem och sa att så var de inte när han lämnade tillbaks dem. Jag såg att han var högröd i ansiktet och pulsådrorna på halsen bultade kraftigt.

Domaren diskuterade sedan enskilt med nämndemännen och dömde Jörgen till 40 dagsböter för ofredande. Mitt yrkande på skadestånd för nya glasögon gick igenom.

Tiden går

Det blev en viss skillnad efter domen men jag mådde fortfarande mycket dåligt. Vi hade hemligt nummer och en bandspelare för att spela in om Jörgen lyckades få reda på numret. Han hade kontaktförbud och det är tydligen något som förvärrar för honom om han trakasserar oss igen.

Vid ett tillfälle fick han ett raseriutbrott även mot sina egna föräldrar. Man ringde polisen och de kom och hämtade honom. Han fick övernatta på psyket men lugnade ner sig och blev utskriven. Som jag ser det utan någon som helst åtgärd.

Separation

Eländet slutade inte med det här. Jörgen och Inger flyttade till Norrköping. Jag var alltid vaksam och spänd när jag gick i affärer. Cissi led väldigt. Det var dock hon som fick Inger att lämna Jörgen.

Cissi tyckte synd om Inger och jag förstod att Inger älskade Cissi men det var något helkonstigt som hänt med Inger. Det är än idag en gåta för mig hur hon kunde fortsätta leva med Jörgen så pass länge. Det är dock inget ovanligt att kvinnor stannar kvar hos denna typ av män.

Efter många samtal med Cissi får jag henne att förstå att hon har ett val. Hon måste inte ta hand om mamma. Hon funderade säkert mycket på det här. Cissi tar mod till sig och säger vid ett samtal med Inger att:

– Om du inte lämnar Jörgen vill jag inte ha dig som mamma.

Jag var ju inte med själv men tror att det här gjorde att Inger vaknade till. Hon lämnar till slut Jörgen. Inger flyttar till Örebro och Jörgen bor kvar i Norrköping.

Nu börjar han telefonterrorisera Ingers föräldrar också. Jag har fortfarande en bra kontakt med dem och även med Ingers bror. De har märkt att Jörgen inte är frisk och de förstår att vi haft ett helvete med honom.

För att hämta Ingers sista saker åker det ner en hel karavan med bilar från Örebro till Norrköping. Efteråt pratar Inger om att Jörgen har huggit med kniv i ett av hennes skåp.

Slut på helvetet

Så får jag frågan av en kollega som jobbar på en konsultfirma om vad jag tycker om Jörgen. Det har tydligen spritt sig vad som har hänt. Jörgen har haft en provanställning och nu funderar de på om de skall anställa honom. Jag säger:

– Jag är inte rätt person att fråga, men ni kan ju ta en titt i brottsregistret.

Jörgen får inte jobbet. Han blir nu sittande själv i ett hus i Lindö i Norrköping.

Efter en tid väljer han att ta sitt liv.

Ett försök att förstå Jörgen

Vem var den här personen, Jörgen? Det enkla svaret är att han var en psykopat.

Under den här tiden försökte jag läsa in mig på vad psykopati är. En bok "Psykopatens värld" av Hare var en av mina källor. Jag har även läst en del av Sten Levander. Det skulle faktiskt vara mycket intressant att träffa Sten och diskutera med honom.

Hur som helst tillbaka till Jörgen. Jag har hört hur folk slänger ur sig "Han är psykopat" och så tar man något exempel på hur personen har betett sig. Men vad menas med att en person är psykopat? I den litteratur jag läst beskrivs en "psykopatchecklista". Man måste ha en bredare bas att stå på än att bara säga psykopat eller inte psykopat. Jag har hört att Sten fått frågan "Hur många sorters psykopater finns det". Hans svar blev "Det finns nog en typ per psykopat. De är inte lika". En variant av checklistan följer nedan:

- Listig och manipulativ
- Känner inga samvetskval eller skuld
- Uttrycker känslor på ett ytligt sätt
- Kylig och empatilös
- Parasitisk livsstil
- Har svårt att kontrollera sitt beteende
- Sexuell promiskuitet
- Visar beteendeproblem tidigt i livet
- Saknar långsiktiga realistiska mål
- Impulsiv
- Oansvarig
- Accepterar inte ansvar för sina handlingar
- Många kortvariga förhållanden
- Historik av ungdomsbrottslighet
- Återtagning av villkorlig frigivning - begår nya kriminella handlingar under permission
- Kriminell mångsidighet - riktar inte in sig på en typ av brottslighet utan kan ägna sig åt flera

Varje kategori ovan poängsätts sedan och man får fram en gradering, hur starkt psykopatisk en person är. Det kan var en person som helt saknar empati men som aldrig åkt fast av polisen. Då ger en kategori maxpoäng för avsaknad av empati men 0 poäng när det gäller "Återtagen frigivning".

En sak när det gäller att avgöra om en människa är psykopat är att man måste veta dennes historia. I mitt fall med Jörgen vet jag inte hur han var som barn eller under skoltiden. Jag kan alltså inte veta om han "spårade ut" nu när jag kom i kontakt med honom. Jag har dock varit i kontakt med hans föräldrar och jag har sett saker som inte kändes bra. Man måste även veta att alla psykopater inte blir kriminella. Min åsikt är att det har att göra med hur intelligent personen är, är en psykopat tillräckligt smart så kan denna förtrycka och skada andra utan att gå över gränsen för vad som bedöms som brott.

Av alla människor jag mött i mitt liv, inklusive min far och min mor så är det ingen som så klockrent passar in på beskrivningen av en psykopat som Jörgen. I min bedömning och poängsättning av honom kommer han mycket högt. Men detta är min bedömning och det är en bedömning från de som träffat honom och som sedan jag kunnat prata med.

Det är alltså inte korrekt att säga att en person är eller inte är psykopat. Det riktiga är att bedöma hur högt på skalan personen kommer. Min styvfar som älskade att retas och få mig och min syster att må dåligt behöver inte klassas som psykopat. Han hade inte den typen av ondska. Jörgen hade däremot inga spärrar och han kunde ljuga helt obesvärat om vad han gjort.

Jag tänkte nu lägga fram min bedömning av Jörgen och samtidigt lägga in min syn på hur samhället reagerade. Samhället som bör värna om och skydda individerna som bor i det. Jag förutsätter nu att ni redan förstår att Jörgen som starkt psykopatisk var ett hot mot mig och min familj.

- Jörgen hade ett mycket begränsat sätt att lösa konflikter. Han gick till angrepp.
- Socialen är den myndighet som har befogenhet att agera preventivt, dvs. i förebyggande syfte. Jag fick dem att börja agera. De kallade det att de "gjorde en utredning". I mina ögon var det helt tydligt att Inger blev förändrad, jag kände inte igen henne. Denna självständiga, envisa och ibland tjuriga person hade ingen vilja längre. Det var som hon inte tänkte. Det här tycker jag är ett fruktansvärt svek från samhället. Det är inte första gången jag råkar på kvinnor som blir förtryckta av män. Varför låter samhället kvinnan genomgå en personlighetsförändring under trycket av en plågoande. Jag tycker det är självklart att en person som hamnar i den situationen ska få möjlighet att få komma ifrån det här "förhållandet" och hämta krafter och få tillbaka livskraft för att sedan göra en nykter bedömning av vad den vill göra med sitt liv. En psykopat kan bryta ner en människa och utifrån det perspektivet måste socialen agera. Sluta prata om att de har ett eget val. Den förtryckta personen är inte sig själv. De försöker överleva och då gäller det att inte reta psykopaten.
- Jörgens tog till slut sitt eget liv. Han hade inte mycket annat att göra, inget jobb, ingen familj, jag hade fått honom dömd och skulle polisanmäla honom direkt om han gjorde något mer mot mig eller min familj. Att ge sig på mig, som tydligen gav honom livskraft, kunde straffa sig hårt nu när han redan var dömd. Det är inte otroligt att han skulle få fängelse nästa gång han gav sig på mig.

- Det var inte med glädje jag mottog beskedet att han tagit sitt liv. Det var med en enorm lättnad, men det kändes också tragiskt. Min bestämda uppfattning är dock, att han inte hade förmågan att ändra sig. Han kunde inte se mig på annat sätt än att jag var ett offer. Om jag skall göra en analys som är relaterad till mitt livsöde, så är det att han såg alla människor runt sig som offer eller "byten", några man gav sig på, manipulerade eller "tog livskraften från". Då mådde han bra.

- Skulle det ha funnits något sätt att hjälpa honom? Jag tror det handlar om hur stark denna psykopatiska del är. En del anser att det är gener. Jag skulle gärna vilja forska i det här ämnet men det är mycket osannolikt att jag får chansen. Jag skulle då använda liknande metoder som jag själv använde för att komma åt förträngda minnen, det jag lärde mig i primalterapin:

  o Plocka bort försvarsbeteende och skyddsbeteende - För psykopaten är det att denna inte skall kunna skapa makt över andra. Inte ha kvar offret de lever med. Absolut ingen möjlighet att manipulera. Inga droger. Ingen träning, det kan också vara skydd. Då förvinner deras kanaler, där de hämtar livskraft.

  o Sömnbrist och isolering gör att de inte kan fly från sitt inre. Jag använde samma metoder på mig själv för att komma på vad min far utsatt mig för i lillstugan.

  o Så det sista men nog så viktiga. Tillhandahålla en terapeut som är beredd att visa empati men vara vaksam på att det inte är manipulationer. Djup gråt och ånger går att känna igen men det måste vara välutbildade terapeuter som ser igenom manipulation och falskspel.

Jag tror att det här väcker frågetecken hos många läsare nu. Vart vill han komma nu? Står jag för att ha hårdare straff eller för att förlåta och låta förövare gå i terapi? Jag står för båda:

  o Sätt absolut stopp för förövare och psykopater att förstöra andra människors liv. Här handlar det om att skydda bra och skötsamma samhällsmedborgare.

  o Ge förövarna en chans att jobba med sitt inre. Har man begått brott så anser jag det vara riktigt att med tvång bryta ner dennes försvarsmekanismer.

  o Om man får ett genombrott, där de inser hur fel de gör, ge stöd. Det här handlar om att ge tillbaka en människa tron på att det finns godhet hos andra. En möjlighet att de slutar se alla andra som offer.

  o Ge dem tillbaka deras rättigheter och friheter när de visar att de har insett vad de gjort och ångrar det. Inte tidigare.

Att säga att en brottsling "har sonat sitt straff" och släppa ut denne utan att det finns någon förändring anser jag inte tjänar någonting till. Det är mycket stor risk för återfall.

Som avslutning, "inget nytt under solen". Det jag beskriver är inget jag är ensam om att tycka, Elisabeth Kwarnmark och Inga Tidefors Andersson har beskrivit en liknande metod de jobbat med på Skogomeanstalten utanför Göteborg. Det är så himla tragiskt att vi inte tar vara på kunskap som finns i vårt samhälle.

Vad blev resultatet av detta helvete?

Det här var det värsta jag råkat ut för i mitt vuxna liv. Jag skall sammanfatta vad jag lärt mig och vilka sviter den här historien har lett till:

- Jag trodde att polisen och vårt rättsväsende var till för att ge mig trygghet i livet men har nu ändrat uppfattning. Polisen är bra på att skriva rapporter. Det direkta skyddet finns inte. Det är bara om de har tid och råkar vara på rätt plats.

- Polisen själva är i händerna på åklagarna. Om jag behöver skydd när en människa fullständigt flippar ut och hotar och skrämmer mig och mitt barn och min familj, så måste jag låta personen döda mig eller misshandla mig, annars vet ju inte åklagaren om det är allvar. Det skulle ju kunna vara tomma hot och det är inte tillräckligt för att frihetsberöva någon.

- Det är mycket svårt att få någon fälld för ett brott om personen inte har lust att erkänna själv. De brott Jörgen gjorde sig skyldig till och som jag anser att han skulle ha dömts för i samband med ofredandet borde ha varit:
  - Misshandel av mig när han slog mig i ansiktet med knytnäven
  - Försök till otillbörligt nyttjande av min bil.
  - Det absolut grövsta, hot och misshandel av min dotter
  - Det enda han åkte dit för var ofredande och skadegörelse när han slet av mig glasögonen. Eftersom Inger såg vad som hände och berättade det för polisen så erkände Jörgen detta.

- Det finns en formulering jag sett alltför många gånger i papper från polis och åklagare:"Brott kan ej styrkas", det här innebar att Jörgen i nio fall av tio gick fri. Jag måste kunna samla otvivelaktiga bevis för vad som har hänt. Dessutom behövs förmodligen vittne eller ett erkännande. Om man ytterligare skall raljera över detta samhälles lagar, så kunde jag ha filmat det han gjorde men det hade förmodligen inte varit tillåtet att använda i en rättegång. Det hade förmodligen kränkt hans "personliga integritet". Är det något som samhället fullständigt misslyckats med i detta fall så är det att skydda de skötsamma medborgarna och det oskyldiga barnet.

Sunt självhävdande, uppgörelse med föräldrarna

Jag har valt att skriva om konfrontationen med mina föräldrar i ett eget kapitel och väldigt sent i boken. Ni har nu fått min bild av vad jag varit med om. Jag ser det som att jag vaknade till och då fanns det delar i mig som var det lilla barnet som uttryckte ilska mot min mor. Det är det mest förbjudna att kräva något av henne, samtidigt som man uttrycker att hon gjort fel. Hon kastar sig in i offerrollen och skickar fram Sven, som skyddar henne. Jag fick aldrig till det samtal som jag ville ha vid det här tillfället.

Om man ser på när i tiden det här hände så började det när Inger och jag fortfarande var tillsammans. Brevskrivandet mellan mig och min mor pågick sedan samtidigt som den fruktansvärt jobbiga historien med Jörgen. Jag lägger in några delar där de båda skeendena möts. Vissa saker som min mor gjorde inträffade när det var som jobbigast med Jörgen. Hon har aldrig stöttat mig på något sätt när detta pågick. Snarare passade hon på att göra det värre för mig.

Begreppet sunt självhävdande är något jag fick höra talas om när jag gick i KBT hos den kvinnliga terapeuten, som jag berättar om längre fram.

Jag har här bett Olle lägga in en beskrivning av vad som menas med sunt självhävdande.

Olle: Sunt självhävdande.

I umgänget med andra människor och då man hamnar i konflikt eller meningsskiljaktigheter kan man agera på i princip tre olika sätt. Man kan bete sig undfallande, aggressivt eller sunt självhävdande.

Den undfallande och den aggressive styrs av så kallat sympaticuspåslag. Kroppen går upp i beredskapsläge och förbereder sig på flykt eller anfall. Den sunt självhävdandens beteende kännetecknas av trygghet och säkerhet och låter sig vare sig skrämmas eller provoceras – i varje fall visar inte det yttre beteendet något som tyder på rädsla eller ilska.

Den undfallande väljer flyktvägen. Låter andra välja åt sig, opponerar sig inte, undviker ögonkontakt och uttrycker inte sin vilja eller argumenterar för sig. Talar med låg röst – Det får du bestämma. – Vad tycker du? – Inte vet jag.

Den aggressive går till angrepp. Han väljer och bestämmer åt andra, blir vred om någon säger emot i något för honom viktigt hänseende. Hotfull, höjd röst och stirrande ögon hör till beteenderepertoaren. – Du ska inte. – Jag menar. – Gör så här. – Det är jag som bestämmer. Tål inte att bli ifrågasatt och har svårt att lyssna på andras argument.

Den sunt självhävdande låter andra komma till tals, resonerar och argumenterar för sin sak. Kan förlora i en diskussion men också vinna. Uppmuntrar och lyssnar, tar och ger i diskussioner. Låter sig inte provoceras.

Att öppna ögonen och se vad min styvfar håller på med, 1997

Jag har ännu inte kunnat se vem min mor är. Det är så svårt att förstå hur hon fungerar. Det är som att jag har många känslor som inte kommer fram. Det finns förmodligen både sorg, saknad, ilska men främst rädsla och skräck. Jag får absolut inte ifrågasätta henne. Jag vet inte varför.

Det som däremot har klarnat är att min styvfar föraktar mig. Hans utskällningar där han förklarar mig som lat är inte hela sanningen. Det finns ett bakomliggande förakt. Föraktet är drivkraften som gör att han söker efter saker han kan anklaga mig för. Samma sak gäller hur han ser på min syster.

Även om jag ännu inte har förmågan att ifrågasätta min mor så är jag beredd att ifrågasätta min styvfar för allt han utsatt mig för. Rädslan för honom hade trängts undan av min övertygelse. Det handlade inte om att jag trodde att jag var fysiskt starkare än han. Jag visste att jag hade rätt och det skulle jag tala om för honom. Det kändes rätt i hela min kropp att jag skulle ifrågasätta honom – öga mot öga. Även om han besegrade mig med ord, så visste jag att han föraktade mig. Jag ville få honom att blotta detta förakt.

Jag kontaktade min syster och frågade om hon ville vara med vid ett möte med honom. Jag tyckte att vi hade större möjlighet att möta hans argument, eftersom vi båda hade varit utsatta för hans hån och förakt som han lindade in i att vi var lata och värdelösa. Eva sa ja och ville komma med.

Konfrontation med Sven och samtal med min mor, 97-05-31

Jag ringde vår mor och sa kort att Eva och jag ville komma och prata om saker som hänt under vår uppväxt. Vi bestämde en dag, några dagar fram (97-05-31). Jag var ju fortfarande "den goda sonen".

Dagarna innan ringer min syster och säger att hon inte klarar av att åka dit. "Det känns som om jag kommer att läggas upp på slaktbänken", sa hon. Jag kunde inte annat än acceptera hennes val. OM det skulle bli ett möte, så fick jag åka dit själv.

Jag hade hittat mycket styrka i mig själv och bestämmer mig för att åka. Vid den här tiden hade Inger och jag inte separerat och vi bodde i Finspång. Jag och Inger åker upp till hennes föräldrar i Örebro och skall övernatta där. Senare på kvällen skall vi till Ingers kusin, Kina och hennes sambo Sune på fest men först skall jag ut och ifrågasätta min hånfulla styvfar.

Jag har förberett mig väl och är fokuserad. Jag vet att han har fått mig att rasa ihop och bli mållös oräkneliga gånger, men nu har jag bestämt mig.

Jag kommer ut och vi sätter oss i en utegrupp de har på tomten. Jag börjar lugnt och förklarar att jag känt mig kränkt och att han hånat mig under hela min uppväxt. Jag tar exempel när han håller i stolen vid matbordet och säger åt mig att sitta någon annanstans. Jag talar om att jag dammsög innan han kom in i familjen, när jag var 6 år. När han kom in i familjen slutade jag därför att jag blev retad och förklarad som lat. Jag tar exempel efter exempel. Hur han mobbar mig när jag blir tjock och han går och nyper mig i sidan och säger: -Hur är det med bilringarna? Varpå han hånskrattar.

Han börjar kaxa upp sig och ta en överlägsen attityd som vanligt. Jag spänner ögonen i honom och sätter mig längre fram på stolen. Jag backar inte en millimeter och hans kroppsspråk möter jag med liknande beteende. Till slut kommer jag fram till en punkt som jag förberett sedan tidigare. Jag säger:

– Sven, om jag skall sammanfatta vad du har gett mig under den tiden vi levt tillsammans så är det två budskap.

Nummer ett: "Tro för fan inte att du är något!"

Nummer två: "Passa dig, din lilla djävel, annars åker du ut!"

Jag tar en kort paus. Sedan fortsätter jag:

– Nu Sven, skall du förklara, varför du föraktat mig under hela min uppväxt.

Han blir sittande en stund. Hans överlägsna kroppsspråk börjar övergå i nervöst skruvande. Han säger:

– Du är en stor djävla egoist!

Jag säger:

– Jaså, och vad grundar du det på?

– Du stängde av min grammofonskiva när du skulle titta på barnprogram, säger han

Det här med grammofonskivan måste ha hänt när jag var 6 år gammal.

– Du blev så sjuk, när du blev sjuk, tillägger han.

Nu börjar han bli osäker på rösten också. Det här med att jag blev sjuk lät verkligen inte övertygande och det märkte han nog själv. Han börjar också söka ögonkontakt med mamma. Det är som att han ber om stöd.

Jag säger:

– Du Sven, med tanke på vad du säger nu, så är det inte jag som skulle kastas ut ur hemmet. Det var jag som skulle ha samlat ihop dina djävla grejer och lagt i en kasse och kastat ut dig.

Han blir helt tyst. Jag spänner ögonen i honom och är beredd på om han skall komma med mer dumheter, men han ger sig. Jag har fullständigt besegrat den man som hånat och retat mig under hela min uppväxt. Jag säger:

– Nu går jag in och gör mig i ordning sedan åker jag.

Det som händer nu var något som jag var fullständigt oförberedd på. Jag har gått in i huset, Sven sitter kvar ute och min mor kommer in. Hon säger:

– Men vad vill du att jag skall göra nu, jag är ju i alla fall gift med honom.

Jag tänker. Vad är detta? Ifrågasätter hon sitt äktenskap nu? Jag ser henne fortfarande som den kuvade, som Sven trycker ned. Jag hade inte i min vildaste fantasi kunna föreställa mig att detta kunde hända. Är det jag som bestämmer? Det kändes inte bekvämt. Jag var där för att våga stå upp mot Sven, inget annat.

Vi pratar en bra stund och hon lyssnar på mig på ett sätt som jag känner igen från innan Sven kom in i familjen. Jag pratar om att Eva vill ha kontakt och att vi bör börja hitta varandra.

Jag tittar på Sven, där han fortfarande sitter i sin stol, besegrad och åker sedan därifrån.

Jag åker direkt till festen efteråt. Kinna säger: "Vad är det som har hänt? Det lyser i ögonen på dig." Jag har gjort kanske det största jag gjort i mitt liv. Vilken underbar känsla.

Bakslag

Min mor kommer några dagar senare med nästa överraskning. Nu är hon tillbaka i samma banor som Sven uttryckt tidigare. Det är dock en stor skillnad. Nu kommer förolämpningarna direkt från henne. Hon säger:

– Nu har du och Eva kastat bort fyra år av era liv på bearbetning. Är det inte dags att ni skärper till er?

Jag tror även att hennes bevingade ord kom vid det här samtalet. Hon säger:

– Ja, det är ju modernt med incest nu för tiden.

Jag frågar:

– Men vad är det du säger?

– Ja det är ju modernt nu, säger hon.

Jag blir paff. Inte ens från Sven har jag hört något sådant. Jag tänker på när jag mindes händelsen i lillstugan första gången och grät tills tårarna tog slut. Det tog flera dagar att återhämta mig och hitta krafter igen. Hon hånar mig nu. Hon hånar mitt lidande. Om en normal människa fått höra något så hånfullt om ett lidande man genomgått skulle man reagera med ilska. För mig blir det blockering. Jag får inga känslor och blir tyst.

Jag bytte sida, valde min systers

Insikter om min mor konstigheter kommer. Mina blockeringar att se vad min mor gjort släpper mer och mer. Jag hade börjat vakna till insikt om att något var väldigt konstigt med min mor och hennes ständiga förtal av min syster. Hon sa att Eva hade ständiga utbrott, var slarvig och OND. Jag såg inte klart ännu men i och med att min dotter Cissi blev äldre och hon hade sina trotsperioder förstod jag att ilska från ett barn kan vara helt naturlig och den har inte med ondska att göra. Min dotter var liten och förstod inte våra förbud som var till för att skydda henne. Ofta insåg jag efteråt att Cissis protester berodde på att jag inte förstått att hon utvecklades. När jag ändrade mitt sätt att se på henne försvann konflikterna oftast. Det kunde vara att jag förklarade varför förbudet fanns.

Jag började se saker i min mors beteende som provocerade fram utbrott hos min syster. Jag såg att hon frystes ut av min mor. Desto mer jag tänkte på vad jag sett så var det frustration och maktlöshet som min syster uttryckte.

Min mors beteende visade också drag av pedofilism. Jag såg lust i hennes ögon när hon såg på mig. Jag hade inte fått fram så mycket förträngda minnen ännu som hade med hennes övergrepp att göra. Att hon la händerna på mitt könsorgan och sa att vi skulle gå in till hennes säng när jag var 5 år, var något jag alltid minns. Det var dock så tydligt att något hände med min tankeförmåga att jag visste att det hade hänt mer.

Jag var orolig för min dotter och ville pressa min mor att bete sig som en mor skall göra. Jag skrev ett brev och krävde att hon skulle ta sitt ansvar och ta kontakt med min syster, jag ville att de skulle försonas. Det här var mitt första steg att skrapa på hennes yta "Ängeln" som gjort allt för sina barn. Jag skrev ett brev:

Till Yvonne.

Vi hade ett samtal i lördags som visade mycket om vilka ni är.

Sven förklarade att han tyckte jag var en "stor djävla egoist". Anledningen till detta var att jag "var sjuk när jag blev sjuk" och att jag stängde av er skiva när jag ville titta på barnprogram. Jag måste säga att jag inte blev ett dugg förvånad över hans uppfattning om mig eftersom jag förstod att han måste tycka väldigt illa om mig efter allt förakt han har visat under våra 14 år tillsammans. Däremot är hans argument så pinsamt dåliga att jag betraktar honom som direkt "rubbad". Konstigt att du inte kan genomskåda dem men du är som du är.

Du visade upp den vanliga känslokalla fasaden när vi pratade tillsammans med Sven men sedan när vi satt bara du och jag såg jag att du har känslor för Eva. När vi kramades om och skildes kändes det att jag träffat min gamla mamma igen.

Jag pratade med Eva efteråt och sa att du mådde mycket dåligt av er separation. Jag talade om att du grät och att jag upplevde att du var ärlig i dina känslor. Eva frågade om du sa att du älskade henne. Jag sa att jag inte kom ihåg att du sa just de orden men att du kände det. Eva vill förlåta det gamla och hon älskar dig mycket. Om du undrar vad hon skall förlåta så är det att du så länge jag kan minnas har betraktat henne, din egen dotter, som ond. Eva skulle fundera mer på detta att ni skulle träffas. Jag sa att jag tror på ett förenande men att Sven måste hålla sig långt bort från detta. Den mannen är inte som han ska. Han letar efter andras svagheter och utnyttjar dom till att trycka ned dem med, även om det råkar vara barn på 6 år.

Det kändes ganska bra när jag lämnade er och jag hade hopp om att vår kontakt skulle fungera bättre.

Idag ringde du upp och visade upp den känslokalla sidan igen som är mycket präglad av Sven. Du pratade om mina "fyra senaste bortkastade år". De som jag ägnat åt bearbetning av barndomen och åt att se min dotter växa upp till en levnadsglad och trygg liten flicka. Dessa år av bearbetning, om vi bara pratar om denna, har varit mycket jobbiga men de har varit ett villkor för att jag skulle hitta mig själv och börja leva mitt liv. De år som jag betraktar som bortkastade är de 14 år tillsammans med Sven och dig. De var min ungdom och de slutade med att jag lämnade en familjen som ett vrak. Eva var tvungen att fly från denna familj och kvar stod du och Sven och tyckte att ni gjort allt rätt men att du hade en ond dotter. Du sa mycket annat också som visar att du åter igen ställt dig bredvid Sven.

Med anledning av att jag inte tror att du kommer att ändra dig så länge du lever med Sven och att han är som han är vill jag härmed ta farväl av dig. Jag vill aldrig mer se denna känslokalla marionett du är som anpassar dig till Sven. Jag vill aldrig mer träffa Sven. Om jag ändå kommer att träffa honom igen vet jag inte vad jag kommer att göra med honom. Jag har ett gränslöst hat mot honom. Jag hoppas, för er egen del, att ni tar detta på allvar.

Efter som jag älskar min dotter och hon tycker om er skall hon få träffa er om hon vill. Observera att detta kommer att ske på hennes villkor. Jag kommer att säga till henne att farfar varit mycket dum mot pappa när han var liten och att vi nu inte kan träffas mer men om hon vill träffa er är det okej. När Cissi blir äldre kommer jag att berätta mer i detalj om vad som hänt.

Nu blir det bara tyst från min mor. Hon tar ingen kontakt med mig men däremot träffar hon mina dåvarande svärföräldrar. Det här känns mycket frustrerande. Varför kommer det ingen reaktion? Men det är faktiskt det som händer. Jag är helt avsågad som son. Jag existerar inte längre för min mor. Ett möte där jag avslöjar min styvfar att han föraktat mig sedan jag var 6 år. Då vänder hon mig ryggen.

Vykort från Yvonne, 98-03-24

Tiden går och Inger och jag bestämmer oss för att separera. Jag råkar på Jörgen på min arbetsplats som får reda på att vi håller på att separera och plötsligt är de ett par. Separationen är inte klar. Inger kräver att han skall bo i vårt gemensamma hus och jag vägrar. Jag säger att jag kommer att ta kontakt med polisen om han kommer hit. Jag känner mig djupt kränkt. Jag flyttar nästan omgående till en lägenhet. Vi tar kontakt med mäklare och jag går med på första bud vi får. Dessutom kommer hans hot om att vi skall göra upp. Han vill slåss om sanningen vad som händer på jobbet.

Jörgen har nu flyttat in i huset som jag äger till hälften men eftersom jag har en lägenhet bryr jag mig inte om att bråka om det här. Cissi fyller snart 4 år, strax före får jag detta vykort från min mor.

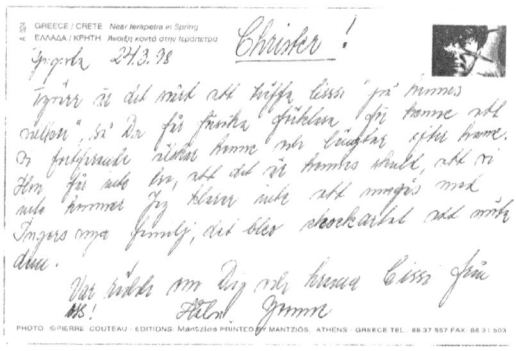

Min mor har alltså helt ignorerat mig sedan jag skickade mitt brev. Nu har hon tydligen varit och besökt Inger, Cissi och Jörgen. Nu beklagar hon sig och tycker synd om sig själv att det blev jobbigt för henne att träffa Jörgen och hans föräldrar. Hur jag har haft det är alltså inget hon bryr sig om.

Vykortet är helt obegripligt ur ett annat perspektiv. Hon har alltså direkt kontakt med Inger och hon skulle ju kunna fortsätta och kommunicera med henne. Varför säger hon inte det här till Inger direkt? Att skicka kortet till mig och be mig att säga till Cissi att det inte är hennes skuld. Det är ju bara snurrigt alltsammans.

Min förklaring till varför hon gör så här är att hon gör sig själv till det stackars misshandlade offret som kommit i kläm. Senare har jag kommit i kontakt med

130

Elaine Eksvärd och läste hennes böcker om "Härskarteknik". En av teknikerna kallas "Offerkoftan". Den här tekniken behärskar min mor till fullo.

Brev från föräldrar, 98-05-11

Så kom ett brev 98-05-11. Två månader efter vykortet.

Brevet är maskinskrivet så det måste var min mor som skrivit. Det är inget som Sven gör. För första gången har min mor skrivit under. Tidigare har det bara varit Sven som skrivit och signerat sådana här "konfliktbrev".

De anser alltså att jag hotat Sven till livet. Det var inte min mening. Jag skriver alltså ett nytt brev eftersom det inte var något dödshot.

Det som de skriver "Inger tycker dessutom att det var Ok" var något jag funderade på. Jag ringde Inger och frågade vad det handlade om. Hon sa att min mor hade ringt och försökt få över henne på sin sida i att jag var hemsk. Inger och jag var oense om vem Jörgen var men annars var vi inte osams. Det här hade tydligen min mor missbedömt. Inger tyckte inte om det min mor gjorde och sa väl det i telefon också.

Evas brev har jag inte rätt att publicera men det är enligt min mening uttryck för många års frustration över att aldrig bli accepterad av sin mor.

Brev till föräldrarna, 98-05-14

Nästa brev jag skrev är mer tydligt. Jag ser att det inte bara är Sven som är "skurken" och mamma är den goda. De båda har samma sätt att se på mig men jag har bara inte förstått det tidigare. Min mor tycker att Sven har gjort rätt när han har kränkt och hånat mig under alla år.

Det sista jag skriver är för många förmodligen obegripligt. Jag skall försöka förklara. Jag ser paralleller med hur min mor behandlar Eva och mig med personer ur min mors egen barndom. Eva har hon förklarat som ond. Min mor ser säkert Birgit (sin egen psykiskt sjuka mor) som ond. Stig är Birgits bror som tydligen retade min mor mycket. Kanske projicerar hon känslor gentemot Stig på mig och låter mig bli trakasserad av Sven. Jag tror inte ens att min mor har reflekterat över det sista, hon tycker ju att jag är knäpp redan.

Finspång
1998-05-14.

Till Mamma.

Jaha, så fick jag äntligen ett brev från dig.
...
Ett brev från min mamma.

Hon som bar mig i sin mage under nio månader.
Hon som lät mig växa från några få celler till ett spädbarn, redo att möta livet.
Hon som kände mina första sparkar.
Hon som födde mig och sedan gav mig mat från sin kropp.
Hon som var jag.
Vi som var ett.

Hon vars kärlek skulle ha varit så stark till mig att hon kunde offra sitt liv för mig.
Hon som skulle ha gett mig styrka och tro på att jag var unik och underbar.
Hon som bara genom sin närvaro skulle ha gett mig trygghet.

Till er båda.

Jag skall bemöta några saker av de ni skriver.

1. "Vi vill nu be er båda två att sluta med era fula påhopp. Lämna oss i fred".

   Att jag svarar på ert brev innebär naturligtvis att jag inte gör som ni säger men eftersom jag känner att vi troligen inte kommer att mötas fler gånger i livet så tänker jag gå emot er vilja.

   Varför skriver ni till mig och säger att jag skall lämna er i fred ??? Jag har redan tagit farväl av er för ett år sedan. Om ni inte skrivit ert brev hade ni inte hört av mig.

   Någon av er har ringt mig två gånger. Jag har nummerpresentation så jag såg att det var ert nummer. Jag ville inte prata med er och därför svarade jag inte.

   Du, mamma, skrev ett kort till mig eller rättare sagt till Cissi men eftersom hon inte kan läsa (jag hoppas du förstår detta) fick jag läsa upp det.

   Jag måste tydligen förklara för er att det är ni som inte lämnar mig i fred.

2. "Du vill aldrig mer se oss och hotar att döda Sven ... "

   Jag hotade inte att döda Sven. Jag hotade Sven för att ni skulle förstå att jag menade allvar med att jag aldrig ville se honom igen. Hotet var inte ett dödshot utan ett hot om att jag kunde tappa självbehärskningen. Det är en viss skillnad. Att det kunde bli slagsmål är en mer trolig följd av ett möte.

3. "Inger tyckte dessutom att det var OK"

   -Nu, har han fått för sig att ni skall åka på semester till Danmark också!

   Han, det var jag. Du, min egen mor, försökte få över Inger på din sida mot mig. Det var Ingers uppfattning. Du ditt kräk borde skämmas för vad du gjorde. Du bryr dig inte ett dugg om mig. Du är vedervärdig.

4. "För Svens del får du Christer hitta på vilka fula saker du vill för Cissi ...." (ni har glömt ett kommatecken efter, du.)

   Jag hittar inte på. Jag har sagt henne att:
   - Sven har varit dum mot mig när jag var liten så nu vill jag inte träffa honom men om du (Cissi) vill träffa farfar får du det.

   Jag kommer att tala om för henne vad som hänt mer i detalj senare. Nu är hon för liten. Hon pratar om sin farfar och farmor och jag gläds med henne om saker hon berättar som hon varit med om tillsammans med er. Det här låter obegripligt för er men jag vill bara tala om hur det är eller rättare sagt hur det var...

5. "... när skall era sk bearbetningar ta slut ..."

   Under den senaste tiden har jag känt mig starkare än någonsin. Jag är delprojektledare på mitt jobb, ansvarig för en del som har ett ordervärde på över 40 milj, styr för närvarande fem personer i deras arbete, reser nästan varje vecka och mår bra.

   Separationen med Inger blev mycket jobbig och jag for väldigt illa. Det var dock vägen in i bearbetningen av vad du gjort mig mamma. Bearbetningen av dig har tagit tiden från nyår till nu alltså ca. 5 månader. Du är naturligtvis fullständigt ovetande av vad du gjort och tycker självklart att du är fruktansvärt illa behandlad av din son. Här kommer dock en kort lista på händelser och platser som jag har kommit i kontakt med:

- Du lämnade mig på en parklek i Stadsparken.
- Markbacken. Fest hos Farmor. Pappa full.
- Stig och Oskarsgatan (för Evas del handlar det om ett tvättrum i källaren på Oskarsgatan).
- Gammelmormors tomma blick.
- Sovrummet i varberga där du och jag sov tillsammans.
- Min skuld gentemot Eva för att jag varit med om att förstöra henne. Som i sin tur hör ihop med vad du gjorde för att jag skulle göra det.
- Daghemmet på Drottninggatan.
- Pappas bestraffning i Halmstad som du fick fram.
- Min brända arm och vad du gjorde före och efter att det hände.
- Din bestraffning av Eva när hon som 3.5 år gammal klämde mitt finger.
- Att du lämnar oss till pappa och du är medveten om vad han gör med oss.
- Att du sitter bredvid under 15 års tid och lyssnar på Sven när han förlöjligar och förnedrar mig utan att en enda djävla gång försvara mig. Tack du vördade moder.

Din skuld är ...

Jag har nu kommit igenom (bearbetat) i stort sätt hela min barndom och är redo att börja om mitt liv. Det liv du formade mig till var inte mitt.

Om du så vill är det här den sista gången du hör ifrån mig i **ditt** liv, mamma. Att du, Sven inte vill se mig mer i ditt liv ser jag som självklart.

Det som gäller nu ang. Cissi är att ni inte får träffa henne. Villkoret är att du, mamma visar att du har normala moderkänslor för dina barn, vilket du inte har idag. Jag litar inte på dig. Skall du träffa henne igen får du först ta kontakt med mig per brev. Sedan skall vi träffas ett flertal gånger och diskutera igenom det du gjort. Först därefter, om du förstår vad du gjort, kan vi börja umgås och då får du träffa Cissi.

Birgit, elak, ond, Birgit, Eva, Birgit, slå, Birgit, Eva, tokig, hata, hämnas, skada,. Stig, elak, tystas, Christer, skriker, Krille, Stig, hämnas, tystas, Stig, Krille. Mormor, tyst, hjälper aldrig, Mormor, blundar, elak, **HJÄLP MIG MORMOR.**

Lille Krille

Brev till föräldrarna, 98-09-06

Efter ännu mer bearbetning och fler minnen som kommit fram, ser jag genom mycket av min mors falskspel. Jag vill dock ha det bekräftat. Är mina minnen äkta eller är de påhittade. Jag vill sitta öga mot öga och fråga henne om saker hon gjort som inte kan vara snällhet.

Nästa brev:

Sven och Yvonne!

- Jag har ändrat mig!

I mitt senaste brev till er 98-05-14 skrev jag att det var sista gången ni hörde av mig, om ni så ville. Det gäller inte längre. Nu **skall** jag ha kontakt med dig, mamma. Du har dragit dig undan tillräckligt många gånger, nu får det vara nog. Du och jag skall träffas. Den här gången vill jag att du svarar på mitt brev och du kan svara på samma sätt, per brev. Om du ignorerar det kommer jag att skicka fler. Om du ändå inte svarar kommer jag att åka till er men jag **lovar** att jag kommer att skriva till er innan jag gör det.

I och med den senaste tidens bearbetning har jag fått fram fler förträngda minnen. Nu förstår jag att du, mamma, är skräckslagen för att jag skall leta upp dig och ge igen för vad du har gjort mig. Jag tänker **inte** ge igen eftersom jag då skulle bli lika dan som du och det tänker jag inte bli. Det jag vill är att se dig i ögonen och förklara för dig att jag minns vad du gjort. Jag skall se i dina ögon vad du känner och jag vet att det inte kommer att vara medlidande.

Tiden med Sven och Mamma.

Tidigare trodde jag att Sven var den stora skiten som bara ville trycka ner mig och förlöjliga mig medan "stackars lilla mamma" var snäll, det var inte så. Jag har trott att "lilla mamma" egentligen ville försvara mig men att hon kanske inte vågade. När jag nu minns hur min mamma var mot mig i Halmstad kommer hennes beteende i en helt annan dager. Hon njuter av att sitta bredvid när jag plågas. Hon hittar andra som plågar och kan därigenom undvika skuld. Det är dock hon som möjliggör allt detta.

Sven trycker ner och förlöjligar men slår inte. I Halmstad var det fysiskt våld men samma mamma som sitter och tittar. En skillnaden var att hon även deltog i Halmstad. Det var visst någon läkare i Halmstad som talade om att "barn inte minns".

Sven

Jag gav dig skulden för allt, när vi träffades senast, det var inte rättvist. Du har visat att du är en stor skit men om mamma hade varit på ett annat sätt (älskat sina barn) tror jag att hon kunde ha visat dig att både Eva och jag var värda respekt och då hade du också mött helt andra sidor från oss. Vi kunde ha haft kul och familjen kunde ha varit en trygghet för oss alla. Jag tror att även du kan hålla med om att känslor som glädje och trygghet inte direkt var något som präglade vår familj.

Jag vet att du inte höll med när jag sa att du "skällde ut mig". Du sa att du inte skällde. Hur det än var så var jag så svag att du krossade mig. När du förklarade för mig hur oduglig jag var och att jag inte ens hade rätt att yttra mig eller försvara mig, fick jag en klump i halsen och kunde inte säga någonting utan att börja gråta. Jag kände att det var dit du ville driva mig. Du ville få mig gråtfärdig och tyst då kände du dig nöjd.

Mamma

Du viste hur svag jag var men satt bara tyst och lyssnade. Jag trodde att du inte vågade säga något men det var inte så. Det var du som fick fram det här. Du har sagt mycket till Sven som varken Eva eller jag vet om. Jag ger mig fan på att du njöt. Det är inte Sven som bär skulden till att han behandlade mig illa, det är du. Du kände mig redan innan jag föddes, Sven viste inte vem jag var. Du, i egenskap av mor, visade honom var gränsen låg för hur han kunde behandla mig. Jag tror inte att det var din gräns han gick efter, det var sin egen. Din gräns tillåter mycket mer när det gäller hur mycket man får (eller skall) plåga dina barn.

Tiden efter separationen mellan pappa och mamma.

Du har så länge jag kunnat minnas förklarat hur elak pappa har varit mot dig. Du har påstått att du bara ville komma ifrån honom. När vi tömde pappas lägenhet hittade vi negativ på kort som jag inte sett tidigare. Det var kort från en Jul i farmors lägenhet och vinterbilder från bergen. Korten måste vara från tiden efter er separation. På bilderna från bergen ser du verkligen inte ut att vara tillsammans med en man du avskyr, du skrattar och leker i snön som ett barn. Jag ser avvaktande och rädd ut.

Jag minns en vecka när Eva bodde hos farmor och du och jag var ensamma, den mesta delen av tiden. Jag kallar den "Den svarta veckan".

Tidigare mindes jag inte tiden efter separationen. Nu mins jag att jag saknade pappa mycket. Trots det han gjort mig så var det honom jag älskade eftersom det var han som gav mig kärlek, ibland. Det jag mins är också hur du behandlade mig när jag grät och längtade efter honom. Det finns inte ord för vad du gjorde.

Du har sagt att du var skräckslagen för pappa. Efter er separation åkte vi på semester till Kalmar. Du höll semesterorten hemlig för att inte pappa skulle leta upp oss. Du har sagt att pappa ville "kidnappa" Eva och mig för att komma åt dig. Det var därför som farmor var tvungen att vara med när han träffade oss. Varför i helvete lämnade du då oss till honom när han ensam kom och hämtade oss.

Eva berättade att vi åkte till Nyköping när pappa flyttade dit och vi **sov över**. Övernattar en kvinna med en man som hon är skräckslagen för?

Jag minns att vi talade om för dig att han ibland var berusad när vi var hos honom. Att han var berusad när han körde oss skall väll till och med du kunna räkna ut. Du reagerade aldrig på att det kunde vara farligt för oss, dina barn, att åka med en berusad person som förare. Här visade du återigen vad du känner för Eva och mig.

Tiden med Pappa och mamma.

Du, mamma, har vid något tillfälle sagt att tiden i Halmstad var en svart period av ditt liv, du mindes inte så mycket av det som hänt. Det här är en av orsakerna till att jag kräver att få prata med dig. Hur mycket mins du av vad du gjort, har du förträngt alla **örfilar** du gett både Eva och mig.

Hur fungerar du egentligen. Jag tror aldrig att du kommer att be om förlåtelse för det du gjort men jag tänker ta reda på hur du tänker. Varför du gjort det du gjort är helt uppenbart. Det är din egen barndom som du lever ut mot Eva, mig och andra omkring dig. Innan jag mindes hur du var förundrades jag över att du kunde vara så oförstörd efter den barndomen men nu förstår jag att du är mycket mer skadad än jag kunde ana. Det du gjort är dock oförsvarligt, man får inte föra sådana skador vidare till sina barn.

Vad jag kräver

Jag kräver att du, mamma, svarar på detta brev och det skall inte ta någon längre tid innan jag får ditt svar. Det kommer att följas av flera tills det är dags att mötas. Jag vet inte hur mycket du har förträngt av det du gjort men i det senaste brevet från dig tyckte jag mig se att du är rädd. När du lyckades vrida till mitt hot mot Sven till att jag hotade att döda honom funderade jag på vad du var ute efter. Är det att du letar efter anledningar att koppla in andra som skall skydda dig från dina barn? Jag förklarade i mitt förra brev att det inte var ett dödshot och att det var ett sätt att få er att ta mitt avståndstagande på allvar. Efter att jag nu fått fram minnen från Halmstad och tiden efter separationen förstår jag mycket mer av hur du, mamma, fungerar. Nu vet jag att det inte är Sven som är orsaken till det som hänt.

Avslutningsvis

Det brev jag skickade 98-05-14 var ett spontant svar på ert. Jag har nu kommit längre i bearbetningen av dig, mamma och nu är det dags att ta kontakt med dig. Det känns som att jag minns tillräckligt mycket för att du inte skall kunna kontrollera mig på samma sätt som du gjort tidigare. Det är också en trygghet för dig i vårt kommande möte. Det är nämligen när du pressar mig och jag inte minns vad du gjort som jag blir farlig.

Vid vårt kommande möte har du chansen att förklara att jag har fel. Jag tolererar inte att du betraktar mig som lögnare men inte vågar möta mig. Jag tror att även andra börjar inse att det inte står rätt till med dig. Jag tolererar inte att våra versioner av hur du, Eva och jag är, skiljer sig åt något så sanslöst som de nu gör.

Jag får inget svar på brevet.

Skickar brevet igen, 98-09-20

2:a gången jag skickar brevet.

Det här blir andra gången ni får samma brev.
- Har ni läst det första?
Jag tror det. Eva blev uppringd av Maggan. Maggan bad Eva att prata med mig om att jag måste gå vidare och släppa det gamla. Det här måste vara dina ord Yvonne. Är det din rädsla?

Du tror att jag inte går vidare. Jag håller inte med. Jag har pratat tillräckligt med Sven, jag vet var han står och vad han är för typ av människa. Jag tror att han vet vad jag tycker om honom. För mig räcker det så.

Nu är dig det handlar om, Yvonne. Det vi skall prata om vid våra möten är inte tiden när Sven bor i familjen. Det är din roll i familjen med Pappa. Det handlar om hur du har hanterat Eva och mig. Det är tiden vi bodde i Bergen. Det handlar om en midsommarafton. Det handlar om matstunder för mig på natten. Det här har vi aldrig pratat om tidigare så kom inte och påstå att jag inte kommer vidare. Jag har aldrig tidigare vågat ifråga sätta dig och det är det jag gör nu.

136

Avslutningsbrevet från föräldrarna, 98-09-28

Då var det dags för avslutningen i mitt försök att möta min mor. Detta är sista brevet från mina föräldrar. Brevet är skrivet av Sven men i vissa delar skriver han om sig själv i tredje person så förmodligen har min mor skrivit förlagan som han sedan har skrivit av (Fas 2).

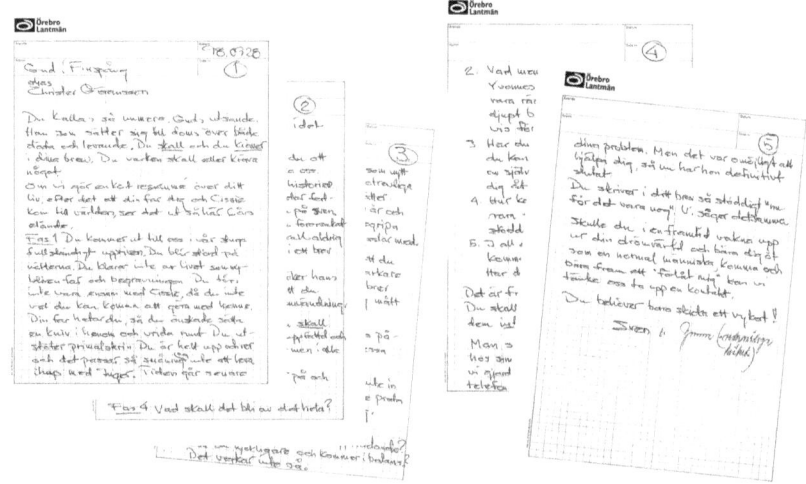

98-09-28

Gud i Finspång, alias Christer Göransson

Du kallas så numera. Guds utsände. Han sätter sig till doms över både döda och levande. Du skall och du kräver i dina brev. Du varken skall eller kräva något.

Om vi gör en kort resummé över ditt liv efter det att din far dog och Cissie kom till världen, ser det ut så här. 6 års elände.

Fas 1. Du kommer ut till oss i vår stuga fullständigt uppriven. Du blir störd på nätterna. Du klarar inte av livet som nybliven far och begravningen. Du törs inte vara ensam med Cissie då du inte vet (vad) du kan komma att göra med henne. Din far hatar du, så du önskade sätta en kniv i honom och vrida runt. Du utstöter primalskrin. Du är helt upp och ner och det passar så småningom inte att leva ihop med Inger. Tiden går senare med telefon-samtal och grävande i det gamla.

Fas 2. I mitten på maj 97 ber du att tillsammans med Eva få besöka oss. En lördag 97 05 31 som går till historien. Ensam kommer du för Eva bearbetar fortfarande. Snabbt nog hoppar du på Sven. Han är en djävla stor skit som förorsakat dig så mycket lidande. Du skall aldrig mer se oss och säger "farväl" i ett brev strax efter. Då är din far glömd, du besöker hans grav och senare skriver du att du älskar honom? Alltså en helomvändning.

Fas 3. Nytt brev 98 09 06. Nu skall du träffa mamma. Din far är upprättad och Sven han är

137

sådär, en stor skit men i alla fall. Nu är det din mor du hoppar på och det gör du med besked.

Fas 4. Vad skall det bli av det hela? Vem skall du efter en tid se som nytt offer och skicka dina elaka otrevliga brev till. För visst du fortsätter. Både du och Eva är snart 40 år och man kan tycka och ni borde begripa vilket nonsens och trams ni sysslar med.

I ett av dina brev skriver du att du under senare tid känt dig starkare än nånsin. Att döma av dina brev kan man lätt förstå att du aldrig mått så dåligt som just nu. Du kan gott sluta med din nyss påbörjade brevterror. Vi sänder dessa brev oöppnade i retur. Du åker inte till oss. Vi släpper inte in dig i vår stuga och vi ämnar inte prata med dig mera. Det ger ingenting.

Några frågor:

1. Vad får du ut av detta uppträdande? Blir du lyckligare och kommer i balans? Det verkar inte så.

2. Vad menar du med att skriva om Yvonnes rädsla? Vad skulle hon vara rädd för? Hon är enbart djupt besviken på dig och naturligtvis förbannad.

3. Har du aldrig funderat över hur du kan gå omkring helt i avsaknad av självkritik, så att du kan bära dig åt på det sätt du gör.

4. Hur kan du i all din ynkedom vara så förbaskat arrogant och stöddig?

5. I all den "bearbetning" borde du komma på någon liten+-poäng: Har det aldrig hänt?

Det är frågor du kan ställa dig. Du skall inte bvesvara dem, vi läser dem <u>inte</u>.

Man ska ju uppmärksamma varningar hos sina medmänniskor. Okey! Vi tycker vi gjorde så från början. Otaliga är de telefonsamtal du haft med Yvonne om dina problem. Men det var omöjligt att hjälpa dig, så nu har hon definitivt slutat. Du skriver i ditt brev så stöddigt "nu får det vara nog". Vi säger detsamma. Skulle du i en framtid vakna upp ur din dröm-värld och bära dig åt som en normal människa, komma och bära fram ett "förlåt mig" kan vi tänka oss ta upp en kontakt.Du behöver bara skicka ett vykort!

Sven o. Yvonne *(=vedervärdiga kräket)*

Den öppning de lämnar är alltså att jag skall be om förlåtelse, "bär fram ett förlåt mig", då får jag komma tillbaka igen. Det handlar om underkastelse och inget annat. Jag skall veta min plats.

Om jag tänker mig in i att jag skulle skriva något sådant här till min dotter. Vad skulle vi hamna i för relation då? Jag skulle kräva att hon ber om förlåtelse och samtidigt skulle jag håna hennes lidande, vilja ta livet av sig och försök att bearbeta och må bättre. För mig är det helt otänkbart att göra något sådant. Det sista jag vill är att mitt barn skall krypa för mig. Jag är till för att stötta mitt barn och hjälpa henne att växa till en stark och självständig människa. För mig har min mor nu på ett väldigt tydligt sätt talat om hur hon ser på mig. Ett djur som skall veta att det skall vara underdånigt och lyda annars har jag inget med henne att göra.

Jag har aldrig gjort det de krävde. Jag bad inte om förlåtelse.

Ett sista försök, december -98

Jag gör ett sista försök under december -98 att få till ett samtal med min mor. Min tanke var inte att backa och förneka de minnen jag fått fram och ifrågasättande av det hon gjort mot mig och min syster.

Min konfirmationspräst, Orvar Pettersson, har blivit kyrkoherde ute i Lanna där mina föräldrar bor. Orvar känner mig och vi fick bra kontakt när jag gick och läste. Jag ringer upp honom och frågar om han kan ordna ett möte där han själv är med.

Han går med på det men sedan förstår mina föräldrar att jag inte kommer att "bära fram ett förlåt mig". Snarare kommer jag att ifrågasätta både mors och Svens beteende under min uppväxt under samtalet. Det är ett brev som Eva skickade som gör att de backar ur. Även om det aldrig blev ett fysiskt möte så fick jag ändå en tydligare bild av vem min mor är. Min illusion av att hon älskade mig och att Sven är den elaka var fel. Han uttrycker det hon vill att han skall uttrycka. Min mor föraktar mig och har inget behov av att vi har kontakt.

Min styvfar dör, 2005

Efter brevet från Orvar i slutet av 1998 har jag ingen kontakt med mina föräldrar. Min styvfar blir sjuk och får stroke efter stroke och blir efter ett tag som ett vård-kolli. Han kan inte äta själv och min mor sköter honom hela tiden.

Under en sjukhusvistelse virkar han en grytlapp till Cissi lämnar den till henne via Inger. Det här är långt från den hånfulla översittare han varit mot mig. Det verkar faktiskt som att han älskar Cissi. Det hela är tragiskt. En dag, 2004, känner jag att jag vill åka ut till dem. Det känns som att Sven inte har långt kvar att leva och att han har förändrats och blivit mer empatisk i och med den där grytlappen. Cissi och jag åker ut och vi möts ute på deras parkeringsplats. Han går fram till mig och tar mig i hand. Vi går in och äter lite mat. Han dreglar men är trevlig till sättet och han är glad att få träffa Cissi. Han berättar om när han en gång i sin ungdom körde ett hölass och råkade göra fel så hela lasset välte. Att berätta om ett eget misstag är något han aldrig berättat tidigare. Det var som att han ville visa att han inte var ofelbar. Märkligt, det här hade jag aldrig upplevt tidigare.

Så avlider han. Min mor ringer och talar om när begravningen skall ske. Jag funderar en del men kommer fram till att jag för min egen del inte kommer att sitta och se på alla sörjande människor samtidigt som jag är så kluven till den här människan. Jag vill ta farväl eftersom han ändå är en central person i mitt liv. Jag pratar med Gurli Hermansson som har hand om begravningen och vi bestämmer att jag inte behöver komma till den officiella ceremonin utan jag kan komma ensam efteråt.

Jag kontaktar min mor och hon bryr sig inte alls om hur jag gör men hon säger att Cissi skall komma till den officiella ceremonin. Jag blir lite undrande varför. Då säger hon att det för att hon, min mor behöver det. Jag säger att det är Cissi som avgör. När jag senare pratar med Cissi säger hon att hon vill åka med mig. Hon kände knappt Sven.

Jag åker dit och går in i kyrkan när de andra sitter i församlingshemmet och dricker kaffe. Jag, Åsa och Cissi går till kistan. Jag har skrivit ett brev som jag läser upp för mannen i kistan. Tårarna rinner nedför kinderna och jag känner att det här är det avslut jag vill ha. Det kändes rätt för mig.

Farväl Sven, min styvfar - 2005-01-14

Visst har du gjort bra saker.
Visst har du lärt mig en del.
Visst har du varit viktig i mitt liv.
men det är inte det som jag framförallt mins.

Det som jag framförallt minns är ditt förakt,
dina retsamma ord,
ditt sätt att få mig att skämmas,
att känna att jag inte dög ...
... det är det jag framförallt minns.

Varför gjorde du så?
Varför var jag värd att föraktas och tystas?
Varför tillät du mig inte att växa upp till en man som var stolt över sig själv?
- Vad gjorde jag dig?

Tänk om du hade sett att det inte fanns mer ont i min syster än i mitt barn,
Cissi. Jag vet att min syster drabbades minst lika hårt av ditt förakt som jag gjorde.
Varför tog du till dig mitt barn men inte mig och framförallt inte min syster?

Tänk om saker varit annorlunda.
Tänk om du inte sagt allt du gjorde.
Tänk om du visat att du ångrade dina ord någon gång.

Jag ville aldrig ha dig som ovän.
Varför förstod du inte mitt behov av att ha en far?

Jag vet inte om du bryr dig där du nu är men jag vill säga att jag är ledsen för att allt blev så fel.

Din styvson
     Christer

Hur ser jag på min mor?

Solen och tryggheten 00-01-26 CG

Om jag ser på hur Yvonne suttit bredvid och låtit min syster Eva utsätta mig för elakheter eller att min styvfar hånade och reta mig eller låtit min far utsätta mig för övergrepp så är det en upprepning min mor gör. En upprepning av det hon själv blev utsatt för som barn. Nu har hon dock vänt på situationen så att hon sitter säkert och hennes barn som blir utsatta. Senare blev jag även gammelmormors, Hanna, favorit så det kan vara så att det finns ett hat från min mor gentemot Hanna. Genom att låta mig fara illa hämnades hon på Hanna.

Jag har sett att det finns mycket hat i min mor men det är något hon gör allt för att dölja. Hon skapar falska fasader och använder andra personer som verktyg för att skada båda sina barn. Sedan skall omvärlden bara se henne som en snäll människa som alltid vårdar någon. Så bygger hon upp sitt liv.

Jag tror aldrig min mor har utvecklat en sann medkänsla eller har sunda moderskänslor. Hon kan till och med förskjuta sitt eget barn om barnet säger ett enda felaktigt ord. Så ser jag ser att hon gjort med mig och min syster. Hon kan själv slå, kväva och plåga. Jag tror att det här beteendet började i min mors egen barndom. Jag är övertygad om att hon gav sig på sin egen mor Birgit. I sina berättelser om vilka svårigheter hon själv blev utsatt för så har hon utelämnat hälften, nämligen att hon gav igen på Birgit. Birgit var elak, men hon kunde inte försvara sig om hon

141

blev misshandlad. Birgit kunde inte själv förklara vad hon blev utsatt för. Något som förvånat mig är att min mor inte har något som helst behov av att bearbeta sin egen barndom och till och med sagt till mig "Det finns ingen anledning att du skall rota i barndomen". Jag tror inte hon kan väcka medkänslan till liv och en sund empati eftersom hon då skulle tvingas känna sin egen skuld och så stark är hon inte.

Jag anser att min mor är hämndlysten och beräknande och hon hämnas ofta genom att använda andra människor som redskap.

Trots allt detta är hon ett mysterium. Hur hon fungerar vet bara hon själv? Om hon inte minns sina övergrepp, är hon då en förövare och pedofil? Vad hände i hennes personlighet när hon var liten? Om hon idag väljer att åtala mig för förtal för denna bok, så kanske det är i hennes fulla övertygelse att hon är oskyldig. Har jag rätt att kräva att hon skall bli ifrågasatt och skall genomgå en sinnesundersökning?

Arbete med allt större utmaningar

Trots allt elände som har varit med Jörgen gick livet vidare. Det är nu 2005 och jag jobbade på Siemens i Finspång som tillverkar gas- och ångturbiner. Jag flyttade runt på några olika avdelningar och var en period på en avdelning som ansvarade för gasturbiner. Den standard som jag berördes av var främst el-delen. Vi var ett tiotal personer med olika ansvarsområden och på min lott hamnade "stöd och verktyg".

Det byttes chefer och gjordes omorganisationer och jag hamnade under en chef som inte ville ha funktionen "stöd och verktyg" på sin avdelning. Han ansåg nog att det skulle vara datoravdelningen som hade hand om dessa frågor. Jag hade hand om en utredning för att byta konstruktionsverktyg under en period. Till att börja med var det endast Finspångs verksamhet som innefattades. Det handlade om ca 150 användare så ur den aspekten var det en rätt stor kostnad när det gällde den framtida investeringen. Utredningen växte med tiden och innefattade även att välja verktyg för Lincoln i England och Duesburg i Tyskland. Det blev mer och mer resor. Jag började förstå att olika kulturer som den tyska och engelska var olik vår egen. Jag såg för-och nackdelar.

I takt med att utredningen växte blev det nu mer och mer politik i diskussioner och beslut. Maktspelet som pågår inom en multinationell koncern är väsentligt. Orter konkurrerar med varandra och ibland är det riktigt fult. Jag åkte till Tyskland och höll föredrag, allt på engelska. Det här var en utmaning för "den lilla förtyckta pojken". Jag fick tänja på mina gränser och höll presentationer för höga chefer. Min PTSD (posttraumatiskt stressyndrom) kunde jag kompensera med min tävlingsinstinkt och envishet. Jag var väl förberedd och materialet, i forma av powerpoint, var mitt stöd. Även om skallen var helt tom så kunde jag se på powerpointen vad jag skulle prata om. Fick jag bara tag på de inledande orden så flöt det på.

Nu var det dags för löneinformation och jag satt med min chef som inte var intresserad av det jag jobbade med. Han sa: "Lön efter förväntan." Jag fick minsta påslag. Att jag gjort något jag aldrig trott att jag skulle kunna göra var helt obetydligt för honom. Jag tänkte: "Du kan fara och flyga!" Naturligtvis sa jag inget vid samtalet. Det hade jag inte klarat av och förmodligen hade det inte tjänat någonting till.

Jag klev ur rummet och kände att det här var djupt orättvist. Jag gick direkt till en chef på en annan avdelning som ansvarade för kvalitet och arbetsprocessutveckling. Han erbjöd mig ett jobb och 17% i löneökning. Jag tackade direkt ja. Den gamle chefen fick som han ville och jag fick mer än jag vågat hoppas på.

Utbildning i Tyskland

Nu var det dags för Six Sigma-utbildning i Tyskland, 4 veckor, projekt som skulle redovisas, massor med statistik, mycket teori men även praktik. Jag hade stresspåslag under resorna men aldrig så kraftiga som i Holland. Jag började jobba med att utveckla arbetsprocesser och leda grupper. Jag fick utbildning i gruppdynamik, coaching. Jag kände att det här passade mig bra. Min känslighet som jag utvecklade från barndomen, att känna av stämningar och hur människor mådde passade väldigt bra. I barndomen var det en överlevnadsstrategi. Pappa, mamma och Eva måste hållas på bra humör annars blev de livsfarliga eller plågade mig.

Jag kunde agera i gruppen, lyfta de som hade kunskap men inte vågade yttra sig. Dämpa pratkvarnarna som ständigt skulle synas och höras. Jag har aldrig haft ett behov av att stå i rampljuset men mår bra när andra mår bra.

Jag tyckte om det här och det var nära den psykologiska sidan med det vi håller på med men samtidigt tyckte jag att Six Sigma var för stelt och inte tillräckligt mänskligt.

Lean

Nu var det några kollegor som intresserade sig för en metodik som går under namnet Lean. Det handlar om att reducera slöseriet. Jag kom med på en veckokurs som var i Lincoln och fick upp ögonen för något som gjorde mig riktigt intresserad. Vi hade några personer på en annan avdelning som var riktigt duktiga på den här metoden. Jag förstod att det var ett helt system för att leda ett storföretag. Six sigma var för mig mycket mer begränsat. Det Lean jag lärt mig på Siemens var mycket avskalat. Det var anpassat att passa in i det tyska management-systemet. Återigen fick jag en aha-upplevelse om maktspel som pågår inom denna multinationella koncern.

Jag kör nu på och lyckas på olika sätt få utbildning på Chalmers i det som är det kompletta Lean-metodiken. Jag gick två kurser, en i produktion och en i produkt-utveckling. Det här var precis det jag ville lära mig.

Jag fick riktigt bra kontakt med huvudläraren på kursen, Stefan Bukk. Han höll i ett nätverk i Sverige och jag höll kontakten med honom.

Nu bytte jag avdelning igen och ansvarade för standarden en tid. Jag försökte föra in en del Lean-metodik och vissa saker gick bra men jag kände även mycket frustration eftersom jag inte kunde införa mer saker.

Efter en tid tog jag kontakt med Stefan Bukk igen och diskuterade med honom om att det skulle vara kul att ha ett företag och jobba med verksamhetsutveckling. Jag tänkte att jag skulle få möjlighet att tillämpa mina nya kunskaper mer. Han gav sitt stöd och jag startade en firma vid sidan av, med Stefan som mentor. Jag pratade med min chef på Siemens och beskrev vad jag skulle göra och att det inte var någon konkurrerande verksamhet det handlade om.

Lämnar Siemens och blir managementkonsult

Tyskarna hade vid en period för lite jobb och vi i Finspång hade en mycket lönsam del som jobbade med ångturbiner. Eftersom det är tyskarna som bestämmer (tro inte något annat) så lade de ner avdelningen i Finspång och krävde att vi skulle utbilda dem i att göra vårt jobb. 190 personer blev av med jobben. Vår dåvarande VD fick i uppgift att leta fram sysselsättning för dessa 190 personer samtidigt slog det på resultatet. Jag tappade fullständigt motivationen att var kvar och lära upp tyskarna så att de kunde ta våra jobb. Jag ringde en person som jobbade på ett managementbolag och han anställde mig direkt.

Så här i efterhand kan jag säga att jag inte passar som managementkonsult och det blev förändrade bolagsuppdelningar så jag blev ombedd att flytta någon annan-stans. Det var min kompetens som inte passade bland de övriga. Deras nisch var att jobba på högsta chefsnivån hos våra kunder samt att leda mjukvaruutveckling. Jag tyckte jag kände mig oärlig om jag skulle stega in hos en kund och agera som om jag visste vad som var rätt.

Jag fick dock mycket kunskap genom att läsa managementlitteratur. En bok jag läste var Machiavellis "Fursten". Det är tydligen fortfarande en klassiker när det gäller att styra verksamheter. Det var även en källa som Gustav Vasa senare häm-tade inspiration ifrån. Ur mitt perspektiv är den fruktansvärd men det är ändå ett faktum att maktspel pågår och även om man inte direkt lönnmördar för att få bort konkurrenter eller offentligt avrättar upprorsmakare för att avskräcka så kan man göra annat för att neutralisera eller skrämma till tystnad.

Senare skulle jag konfronteras med en person som jag anser levde efter "Furstens" lära.

Kärleken till mig själv

Jag kommer nu till ett av de viktigaste avsnitten i boken. Man hör ibland att människor som hamnat i livskriser och kraschar i efterhand säger att det var det bästa som hänt dem. Precis så var det för mig. Denna krasch satte tvärstopp för mig men jag hittade något helt fantastiskt, något som har gjort att jag inte varit i närheten av självmordskänslor sedan det hände.

Jag var fortfarande anställd på managementbolaget och hade svårt att få uppdrag. Så dök det upp en möjlighet att hålla en kurs i Oskarshamn på kärnkraftverket angående magnetisering av generatorer. Det var ju precis det jag ansvarade för på vattenkraftstationen i Trängslett. Ämnet kunde jag, jag var van att prata inför folk, jag kunde resa. Det skulle gå bra. Jag hade gjort i ordning kursmaterialet och var förberedd.

Några dagar innan första kursen får min svärmor en stroke. Hon blir inlagd och min fru är där sjukhuset och jag försöker hjälpa till med det jag kan. Det blir bättre och sedan sämre. Nu är det dags att åka ner till Oskarshamn och jag har knappt sovit på natten.

Vi åker ner två personer, Louise och jag. Vi sitter och pratar i bilen på vägen ner. Nu kommer vi in på att prata om Jörgen. Det finns beröringspunkter där min kollega har jobbat med personer som pratat om Jörgen och den eländiga historien. Det börjar röra på sig i mitt inre och jag känner mig ännu tröttare. Vi äter lunch på vägen och det känns lite bättre.

När vi kommer ner ser jag att de byggt upp ett stängsel runt kraftverket och det ser ut som ett fångläger. Jag vet att det är så här man gjort på andra kraftverk men jag blir ändå överraskad av att se det runt en byggnad jag känner så väl sedan tidigare. Alltså ytterligare en reaktion i mig.

Vi kommer in och jag tar fram materialet och skall börja kursen. Normalt kan jag fokusera på materialet och dra igång men det här är en "testomgång" det är lärare som sitter och lyssnar på om min kurs är okej. Jag kommer igång men sedan kommer vi till ett avsnitt jag lagt in för att fylla ut kurstiden. Det är inte själva kursen som operatörer och underhållspersonal skall lära sig utan det är mer "kuriosa" om el-historia. Plötsligt tappar jag tråden. Jag erkänner att jag kommer av mig och berättar att jag knappt sovit på natten för att min svärmor ligger för döden. De andra säger att det inte gör något och de tycker att det var bra gjort att över huvudtaget komma dit.

Jag kör på med huvudmaterialet och det går bra. Allt sitter och materialet är som jag trodde de ville ha det. De vill ha till vissa justeringar så att bilder visar just deras anläggning men huvuddelen är godkänd. Senare tar man bort den generella delen. Den kändes inte naturlig att ha med. Det var också orsaken till att jag började tveka. På vägen hem säger Louise att det inte gjorde något att jag kom av mig. Det känns inte så fel heller för mig. Det är fredag och jag kan vila på helgen.

Så går dagarna och det är dags att åka till Stockholm på måndagsmorgon. Nu slår ångesten till med full kraft. Jag orkar inte resa mig upp. Det är helt kört. Jag bryter ihop och gråter och känner att jag inte kan åka iväg. Jag ringer till min chef och säger att jag måste sjukskriva mig. Låsningen släpper lite men jag får inte kontakt med känslorna och varför de kommer. Jag vet att det har att göra med något gammalt. Något som triggades igång av händelsen i Oskarshamn.

Min fru förstår att nu är det riktigt allvarligt. Hon vill att vi tar kontakt med psykiatrin och deras akutmottagning. Jag känner att jag inte kan hantera det här själv så jag är bara tacksam för att hon hjälper mig. Vi kommer in på psykiatrin och jag får prata med en läkare. Jag berättar vad jag varit med om och även vad som hänt tidigare i barndomen. Han sjukskriver mig och jag åker hem.

Nu börjar hjärnan vakna igen. Jag behöver inte åka till Stockholm utan kan känna mig lugn. Jag träffar en läkare och får lugnande tabletter och något för att kunna sova bättre. Nu får jag tid för mig själv och jag kan börja bena ut vad som hände. Ganska snart kommer jag på att det har med samtalet om Jörgen att göra.

Vi har en sjukvårdsförsäkring via företaget och jag skall ringa och anmäla att jag blivit sjukskriven. Jag säger som det är att det är sviter från en tid med kränkning, hot och telefonterror som vaknade till.

Till min förvåning svänger nu samtalet till att jag får försvara varför jag inte uppgett det här innan jag tecknade försäkringen. De får mig att känna mig som en lögnare som inte varit ärlig när jag fyllt i sjukdomsdeklarationen tidigare. Det här var ju något som inträffade innan jag tecknade sjukförsäkringen och de kommer följaktligen inte att betala ut någon ersättning. Det här känns fruktansvärt jobbigt.

Efteråt kommer ett brev där jag skall fylla i saker kring ärendet. Från den här dagen har jag avstått från att teckna sjukförsäkringar även om jag blir erbjuden. Jag skrev i alla fall ett brev till försäkringsbolaget där jag tar kopia på domen och skriver att personen inte lever längre och att jag inte var sjukskriven under den här perioden. Jag har alltså inte ljugit. De ringer upp mig senare och ber om ursäkt.

Dagarna går och jag försöker nysta i vad som hänt. Det är inte helt lätt att förklara hur jag gör men det handlar om att följa känslor, rädslor, vara observant på om jag undviker att tänka på saker. Jag kommer på vad det handlar om. När Cissi var nyfödd förlorade jag livsviljan. Jag valde att leva vidare för hennes skull inte för min egen. Nu när Jörgen höll på med sin telefonterror och djävelskap så hade jag återigen släppt glädjen i att leva. Jag levde för Cissis skull inte för min egen. Mitt liv kontrollerades av en människa som jag anser vara psykopat och samhället lät honom hållas. Det gick inte att känna livsglädje och trygghet. Jag måste alltså hitta tillbaka till att känna livslust.

Jag började gå promenader för att hämta styrka i naturen. Motion och träning sätter fart på endorfiner och saker i kroppen så vi mår bra. Man sover även bättre om man motionerar. Men den stora frågan var hur jag hittar livslust och trygghet. Det var omöjligt. Jag såg att livet är så förgängligt. Det som man byggt upp kan rasa nästa dag. Min fru kan bli sjuk. Min dotter blir sjuk eller råkar ut för en olycka. Var finns stabilitet och kanske framför allt: Varför skall jag leva? Finns det något som är beständigt och positivt i livet?

Jag funderade på när jag har känt mig riktigt lycklig. Det var korta stunder. Som när jag nått ett mål jag kämpat för länge eller när jag en vacker sommardag kände den ljumma vinden i lugn och ro och låg och tittade på molnen som sakta gled över himlen. När jag fick lära mig nya saker och det kom stora insikter. Allt detta var dock förgängligt. Jag funderade även på min bearbetning som pågått så många år och som inte gav beständiga resultat.

Så ändrade jag sätt att tänka när jag var ute och gick en dag. Jag bestämde mig för att det fanns något som var beständigt och underbart med att leva. Nu skulle jag hitta det. Sluta fråga om det finns, förutsätt att det finns.

Det gick några dagar. Så en gång låg jag i vardagsrumssoffan. Jag letade som jag gjort några dagar. Så drogs fokus till mitt hjärta. Jag kände den kärlek som fanns där. Sedan gick det vidare till att jag upplevde mig själv. Hur det kändes att vara jag. Plötsligt välde det fram kärlek över att få finnas till. Kärlek till den underbara skapelse jag var. Kärleken kom från hjärtat. Jag kände att jag var precis den människa jag ville vara. Jag var en far som stod upp för min dotter. Jag var inte skrytsam eller tog åt mig äran för saker jag inte gjort. Sedan kom det. Något jag aldrig upplevt tidigare. Jag sjönk in i mig själv med fokus på mitt hjärta och med vetskapen om att jag var den jag ville vara. Det var som en flod av kärlek öppnade sig. Jag gick in i mig själv till något som borde ha upplevts som "mindre" men det jag kom till blev plötsligen något som var allt. Det var jag men något som var fullständigt fyllt av kärlek. Här fanns inga ord. Jag fylldes av en lyckokänsla som var lika stor som de bästa stunder jag upplevt i livet.

Jag minns en gång när jag läste matte och hade fått tillbaka min första tenta på analysdelen på högskolekursen. Det hade varit veckor av hårt slit, sedan en tuff skrivning där jag kastades mellan hopp och förtvivlan när jag inte kunde en uppgift. När jag lämnade in skrivningen var jag övertygad om att jag hade missat. Det gick några veckor och skrivningen kom tillbaka i ett kuvert. Jag öppnade med en viss tvekan men fick se att jag var godkänd. Det gick en våg genom hela kroppen och jag kände en enorm glädje. Så kändes det i denna inre kärlekskänsla. Skillnaden var att den alltid finns där inne. Den är inte prestationsberoende och det handlar absolut inte om att jag besegrar andra snarare tvärtom. Den ligger bara där stilla och väntar på att bli upptäckt. Helt underbart och det är jag.

Pojken som saknade ett "jag"

Jag tänker inte ägna mer av boken att förklara vad det här var. Det är för omfattande. Det är dock några saker som jag måste förklara för att resten av boken och min historia skall bli förståelig.

Min tolkning av det som hände var att jag hittade ett "jag". Det som normalt skall komma av att man har en stödjande och ansvarstagande förälder stoppades, framförallt av min mor. Jag skulle ha mognat och frigjort mig från henne och stegvis skapat något som var jag. Samtidigt skulle jag ha fått känna att jag är värdefull och älskad. Min mor, far och syster visade att jag inte har något värde och ej heller har rätt att bli älskad. De visade att jag blir accepterad om jag fogar mig och bekräftar dem men aldrig att jag har något som är mitt inte ens min kropp.

Ingen av de terapeuter och psykologer jag träffat har kommit på att min jaguppfattning saknades. Det var inte bara att den var svag, den fanns inte. För egen del visste jag inte vad jag saknat efter som jag inte upplevt det. Det här är en av orsakerna till att jag anser att det är viktigt att en terapeut alltid har med sig att det som de ser hos en patient, symptom som sedan leder till deras diagnos alltid filtreras genom patientens uppfattning. En psykolog har aldrig möjligheten att få en objektiv bedömning av sin patient såsom en vanlig läkare har med verktyg såsom röntgen, kirurgi, kemiska analyser (typ blodvärden).

Det fanns heller inget i mig som sa "Stopp, jag orkar inte mer". Bearbetningen i sig är nedbrytande. Att återuppleva ett trauma är som att hamna i traumat. Det fanns ingen del inne i mig som jag älskade och tog hand om.

Jag tror att det jag hittat är mer än det som människor normalt upplever som "jag". Eftersom upplevelsen av "jaget" inte fanns hos mig i tidig ålder så kom allt på en gång. Jag känner fascination över vilken fantastisk skapelse jag är.

Nu hade jag hittat det beständiga, kärleksfulla i livet.

Nästa fas i bearbetningen, KBT (kognitiv beteendeterapi)

Det var dock något som inträffade mycket snabbt efter att jag hittade känslan. Den bröts och jag upplevde en oro eller rädsla. Första gången jag hittade den så var det som att sugas in i ett vakuum. I vakuumet fanns all kärlek som gick att uppleva. Bara någon sekund senare så slungades jag ur det igen. Efter ett tag kunde jag uppleva längre tider i kärlekskänslan men ändå fanns en oro.

Efter en tid förstod jag att mina barndomstrauman orsakade rädslan. Det är fruktansvärt att uppleva trygghet och släppa på mina försvar och sedan återigen hamna i helvetet jag upplevt som barn. En sådan här händelse är när jag som åttaåring är starkast i klassen och sedan hamnar i helvetet i lillstugan. Det känslomässiga kastet gör så fruktansvärt ont att jag hellre väljer att alltid må dåligt än att falla ner från himmelen och ner i helvettet. Det var också som att det fanns en tro att jag blivit så stark att jag inte skulle hamna i övergreppssituationer med min far igen. Den här tron är något som fanns i mitt undermedvetna. Men han visade att jag hade fel. Jag var svag och kunde inte försvara mig.

Det var som att jag fick börja om igen men nu hade jag en grund att stå på. Hur bygger jag upp mitt vuxna jag när jag endast har erfarenhet av att bli nedtryckt av alla runt om mig? Jag har ju aldrig vunnit mot elaka människor och byggt på min självkänsla. Så fort de får upp ögonen för mig så har jag blivit nedtryckt. Även om jag kan få upprättelse så går jag ändå vidare med att jag förlorat.

Smällen efter den misslyckade kursen i Oskarshamn var hård men jag hade rest mig igen, som Torsten Flinck sjunger i "Jag reser mig igen". För mig var dock skillnaden att jag insåg att jag aldrig stått upp. Jag har alltid varit tom på insidan och försökt vara andra till lags. De andra avgör om jag får finnas. Efter en månad börjar jag jobba igen.

Jag har fortfarande kontakt med psykiatrin och efter månader av väntan får jag komma på ett samtal med tre terapeuter. De skall avgöra om jag skall prioriteras och få gå på bearbetning som landstingen tillhandahåller. Jag blir "godkänd" och börjar hos en kvinnlig terapeut.

Under många år har jag hört talas om KBT och att det är en snabb och effektiv form av terapi. Det jag har varit emot är att jag hört att man endast jobbar i nuet. Skall man bota spindelfobi så bryr man sig inte om att fråga sig: Varför är jag rädd för spindlar? Man exponerar sig i stället och vänjer sig i stället enligt bestämda former.

KBT och den kvinnliga terapeuten

För att förstå mer av KBT gör jag som vanligt. Jag köper en bok och läser in mig på ämnet. Det blir "KBT i Utveckling" av Anna Kåver. Det känns bra det jag läser.

Vi börjar terapin och jag träffar en av de tre terapeuterna jag mötte tidigare. Hon var ganska bestämd och drivande i det tidigare samtalet och jag får samma uppfattning den här gången. Jag får nu reda på att hon går en utbildning i KBT och är alltså inte färdig. Hon frågar och det är okej att jag blir en av de patienter hon utbildar sig på. Jag tänker att jag tillhör nog en av de svårare patienterna så egentligen skall man nog inte ha mig som "försökskanin" men å andra sidan så har jag bearbetat många år så jag vet rätt väl vad jag ger mig in på. Dessutom är det som vanligt att jag känner att jag måste bli bättre, den senaste sjukskrivningen visar att jag inte är klar.

Efter det första samtalet kommer vi till själva bearbetningen. Jag får en bok av henne som heter "Ta tillbaka ditt liv" av Rothbaum. Det passar perfekt för mig. Den är en arbetsbok för behandling av människor med PTSD (Posttraumatiskt Stressyndrom). När jag läser PTSD så inser jag att det är så likt det jag har.

Jag läser om exponering in vivo och imaginativ exponering. Imaginativ är att möta traumat i efterhand, uppleva känslor och så att säga "tömma ur" händelsen så att jag inte upplever den så skrämmande. Exponering in vivo är att jag övar mig i säkra miljöer på sådant jag har svårt med. Jag slukar boken och känner att det här är nästa steg.

Får diagnosen PTSD

Efterhand som terapeuten förstår mer av hur jag fungerar säger hon att hon sätter diagnosen PTSD på det jag har. Diagnosen PTSD gör nu att jag kan släppa min mors uppfattning om mig, nämligen att det är mig det är fel på.

Ju mer jag sätter mig in i PTSD, desto mer inser jag att allt stämmer. Min pendling från att vara logiskt tänkande person med bra minne till att sitta och skaka av skräck i ett hörn med uppdragna knän har att göra med kroppsfunktioner, sympatikuspåslag där kroppen reagerar automatiskt och tror att det är livsfara. Växlingen tillbaka till mitt rätta jag kan gå snabbt och har att göra med "triggers" som min kropp tolkar som att faran är över.

"Jag är dirigenten och du är min orkester"

Terapeuten frågar vid nästa samtal om det är okej att filma terapisessionerna. Det skall var för att hon skall kunna diskutera med sin lärare. Det låter ganska "bryskt" för min del. Om det här varit innan mina trauman med min far kommit fram så hade jag sagt nej. Nu var jag van vid att ta dessa känslostormar och kände mig trygg med att min kropp släppte fram det som behövde komma, inte mer. Det var som att den portionerade ut minnen i en takt som jag klarade av. Jag nådde den maximala nivån för vad jag klarade av och sedan höll den igen. Jag sa att det var okej. Jag har fortfarande kvar alla sessioner.

Nu började dock dragkampen som jag skulle förlora. Terapeuten bestämde utan att jag hade något att säga till om att imaginativ exponering skulle vi inte syssla med. Vi skulle jobba med saker i dag, jag andades i sugrör, andades i fyrkant, snurrade, satt med kliande skjorta och kostym för att vänja mig.

Hon sa vid ett tillfälle att hon inte tänkte "sitta i baksätet" och låta mig styra. Det var hon som styrde vad vi skulle jobba med. Hon sa: "Jag är dirigenten och du är min orkester". Det lät så fullständigt fel men jag kände att jag var i underläge. Jag var beroende av henne, av hennes kunskap om KBT som jag behövde.

Före varje session hade hon skrivit upp en agenda på sin White-board och sådant som jag ville prata om kom inte med eller också kunde vi ta det sist, om vi hann.

Det gick så långt att jag hamnade i "kataton immobilitet" under en session. Jag grät och bad henne om att jag åtminstone skulle få sitta i fem minuter utan att hon styrde allt. Jag sa att jag inte behövde styra utan bara ville sitta där. Efteråt sa hon att hon funderade på att skicka hem mig för att det inte gav någonting.

För min del gav det mycket. Jag insåg att terapeuten liknande min mor när hon krävde total lydnad. Jag tittade på inspelningen i efterhand och kunde betrakta mig själv när jag hade det som svårast. Även denna inspelning har jag kvar.

Så här i efterhand betraktar jag det hon gjorde som ett övergrepp på mig. Hon utnyttjade mitt reflexmässiga beteende att hamna i "kataton immobilitet". Hon gjorde det för att få kontroll över mig. Så här skall ALDRIG en terapeut bete sig. ALDRIG.

Slussar jobb till Kina

Mitt under detta "krig" där terapeuten alltid följde sin agenda så bytte jag jobb. Managementjobbet passade inte mig. Jag hade inte rätt profil för företaget. Nu gjordes även en organisationsförändring så jag hamnade ännu mer fel. Jag blev ombedd att söka ett annat jobb.

Det blev bråttom. Men det fixade sig. Jag fick kontakt med en chef som sökte exakt min kompetens, det passade som "handen i handsken" som man säger. Det handlade om att koordinera jobb mot ett företag i Kina.

Träffar Olle Wadström

Jag förstod att jag måste åka till Kina för att utbilda dem i ett konstruktionsverktyg som jag var med att införa på Siemens i Finspång. Flygresor hade i omgångar varit mycket jobbiga. Jag betraktade mig som flygrädd och hade hört att KBT funkar bra som behandlingsmetod. Nu fick jag syn på en annons i Norrköpings Tidningar där Lasse Åberg stod med armarna ut "Jag är inte rädd jag kan flyga". Man skulle hålla en kurs i att bli av med sin flygrädsla och föreläsare var Olle Wadström. Jag anmälde mig. Jag läste lite om Olle på nätet och såg att han skrivit flera böcker och verkade vara bra på KBT.

Så var det dags. Det blev en bra dag och jag pratade lite med Olle efteråt. Vi var några stycken som skulle ta kontakt med en pilot efteråt för att prova på att flyga med honom och få möjlighet att exponera sig för rädslan.

Flyger till Kina

Jag använde det jag lärt mig och förberedde mig inför resan. Vi var två personer som skulle åka dit. Jag skulle vara där i två veckor, första veckan skulle vi båda hålla kurs för 10 st kineser och andra veckan skulle jag vara kvar själv och stötta dem så de kom igång med sitt jobb. Det gick bra med allt.

Jag lärde känna en kvalitetschef från Sverige och vi åkte runt en del i närliggande områden. Det var en mäktig upplevelse och jag fick lära mig om en kultur som var mycket annorlunda än vår.

Mitt beteendemönster i kontakt med härskartekniker

2016 är jag anställd på ÅF i Norrköping som konsult. Vi får ett uppdrag åt ett företag i Finspång. Jag kommer att jobba med en person som jag känner sedan tidigare. Vi är väl inte direkt vänner men det känns bra när jag får redan på att det är han som kommer att vara min motpart hos vår kund. Vi har haft kontakt flera gånger tidigare, bland annat vid några fester och vi har alltid kommit bra överrens. Jag kallar honom för Göran i denna beskrivning. Göran är inte hans riktiga namn. Hans roll kallas delprojektledare och har ansvar för ekonomi och att styra oss i vårt arbete. Jag är projektledare på ÅF. I och med min kunskap om konstruktionsverktyget vi skall använda kommer jag även att ansvara för utbildning av några i mitt projektteam. Projektet är strategiskt viktigt för oss på ÅF och vi har förhoppningar om att det skall leda till fler jobb om det går bra.

Mitt liv är nu i en fas där jag har två huvudmål, att skaffa vänner och att reducera den starka ångest jag får till exempel vid utlandsresor. Jag kommer att konfronteras med mina rädslor och jag kommer att få bakslag där jag ser att jag har en bit kvar innan jag kan leva det liv jag vill.

Historien som nu följer slutar i en krasch för min egen del. Jag blir utbränd och sjukskriven. Under hela tiden så går jag hos Olle i terapi och han hjälper och stöttar mig med det som händer. Jag har funderat länge på hur jag skall berätta historien. Skall jag använda Görans riktiga namn? Hur mycket skall jag berätta? Eftersom han har spridit sin version av vad som hände till sina kollegor på företaget och angett mitt namn borde väl jag ha rätt att behandla honom på samma sätt. Det finns personer som berättat för mig att han sprang runt i korridorerna och skrek mitt och en annan kollegas namn, Micke och att vi var idioter. En annan aspekt är den juridiska. Vad händer om jag uppger hans riktiga namn? Kan jag bli fälld för förtal?

Att situationen spårade ur så fullständigt är absurt, båda våra företag förlorade på det, jag tog mycket stryk, min kollega, Micke, var även han på gränsen till utbrändhet. Både jag och Micke anser att vi blev förtalade av Göran. Jag har sparat mailväxling och delar av det som hände har vi skriftliga underlag på. Micke och jag pratade om att vi skulle åtala Göran för förtal, men eftersom det skulle dra in även våra bolag i en sådan rättsprocess så lät vi det vara. Vårt bolag var fortfarande beroende av företaget som kund och det gamla talesättet "såga inte av den gren du sitter på" klingade i mina öron. Även om det var samma gren som piskat oss som om vi vore slavar.

I den här boken spelar dock historien en viktig roll. Problemen tvingade mig att konfrontera flera förträngda minnen och skadliga beteenden. Det har nu gått tre år sedan det hände och det var så lång tid jag behövde för att bearbeta och smälta. Jag väljer nu att berätta historien utifrån ett beteende-perspektiv. Mitt beteende med att bli stum och avstängd vid angrepp kan locka fram det sämsta ur människor. Jag bedömer att Göran var pressad och rädd för att bli syndabock för ett misslyckat projekt. Han vände det till ilska och förakt som drabbade mig och mitt företag. Föraktet och hånet eskalerade eftersom jag inte försvarade mig. När han till slut passerade gränsen för vad jag tålde och ville försvara mig stoppades jag av mina chefer. Även om de gav mig sitt fulla stöd i att det han gjorde var fel så gjorde det ändå ont att stå och ta emot allt han sa. Kunden var viktig för oss och att sänka sig till Görans nivå gick de inte med på. Ur hans företagsperspektiv fanns det fördelar med hans sätt och jag betraktar det som att hans chefer gav honom sitt stöd.

Projektet drar igång

Arbetet började på våren 2016. Det framträder snabbt några saker som ger mig en dålig magkänsla. Något år tidigare har våra företag kommit överens om att den första ordern vi genomför tillsammans skall vi använda "löpande räkning" som affärsmässig modell. Det innebär att vi får betalt för de timmar vi arbetar. Anledningen var att det var ganska oklart vad som ingick i jobbet och hur lång tid det skulle ta. Nu har kunden ändrat sig, vi måste lämna fastpris. Fastpris innebär att vi, ÅF, bestämmer hur mycket vi vill ha betalt sedan har vi ansvaret att leverera. Om det kostar mer pengar att göra klart jobbet så får vi stå för den förlusten själva. Vi får inte reda på orsaken till detta krav men mitt företag tycker att omfattningen är så pass liten på ordern så vi kör. Jag framför min oro till mina chefer men de säger att eftersom jobbet i praktiken handlar om att göra underlag för endast två kontrollskåp så är jobbet så pass litet att vi ändå kör. I vår bransch så är detta ett litet jobb. Nu har jag chefernas stöd även om vi kanske gör en viss förlust på första jobbet. Förhoppningsvis kommer det mer framöver och då vet vi vad vi ger oss in på och har möjligheten att jobba effektivare.

Vid första mötet med kunden får jag reda på att Göran har smeknamnet "illern" internt på sin avdelning. De sa att "han får i alla fall fram resultat". Han kan tydligen vara ganska hårdhänt men för mig lät det konstigt eftersom hans framtoning är nästan lite vek. Jag bedömde dock inte att det fanns någon anledning att göra något med den här nya informationen. Vår inställning var att göra ett bra jobb och leverera något som blir bra för båda parter. Vi körde igång. Göran beklagar sig över att han är orolig över att vi redan förlorat mycket tid i projektet. Kontraktet är nämligen inte slutligt signerat vilket innebär att vi inte kan börja jobba.

Nu får jag reda på att de skall byta chef på avdelningen som Göran jobbar på.

En annan person kommer in. Den gamle chefen har jag stort förtroende för. Den gamle chefen hade varit med tidigare och tagit fram planerna för hur våra bolag skulle samarbeta. Jag hade varit med och gjort en så kallad riskanalys och vi var flera som ansåg att vi förberett oss på ett bra sätt från bägge håll. Chefsbytet var dock något helt nytt.

Göran skickar nu över en tidplan som är mycket detaljerad. Räknar man ihop hur många timmar han bedömer att vi skall jobba så överstiger det vida den budget som våra företag var överrens om tidigare. Jag pratar med mina chefer men vi kan inte göra så mycket åt det.

Vid första projektmötet där bara projektgruppen deltar (inga chefer) meddelar han att han är bekymrad över ett extra system som vi måste leverera. Detta kan ge oss mer arbete men ingen kan säga hur mycket.

Han förklarar att mer och mer skall ingå och att det är så man brukar jobba. Det är dock sådant som inte ingår i den överenskomna budgeten. Nu börjar jag förstå vad som händer. Man har bytt chef på Görans avdelning och Göran själv har inte varit med i de ursprungliga planerna för hur samarbetet skulle gå till. Jag förstår att Göran anser att ÅF skall ta ansvar för hela elkonstruktionen. Det var inte den omfattning man diskuterade från början. Där skulle vi använda en standardlösning med ett nytt så kallat styrsystem, det är ett datoriserat system som styr hela gasturbinen. Standarden hade konstruerats i ett datorprogram (eller konstruktionsverktyg) som var nytt. De gamla ritningarna skulle läggas in i det nya konstruktionsverktyget men det mesta var redan klart i och med att vi hade den nya standarden.

Reflektioner jag gjort senare med kunskap om bl.a. härskarteknik.

Göran använder något som kallas "offerkoftan". Han beklagar sig och uttrycker att han känner sig pressad. Det här är exakt samma metodik min mor alltid har använt. Det var alltid synd om henne. Det gjorde att jag kände sympati och hjälpte till så mycket jag kunde hemma. Exempelvis dammsög jag hemma när jag var 6 år gammal, var med nere i tvättstugan.

En brist i kundens eget förarbete var att de inte genomfört något som kallas "Basic design". Det innebär att man går igenom delar som är nya och reder ut svårigheter och oklarheter. Det som återstår är sedan mer ett "råjobb" som vi på ÅF skulle göra. Vi skulle inte behöva göra sådant jobb som krävde specialkompetens och som bara kunden själva hade. Eftersom den så kallad "Basic design" inte hade genomförts blev vi ideligen stoppade i vårt arbete och fick gå tillbaka till kunden och be om svar på frågor som uppstod.

Resa till Singapore

Den utrustning vi skall modernisera är placerad i Singapore. Några i projektet behöver åka dit och gå igenom anläggningen för att bestämma var de nya delarna skall placeras och hur montaget skall utföras. Jag känner mig inte bekväm med flygresor och låter gärna bli. Eftersom Micke i mitt team jobbat som konstruktör hos kunden i mer än tio år så passar det bäst att han åker. Så bestämmer vi.

Efter någon månad meddelar Micke att han har fått tid för en operation av handen. Det här gör att han inte får lyfta saker på några veckor. Det föll sig så att jag fick åka på resan i stället för Micke. För de flesta skulle en resa till Singapore bli något kul men för mig är det förknippat med rätt mycket ångest och oro. Jag ser det dock som ett tillfälle att exponera mig för rädslan och säger ja till att åka.

Flygresan tar över tolv timmar och det är sju timmars tidskillnad. Jag åker tillsammans med den person som skall ta utrustningen i drift senare. Vi är där en vecka och det går ovanligt bra. Idrifttagningsledaren är ute på kvällarna och träffar en del kompisar han har där. Jag går och lägger mig skapligt för att inte utmana ödet och råka på sömnbrist. Då kan ångesten få grepp om mig och jag går in i det katatoniska medvetandet. Jobbet går bra och jag känner att min erfarenhet sedan tidigare jobb är tillräckliga. Visst, alltid är det en del nytt men det hör ju till.

Vi får tillbringa en helg i Singapore. Det blir lite ledighet även om vi passar på att skriva på reserapporten under några timmar. På lördagskvällen hör jag ett väldigt skrikande i rummet intill. Rummet var tomt tidigare men ett par har checkat in och skall tydligen bo där, de bråkar och härjar. Jag ringer till receptionen och de skall prata med gästerna. De säger att jag skall höra av mig igen om de inte lugnar ner sig, så kan jag få ett annat rum i stället. Det blir lugnare några timmar men sedan börjar de skrika igen. Jag ringer till receptionen och får ett annat rum. Sover bra och vaknar och är okej. Det här är bra för att vara jag, faktiskt ett framsteg.

Vid hemresan kom en stor trötthet över mig och jag var i någon sorts dvala, tappade matlusten. Flygresan gick skapligt även om det här var den jobbigaste delen av resan. Vi kom hem som vi skulle och hade gjort det vi var där för.

Standardlösningen går ej att använda

Återigen börjar projektarbetet hemma. Mer och mer tillkommer och till slut ser vi att deras standardkonstruktion inte går att använda. Det innebär en annan typ av arbete om man inte kan utgå från en standardlösning och det är klart mer omfattande.

Jag kallar till styrgruppsmöte för att det här innebär att jobbet har kraftigt ökat. Vid styrgruppsmötet beslutas att vi måste prioritera leveransen av projektet och att kunden lovar att lösa det ekonomiska efteråt.

Vi börjar med korta möten varje morgon, något som kallas "Daglig styrning". Där tar vi upp problem som uppstått och löser dessa direkt. Man diskuterar vilka saker som skall prioriteras. Vi ger även Göran en tydlig bild av vad vi jobbar med och hur många som jobbar. Göran uttrycker sin oro över att vi inte skall hinna klart i tid.

I mitt team jobbar nu Micke, Maritha och Eric. Under denna period kommer även min dotter Cissi in i jobbet. Hon är väl förtrogen med konstruktionsverktyget sedan tidigare. Göran är mycket tacksam och låter lättad över att vi kan sätta in så mycket resurser på kort varsel. Görans chefer hjälper till med licenser och användarkonton och vi jobbar alltså fem personer från ÅF med projektet.

Jag har styrgruppens godkännande att vi skall jobba. Delprojektledare Göran är informerad om hur många vi är. Efter att jag jobbat som delprojektledare sedan -93 och ett par år framåt är jag väl förtrogen med det ansvar som en delprojektledare har. Jag känner mig trygg med att jag gjort det som kan förväntas av mig. Jag hade dock fullständig missbedömt Göran. I efterhand förstod jag att Göran aldrig brydde sig om att dessa fem personer kostade pengar. Han agerade som att det inte var hans ansvar, kanske hade han inte det heller. Det var ju styrgruppen som tagit beslutet.

När vi blev klara med extrainsatsen bad han mig skicka in tiderna vi jobbat. Göran gav våra tider till sin chef och chefen återkom omedelbart och sa att detta kommer vi inte att betala, det var alldeles för mycket. Nu följde en väldig diskussion om rimligheter i våra tider och vad de ansåg att det borde ha kostat. Diskussionen pågick i månader. Jag kände mig mycket sviken av Göran som hela tiden drivit på oss att jobba men nu inte stod för sina beslut.

Reflektioner jag gjort senare med kunskap om bland annat härskarteknik.

Här kan jag i efterhand se att jag gjorde ett mycket stort fel. Mitt beteende har sitt ursprung i min barndom och min mors krav på lydnad och vara tyst. Jag känner mig sviken av Göran men stänger av den känslan eftersom den väcker minnen av min mors svek när jag skrek av förtvivlan efter min pappas övergrepp. När historien med Göran började mindes jag inte detta trauma. I samband med exponering hos Olle vaknade minnet till liv i omgångar. Minnet var fruktansvärt och det tog tid att bearbeta och integrera. Med att integrera ett trauma menar jag att traumat töms på laddning. Jag behöver minnas hela händelsen och alla aspekter av det. Jag behöver se konsekvenserna av det och vad det leder till senare i livet. Allt går inte att göra på en bestämd tid. Även ett trauma kan ha olika svårighetsgrader. Det kan på sätt och vis jämföras med ett sorgearbete. Om mitt eget barn dör kan det ge sorg resten av livet. Om en inte alltför nära släkting dör kanske man gråter några gånger och kan sedan lägga det bakom sig.

Om jag råkade ut för en liknande situation idag skulle jag bete mig annorlunda. Jag skulle ta kontakt med Göran och fråga varför han inte förklarade för sina chefer att han visste att vi var fem personer som jobbade och att jag ansåg att det var hans ansvar att stoppa arbete. Jag skulle be honom förklara sitt beteende. Om jag inte blev nöjd med hans svar skulle jag skriva ned mina åsikter och även kräva att de pekar ut vem som är ekonomiskt ansvarig hos kunden så att det här problemet inte upprepas.

Jag vågade inte peka ut honom och ställa honom till svars eftersom jag var beroende av honom, han var vår kund. Jag framförde dock det här till mina chefer men inte heller de vågade ifrågasätta honom.

Nu blev det dags för nästa skopa. Den tidigare chefen på Görans avdelning hade sagt att vi skulle använda en automatisk funktion för att göra listor över hur elkablarna skulle kopplas i de två nya skåpen. Eftersom vi inte kunde använda deras standard måste vi använda den automatiska funktionen. Görans kollegor hade aldrig använt funktionen så jag fick ta kontakt med den ende hos kunden som använde den. Jag ringde upp honom och han förklarade att han inte litade på funktionen men att det mesta blev rätt. Han brukade alltid kontrollera varje kabel manuellt i listan innan den började användas. Jag följde hans råd och började kontrollera varje förbindning. Jag hade kommit igenom kanske 50 st av ca 800 när Göran meddelar att listan måste skickas till montageförman som skulle bygga de två skåpen. Jag talade om förutsättningarna för honom, att den som använde funktionen på deras företag inte litade på den utan gjorde en manuell kontroll. Göran sa att det var viktigare att den skickades omedelbart. Sagt och gjort, jag skickade den.

Några dagar senare ringer de från "skåpsbyggaren".

– Vi har hittat fel i tabellerna!

Göran hör av sig och kräver att vi omedelbart skall kontrollera allt manuellt. Återigen får jag tunghäfta och har svårt att säga direkt till honom att det här är konsekvensen av hans eget beslut. Göran har också fått för sig att det var min idé att använda den automatiska funktionen. Han lyssnar inte. Senare när jag begär pengar för arbetet får jag Görans chef att förstå hur allt hänger ihop. Vi får betalt för detta.

Reflektioner jag gjort senare med kunskap om bl.a. härskarteknik.

Återigen ett misstag av mig. Återigen är det min mors brutala bestraffning som spökar i mitt inre. Det spelar ingen roll om jag är oskyldig. Hon bestraffar mig och jag är chanslös mot hennes sadistiska straff. Här kopplas mitt beteende till när hon skållar mig med kaffe och andra tillfällen. Det säkraste är att inte försvara sig och det farligaste är att lägga skulden på henne.

Om situationen skulle uppstå idag skulle jag reagerat på ett annat sätt. Jag skulle ha lyft upp frågan till både Görans och mina chefer. Att Göran tar beslut och sedan lägger skulden på mig är oacceptabelt. Eftersom jag idag har kontakt med känslorna från min barndom så mår jag fruktansvärt dåligt av att utsättas för den här typen av härskarteknik. Berit Ås, som var med och skapade begreppet härskarteknik skulle kalla Görans beteende "att påföra skuld och skam". Jag har "mentala" sår från min barndom och jag har rätt att hävda mig på ett sunt sätt. Jag kan inte jobba med den här typen av människor och har ingen anledning att frivilligt utsätta mig för dem. Mitt besked till styrgruppen skulle ha blivit:

> "Det är högst beklagligt att Göran inte lyssnade på mig när jag sa att man behövde göra en noggrann kontroll. Problemet som uppstått är en konsekvens av hans eget beslut. När han dessutom verkar ha uppfattningen att det är mitt fel att problemet uppstod så vill jag få en förklaring till detta."

> Sedan hade jag inte gett mig förrän jag fått en reaktion som jag anser är acceptabel.

Jag började bli rätt utarbetat och mer och mer irriterad över Görans stil men får tunghäfta när han kommer med sina krav. Han blir mer negativ i sitt sätt. Till slut hamnade jag i mitt tunnel-medvetande som jag gjort vid barndomens övergrepp. Det var som att han malde ner mig steg för steg och jag mådde riktigt dåligt och började få svårt att sova på nätterna. Jag vaknade upp vid två-tretiden och olösta problem malde i mitt huvud.

Min motreaktion till framför allt Görans agerande var att jag pratade mer och mer med mina chefer. De såg att jag hade det riktigt tufft men mitt tunnelmedvetande bidrog till att jag bara bestämde mig för att komma igenom helvetet men jag känner inte efter hur sliten jag var.

Ny start

Vår första del av jobbet var nu klart. Jag går en enklare typ av projektledarkurs på ÅF i Stockholm. Ett avsnitt handlar om den juridiska delen, vad vi kan kräva av kunden och vad vi har som ansvar att uppfylla. Jag diskuterar en del med vår jurist och han kommer med bra råd. Eftersom vi har en leveransdel kvar i projektet så tar vi tillsammans fram en plan för hur jag skall agera. Jag märker att mina chefer inte har riktigt samma uppfattning som juristen. Juristen tycker inte alls det är något konstigt att man ibland hamnar i tvister med kunder som mynnar ut i en rättsprocess. Han säger "ibland måste man provtrycka kunden, även kunden måste följa lagen". För honom är det vardagsmat att åka till rättssalen och lösa tvister om inte kunden förstår vad som krävs av dem.

Jag åker tillbaka till Norrköping och förklarar för mina chefer vad jag lärt mig. De är skeptiska och jag förstår att deras åsikt är att en rättsprocess mot en "elak" kund ändå kan straffa sig. Även om man vinner en rättsprocess så kanske man förlorar på att inte få några mer jobb från en "tillplattad" kund.

Det är nu dags att ta nästa kontakt med Göran. Jag säger att det inte går att köra vidare med fastpris-modellen. Jag säger att om de vill att vi skall fortsätta så får de göra en beställning med löpande räkning som affärsmodell, det vill säga att vi får betalt för de timmar vi jobbar. Nästa svar från kunden är Görans chef som meddelar att han beställer jobbet men att de brukar göra liknande jobb på en vecka. Så som projektet ser ut och med vetskapen om hur mycket som återstår så säger jag att vi inte kan göra det på en vecka så det är bättre att de slutför projektet utan ÅF's deltagande.

Det blir tyst någon vecka men sedan hör Göran av sig igen.

– Jobbar ni med projektet? frågar han

– Nej, vi har ingen beställning att jobba på, säger jag. Vill ni ha oss med får ni beställa på löpande räkning, tillägger jag.

Göran skall prata med sin chef för jobbet måste komma igång. Chefen återkommer och beställer. Jag skriver ett beställningserkännande där jag anger att vi levererar på löpande räkning och att vi kontinuerligt skickar våra tidssedlar till dem varje vecka så att de ser hur mycket tid vi lägger ner. Med dessa mail som underlag skall jag ha uppfyllt de formellt juridiska delarna. Om kunden senare säger att de vägrar betala så kan vi ta en rättsprocess.

Jobbet drar igång igen. Det vi skall leverera är färgmarkerade scheman som man använder på plats i Singapore när de nya skåpen levereras. Färgerna ritar man in för hand.

Det uppstår diskussioner om konstruktionslösningar och dessa tar tid. Vi jobbar för fullt och är öppna med det vi gör och skickar tidssedlar varje vecka. Under den här tiden får vi aldrig någon reaktion på tidssedlarna. Jag anar att Göran och hans chefer kommer att göra något liknande som förra gången när de inte ville betala men har samtidigt inget fog för att agera.

Det börjar bli klart och vi startar vår egen granskning. Micke sliter med att avsluta några delar som är svåra att lösa. Det handlar om vissa skyddsfunktioner på elsidan som man sällan behöver konstruera om. De är endast några få personer som behärskar de här så kallade reläskydden.

Inte tillåtet att vara ledig

Nu startar fotbolls-EM i Frankrike. Jag tror det är vid matchen mot Italien nästa "dispyt" utbryter. Micke har jobbat mycket övertid och jag får signaler att även han börjar bli utarbetad. Han har jobbat in fredagseftermiddagen och åker hem för att titta på matchen. Göran får reda på det här och börjar skicka spydiga mail till honom och påstår att han inte tar sitt ansvar. Jag tänker att Göran överreagerar eftersom han är stressad. Jag försöker medla och tycker att det leder till samförstånd och slut på angreppen. Göran visar dock upp ett beteende där han anklagar och skuldbelägger utan att ha fog för det. Han ber inte om ursäkt heller. Micke har jobbet mer än 40 timmar denna vecka så han har gjort rätt för sig och jag unnar honom att se den här matchen.

Reflektioner jag gjort senare med kunskap om bl.a. härskarteknik.

Återigen använder Göran härskartekniken "påförande av skam och skuld". Han angriper innan han har bilden klar för sig av vad som hänt. Hans angrepp skapar ett övertag och vi andra måste gå i försvar.

Om jag råkade ut för samma situation igen skulle jag troligen gjort på följande sätt. Det är två saker som behöver hanteras. Först reda ut om de förlorade tre timmarna som matchen tog verkligen är så avgörande för jobbets del. Med andra ord, hade Göran rätt i sak att angripa. Vi var dock inte i det kritiska läget att det spelade någon roll. Som jag ser det idag skulle jag inte medla utan ifrågasatt Görans reaktion att det var fel att titta på fotboll.

Därefter skulle jag lyfta upp själva angreppen och det, som jag ser det, barnsliga beteendet som Göran visar. Varför detta angrepp? Jag skulle även här lyfta upp detaljer i hans beteende, ordval, för att belysa vad han håller på med och att det inte är acceptabelt. Jag skulle visa upp det för styrgruppen och inte tona ner konflikten. För varje sådant här utbrott får Göran ett större och större mentalt övertag som han inte skall ha. Det hör inte ihop med ett sunt ledarskap.

Dubbelarbete, på Görans order

Det är nu dags för semester. Jag är riktigt sliten och behöver vilan. Jag känner dock att det har gått så långt att tröttheten inte släpper. Arbetslusten kommer inte tillbaka och det är bara ett tvång att sätta igång med projektet igen.

Nu är Göran på mig att vi måste leverera våra underlag. Jag förstår inte varför han skall markera så hårt på våra möten. Vi kommer att leverera till det datum han bestämmer. Efter någon dag kommer ett mail från chefen två nivåer ovanför Göran. I mailet står att "… pärmarna skall stå på mitt bord kl 8 …".

Vi levererar dokumentationen till det datumet och klockslaget de begärde.

Så kommer nästa märkliga händelse. I projektet är det dags för kunden att komma till Finspång och göra en test av leveransen. Detta kallas FAT (Factory Acceptance Test). Det är en ganska vanlig aktivitet. Nu hör Göran av sig och säger att "vi har ett odefinierat läge när det gäller dokumentationen". Det här låter märkligt i mina öron trots att jag jobbat sedan 1993 på företaget. Jag frågar vad han menar och han börjar jaga upp sig. Efter ett tag förstår jag att han menar att dokumentationen inte är låst i dokumenthanteringssystemet som kallas Pulse. Eftersom vissa delar som inte är helt färdigkonstruerade så bör man kunna förklara det här för kunden och att vi har dokumentationen lagrad på ett säkert sätt även om inte allt är låst. Göran kräver nu att allt skall låsas. Vid låsningen sätts ett revisionsskede på alla dokument.

Efter någon dag återkommer han och säger att de färglagda ritningarna har fel revisionsstatus. Jag säger att det är ju så det blir och att det är en konsekvens av hans eget beslut. Han tystnar och jag säger att om han vill ha de låsta dokumentens revisionsbeteckning så måste vi göra om färgläggningen. Han säger att vi måste göra det men han låter lite spak.

Vi gör om jobbet och det tar drygt en vecka. Det går ganska snabbt eftersom ritningarna ser likadana ut förutom revisionsbeteckningen.

Under hela tiden som jobbet pågår skickar vi in tidssedlar varje vecka. På tidssedlarna står det vad vi jobbat med.

Christer: Minnen som kom i bearbetningen

Under detta "helvetesprojekt" blev jag påmind om min PTSD och det som Olle kallar kataton immobilitet. Kataton immobilitet i det här tillfället innebar att jag hade svårt att försvara mig verbalt gentemot Göran när han kom med direkta lögner. Det knöt sig och jag fick svårt att tänka när angreppen kom och han samtidigt blev aggressiv och var helt oresonlig. För mig är detta det "normala" tillståndet jag hamnat i vid övergreppen i min barndom. Det var dock en del som jag inte kommit åt tidigare och man skulle så här i efterhand kunna säga att projektet tvingade fram nästa minne. Minnet av vad min mor gjorde för att tysta mig efter min fars övergrepp.

Samtidigt som angreppen kom tätare från Göran så hade jag stöd från mina chefer. Jag kunde prata med dem om att jag får ett "tunnelseende" och bara genomför det jag bestämt mig för. Jag slutar att känna efter om jag orkar eller hur jag mår.

Stödet från mina chefer och personerna i min projektgrupp var något jag aldrig känt tidigare. Jag var öppen med vem jag var och fick nu stöd. Pressen var jobbig men stödet släppte fram saker jag aldrig tidigare kommit åt i min bearbetning.

Minnen av situationen i Halmstad kom, när jag bara var ett år gammal. Jag har tre personer i min närhet nästan dagligen. Både min syster och min far har skadat mig. Min systers tjuvnyp som kommer i stort sett dagligen. Min fars grova övergrepp, kanske går det veckor eller månader emellan dem. Det var dock något min mor gjorde som har skadat mig mest av allt.

Det min mor gjorde kan uttryckas väldigt abstrakt och kort. Efter att min far begått övergrepp var jag otröstlig och skräckslagen. Hela mitt jag var uppfyllt av rädsla och chock. Det min mor gjorde var att kväva skriket. Hon höll för min mun med den ena handen och höll en kudde eller filt i den andra. Jag såg inte hennes ansikte. Jag kunde inte andas. Hon höll tills jag slutade sprattla, tills syreskulden gjorde att kraften tog slut. Hon kunde ta bort handen och jag skrek inte mer. Jag var tyst och det var bra för henne. Jag var ett skötsamt barn som uppförde mig som hon ville. Då var hon nöjd. Hon kände ingen skuld för hon har ingen empati. Barnet är till för henne.

Olle har bevittnat känslorna som kom i samband med att jag mindes det hon gjorde. Det var händelsen som gett upphov till en alienation gentemot alla människor. Alla människor är farliga, alla kan när som helst plåga mig, jag är helt försvarslös. I närheten av människor kan jag aldrig slappna av. Jag litade inte på någon efter detta. Det blev en dubbel effekt av att både mamma och pappa var förövare. Allt hopp var ute och jag går under en tid in i något som känns som sinnessjukdom.

Även i bearbetningen av denna händelse, detta minne, känner jag att galenskapen är nära. Det här är kanske det svåraste jag någonsin jobbat med. Jag går in i händelsen om och om igen och undrar om exponeringen hjälper eller om den kommer att föra mig till en galenskap. Det är mycket som öppnas och mycket som får sin förklaring men det tar tid att smälta. Det minnet ger mig är att jag ser att det var min mor som gjorde det. Under bearbetningen släpper jag den generella rädslan för mänskligheten och ser olikheter i alla människor jag möter. Jag ser att min mor är "min sjuka mor" och att de flesta andra människor inte alls har den sjukligheten. I ett barns liv så blir de tidiga erfarenheterna "generaliseringar". Att det min mor gjorde, kan alla kvinnor göra. Ju närmare en människa är mig, ju mer beroende jag är av en människa, desto större risk är det att jag drabbas av detta sjuka beteende.

För att komma åt detta djupast liggande övergrepp var jag tvungen att uppleva sadismen från Göran där han gjorde vad han kunde för att knäcka mig samtidigt som jag hade stöd från mina projektmedlemmar och chefer. De bevisade att det finns goda människor. De gav mig hoppet tillbaka. Tack mina kollegor på ÅF, Mikael, Maritha, Erik, Mattias och Sophia.

Avslutning av projektet

Det blev värre och värre i projektet. De jagade mig kvällar och tidiga morgnar och jag är övertygad om att Göran drev på de andra på hans företag att ringa direkt till mig. Jag diskuterade med min chef och vi bestämde att han skulle ta alla samtal först. Plötsligt slutade jakten på oss. Jag hade slutfört jobbet där Göran var vår "kund" men var riktigt sliten.

Efter att projektet avslutats får jag se mail som kommer från Göran till hans chef. Där står bland annat att dubbelarbetet med färgläggningen berodde på att "... ÅF jobbade på fel version av dokumenten ...". På sätt och vis kan man uttrycka sig så men det var Göran som styrde jobbet så vi var tvungna att jobba på fel version.

Det bestämdes att vi skulle träffa Görans chef efter en tid. Chefen frågade bland annat om just detta med färgläggningen. Jag sa som det var och han sa: "Jo det var det jag trodde...". Hans chef förstod att vi handlat på Görans order.

Det blev naturligtvis diskussion angående betalningen. Göran och hans chefer hade struntat i tidssedlarna som jag skickade. De tänkte bara betala så mycket som de själva bestämde. ÅF utnyttjade inte möjligheten med att stämma kunden. Även kunden hade fått klart mycket mer jobb än de räknat med. Jag kände mig kränkt av det som hände. Det blev inte bättre av att både jag och Micke, som jobbade i mitt team fick reda på att Göran sprungit runt i korridorerna på sitt företag och skrikit våra namn. När projektet var klart lovade jag mig själv att aldrig mer att sätta min fot på detta företag i Finspång.

Ur askan i elden

Nästa jobb var uppe i Stockholm. Det var dock som att komma ur askan i elden. Nästa projekt var mycket tidspressat och väldigt mycket ny teknik som jag inte jobbat med tidigare. Det här var projektering av en biogasanläggning uppe i Brista. De övriga projektmedlemmarna var bra och det var en tät projektgrupp som hjälptes åt.

Nu kom ytterligare ett jobb. Jag skulle hålla i en utredning om att byta styrsystem inom en kommunal verksamhet i Norrköping. Det var inte på heltid så det borde gå att kombinera. Min chef såg att jag var sliten men jag sa okej.

Så kom ett tredje jobb. Det kom inte via min chef utan det var en högre säljansvarig inom ÅF som tog direkt kontakt med mig. Nu kände jag att jag gick på knäna. Det tredje jobbet försökte jag komma ur och min chef var inte glad åt att personen tog kontakt med mig direkt. Kanske gjorde han en missbedömning här för jag hade behövt hans stöd att säga nej. Det skulle ha varit en mindre insats och man sa att jag skulle endast behöva vara med i förberedelserna inför ett kundmöte. När det väl var dags att presentera anbudet för kunden sa man däremot att jag var tvungen att vara med. Träffen skulle vara i form av en audit. En audit är en typ av kontroll av att man uppfyller krav som kunden har. Denna audit skulle ske i form av intervjuer och granskning av dokumentation. Intervjuerna innebar att sex personer från kunden satt vid ett bord framför oss och frågade ut oss, en i taget. Nu var det ingen lite roll jag skulle ha. Jag var tvungen att vara väl förberedd. Det bestämdes att vi skulle öva i form av ett rollspel på helgen innan auditen. Jag veckopendlade upp till Stockholm och nu kunde jag inte vila på helgen utan fick åka upp på söndag morgon och vara med om rollspel där vi skulle frågas ut och testas att vi kunde hantera situationen att bli ifrågasatta. Ämnet som sådant var min hemmaplan så det var inte det svåra. Det svåra var pressen och att jag var så sliten och att jag måste fixa jobbet på Brista också. Mitt beteende från barndomen är att stänga av mina egna känslor. Jag känner inte att jag inte orkar mer. Jag bara fortsätter.

Så blev det dags för Auditen. Det var en panel med människor som satt och frågade ut mig. Övningen på söndagen var bra och jag var fokuserad. Jag kände att det gick bra för min del. Det kändes som jag läste av deras signaler och kunde svara på ett sätt som ingav förtroende för mitt företag. Jag fick beröm av den säljansvarige efteråt och det kändes bra i stunden även om jag var sliten.

Jag åkte till Brista och jobbade vidare under veckan. Sov på hotell i Sigtuna. Det var mycket att göra och snart dags att presentera ett resultat för projektledaren. Den gamla känslan av att vara utanför började komma. Jag var nog inte det men jag blev nog tystare och mer osäker i kontakt med de andra i projektgruppen. Nu hade jag passerat en gräns. Jag var för långt ner och livsglädjen försvann. Jag höll ut några dagar till men när jag sedan kom hem på fredagskvällen kom den sista smällen som fick bägaren att rinna över. Vår granne hade lagt upp en jordhög på vägen in till vår sommarstugetomt så jag kunde knappt komma in till vårt hus. Om det bara hade varit jordhögen hade jag nog inte kraschat men allt tillsammans gjorde att botten gick ur mig och jag fick en våldsam ångest. Jag samlade kraft och ringde till grannen och sa att jorden täckte halva vägen och de fick ta bort den. Grannen var en äldre man som jag hade bra kontakt med. Han var först helt ovetandes om vad som hänt men förklarade sedan att det nog var hans svärson som beställt jorden. Han lovade att de skulle komma ut i helgen och skotta undan.

Jag fick en våldsam ångest under helgen. Nu kom något nytt inom mig. Jag var utarbetad och hade inte mycket energi kvar. Då kom kärlekskänslan jag hade till mig själv tillbaks. Det kändes i kroppen att det inte var värt att slita mer. Jag älskade mig själv och ville inte förstöra mig själv, jag var värd att må bra. På måndagen orkade jag inte åka upp till Brista. Jag ringde chefen och sjukskrev mig.

Sjukskrivning

Jag tog kontakt med vårdcentralen och fick ångestdämpande medicin och en annan typ för att sova bättre. Det kan ses som en förlust och misslyckande men jag upplevde faktiskt att jag brydde mig om mig själv mer än jag gjort tidigare. Jag hade ett värde och jag var värd att få återhämta mig och må bra.

Det kom en mycket stor trötthet. Jag sov väldigt mycket, kanske fyra timmar på dagen och 9 timmar på natten. Direkt började jag röra på mig och träna försiktigt. Nu var det full fokus på att ta hand om mig själv, jag var värd det. Även om jag hade fått ett väldigt ångestpåslag när det brast för mig så var det ändå så att jag förstod att det handlade om att jag tömt ur all kraft. Tunnelmedvetandet som jag hade gått in i under Singaporeprojektet gjorde att jag inte kände hur slut jag var. Även om jag kom ur den pressen så var jag för utarbetad. Det var som att kraften inte kom tillbaka. Projektet i Brista innehöll mycket nya arbetsuppgifter så det gav mycket otrygghet, plus att jag inte bodde hemma.

Nu började hjärnan kvickna till så sakta. – Vad var det jag hade gått igenom i det här Singaporeprojektet? Det var helt absurt hur Göran jagade oss. Jag hade en del projektledarutbildning och utbildning i coaching och det fanns inget som beskrev Görans metoder i att leda. Det var tvärtom. Man skall stödja, hitta balans i livet, se varningssignaler när teammedlemmar visar tecken på utbrändhet och hjälpa dem. Inte jaga livet ur dem.

Inte den ende som blivit utbränd

Jag började få tillbaka livsviljan. Tog upp gamla intressen, elektronik och programmering. Det fanns roliga saker i livet.

Senare förstod jag att jag blivit utsatt för så kallad "härskarteknik". De olika teknikerna han använde var "förlöjliga", "dubbelbestraffning" samt "påförande av skam och skuld". Det var tacksamt att utsätta mig för dessa eftersom jag reflexmässigt inte försvarar mig utan tror att det är jag som måste ta på mig skulden, oavsett om jag är skyldig eller inte.

Nu var jag inte den ende som fick vara med om destruktiva kunder. Det var två kollegor som också hade varit utsatta men i helt andra projekt. Den ene var sjukskriven som jag medan den andre kämpade på, även om han upplevde stunder av uppgivenhet och en stor frustration.

Jag skaffade en del litteratur och köpte bland annat några böcker av Elaine Eksvärd. När jag letade böcker så såg jag att hon hade gett ut en bok om sina egna jobbiga upplevelser som heter "Medan han lever". Jag tog kontakt med Elaine och vi mailade några gånger. Dels skulle hennes firma kunna hjälpa oss på ÅF med utbildning om att hantera härskartekniker, dels hade Elaine erfarenhet av att ge ut en bok som på sätt och vis liknade min.

Så fick jag en idé att vi på företaget kunde hjälpa varandra. Jag kontaktade de andra två kollegorna och de var intresserade. Vi träffades och jag föreslog att vi skulle läsa in oss på litteraturen om härskarteknik jag köpt och att samla ihop vår erfarenhet. Efter att jag tagit kontakt med våra chefer började vi ta fram en del stöd-material som andra projektledare kunde använda. Vi samlade materialet på en "site" som vi kallade "Besvärliga kunder". Det lät ganska neutralt och försiktigt. När man gick in på "siten" såg man däremot mycket tydligare vad det handlade om.

De personer vi träffat på hos kunderna var manipulativa och ville trycka ner oss.

Börjar jobba igen

En märklig sak som inträffade var att ÅF något år senare fick en affär i Stockholm. Det företag som illern Göran jobbade på har en produkt som de tänkte sälja till ÅF i samband med den affären. När jag satte mig in i detaljerna såg jag dock att det inte fanns någon anledning att köpa denna produkt. Jag kallade till styrgruppsmöte i Stockholmsprojektet och förklarade vad jag upptäckt. De andra kunde inte se några nackdelar med mitt resonemang så man ändrade strategi och ÅF sparade flera miljoner på att inte köpa produkten. Det blev dock en del rabalder i efterhand men för mig kändes det faktiskt som en revansch.

Avslutning på historien med Göran

Nu började jag jobba på heltid igen och fick ett uppdrag på Saab. Det var som att komma ur helvetet och in i himmelriket. Jag har alltid tyckt om elektronik, pro-grammering och att jobba med testning av olika fysikaliska och elektriska processer. Nu hamnade jag i en verksamhet där man byggde provriggar och testade utrust-ning till flygplan. Här fans avancerad teknik, instrumentförråd, laboratorielokaler och engagerad personal som tyckte om sitt jobb. Jag upplevde teamkänslan nästan omedelbart. Efter bara några veckor skickade man ut ett förfrågningsformulär (även till oss konsulter) om hur vi upplevde vår arbetssituation, om det var lagom hård arbetsbelastning.

Det här var så långt ifrån Görans ledarmodell man kunde komma. Han skulle pressa oss så vi kände oss misslyckade och otillräckliga. Nu var det ett ledarskap där man såg kopplingen till att man hade balans i livet och att man inte brände ut sig. Nu vill jag inte att det här skall låta som att man i Finspång vill införa slaveri. Den officiella strategin är just "balans i livet". Det var dock inte det Göran drev på egen hand mot oss. Hur väl hans strategi var förankrad hos hans chefer vet jag inte.

De gjorde dock inget för att hindra honom i sitt ledarskap som innehåll "påförande av skuld och skam", "dubbelbestraffning", och mobbning.

Jag var på Saab under cirka 1,5 år och trivdes mycket bra. Mycket jobb och koordinering med Brasilien. Det var ett utmanande jobb och det är så jag vill ha det. Min chef på ÅF ville dock att jag skulle jobba på andra uppdrag och jag stod inför ett dilemma. Nu hade jag ett jobb som innehöll det jag tyckte om och jobbade med arbetskamrater jag trivdes med. Jag frågade chefen på Saab om jag kunde få anställning. Det tog några turer men så kom han tillbaks med ett erbjudande som jag tackade ja till. Jag skulle börja på Saab.

Dags att prata med chefen på ÅF. Han förstod mitt val och sa att om jag ångrade mig i framtiden var jag välkommen tillbaks. Om jag skall vara helt ärlig så tror jag att han kände en viss oro över att jag skulle bli sjukskriven igen längre fram om ett uppdrag blev för tufft. I mellanperioden passade jag på att ta en månad tjänstledigt och skrev mycket på denna bok.

Det sista som hände i historien med Göran var något fullständigt överraskande. Min chef på ÅF kom och sa att Göran hade sökt jobb hos honom. Han var mycket överraskad och vi pratade en del om varför han skickat in sin ansökan. Till att börja med så kunde Göran inte ha en aning om vad han ställt till med hos ÅF. En annan förklaring kan vara att Göran trodde att jag inte berättat för mina chefer vad han höll på med i projektet. Sanningen var att ju mer han pressade oss och skyllde misstagen på oss desto mer öppen var jag mot mina chefer över vad som pågick. Problemet var dock att vi var pressade att hålla goda relationer med Finspångsföretaget eftersom vi var beroende av dem för kommande affärer. Göran fick inte något jobb på ÅF.

Vad hände?

Varför hände det här mig? Varför blev Göran så elak? Jag kan inte ge ett entydigt svar men detta är min hypotes:

- Göran är en människa som inte har så mycket medkänsla. Det finns inte så mycket civilkurage i honom. Det är okej att offra en annan människa. Om det handlar om att han skall få dåligt rykte eller om han kan lägga skulden på någon annan "syndabock" så är det helt okej. Han skyddar sig själv framför allt och det kan vara på bekostnad av en annan människa, han bryr sig inte.

- Jag har ett beteende som visar att jag blir rädd och jag backar. Om jag möter en person med Görans egenskaper tror han att han har övertaget och att jag inte kommer att ge igen och därför kan han gå till angrepp utan att han riskerar att få något tillbaka.

Avslutning på historien med grannens jordhög

Grannen som lade upp jorden på vår tomt tog inte bort den. Efter en tid avled den gamle ägaren och dottern ärvde huset. Det var hennes man som beställt jorden. De hade även täckt över en ventil till sommarvattnet. Ventilen var stängd och jag kunde inte slå på vattnet. Nu hade vi borrat för eget vatten så det var inget problem i normala fall. Jag påpekade att vi kunde behöva komma åt ventilen i fall att vi fick problem med vårt eget vatten. Dottern kontrade nu med att säga att ventilen var felplacerad och att jag skulle flytta på den. Det här lät konstigt för mig eftersom det var hennes egen far som ägde huset när ventilen placerades där. Han borde ha hållit koll på att den kom rätt. Ventilen var nergrävd och ledningarna var på några decimeters djup. Det var alltså inte lätt att flytta den. Dessutom låg mannens jordhög över. Jorden låg även över tomtgränsmarkeringen.

Tiden gick och nu bestämde vi oss för att sälja sommarstugan. Jag hade svårt med att ständigt höra på grannens sågande och spikande och skällande hund. Säkert var det min PTSD som förvärrade det hela. Jag påpekade ännu en gång att jorden låg på vår tomt och att tomtgränsmarkeringen var begrav under deras jordhög. Nu grävde han till slut bort jorden från min tomt som också var vägen till tomten.

Jag gick upp och tittade noggrannare på placeringen av ventilen och såg att den var på min tomt. Det jag också såg var att hans vedförråd låg väldigt nära tomtgränsen. Jag hade tidigare skrivit på ett papper där han begärde att få bygga det 1,5 meter från vår tomtgräns. Det verkar som att förrådet låg på tomtgränsen.

Vi fick en köpare av sommarstugan och vi skrev köpekontrakt. Efteråt ville han komma ut och bad mig gå igenom utrustning och vi tittade på saker han kunde ta över. Vi gick till tomtgränsen och han sa samma sak som jag att det var grannen som inte förstod var gränsen gick. Jag lovade att ta kontakt med grannen och reda ut det hela.

Eftersom jag upplevt att dottern, som ägde granntomten, blivit mer och mer påstridig och jag kände att hon inte gick att resonera med så tog jag kontakt med lantmäteriet. Jag trodde att jag hade rätt men var inte säker. Nu skulle lantmätaren komma ut och markera ut tomten. Lantmätaren kom och mätte och såg att ventilen var på min tomt och att grannen byggt hörnet av vedboden precis på tomtgränsen och att taket var på min tomt. Han satte upp markeringspinnar var femte meter och nu var gränsen tydlig. Grannen var den som gjort intrång på min mark.

På kvällen ringde jag upp dottern och hon gick på värre än tidigare och krävde att jag skulle flytta mitt förråd. Det här var något nytt. Jag förklarade att jag begärt ut en lantmätare som markerat gränsen. Hon gav sig inte utan skulle ta kontakt med honom.

Det gick några dagar och inget hände. Jag beslöt nu att förbereda mig på att ta nästa steg. Jag tog kontakt med en advokat och frågade om hur man kan gå vidare. Det han sa var något jag inte varit medveten om och det var viktigt. Om jag säljer en fastighet och känner till att en granne har byggt på min tomt så kan jag bli ersättningsskyldig. I sådana här fall måste man skriva ett papper som man bilägger köpehandlingarna där det framgår att det finns en överträdelse.

Jag ringde nu upp dotterns man och berättade hur läget var. Han var minst sagt nedlåtande när han svarade:

– Men du, Göransson, vad håller du på med egentligen.

Han gick på och förklarade att jag borde skärpa mig. Han sa mycket och jag återger inte mer av de nedvärderande sakerna han sa. Jag framförde det som advokaten sagt och att ett papper skulle läggas till köpekontraktet. Jag sa även att de behövde ge mig besked om de bestred tomtgränsmarkeringarna. Om de gjorde det skulle det bli rättsprocess. Jag bad honom prata med frun och återkomma.

På helgen kom de över och var ganska försiktiga. Jag förklarade för frun vad som gällde, att pappret angående tomtöverträdelse skulle in i kontraktet. Jag sa även att den nya ägaren inte krävde att de skulle flytta på förrådet men att han ville bygga en carport vid tomtgränsen och då få deras tillåtelse att bygga nära tomtgränsen. Det verkade inte som att de skulle hindra det. Slutligen föreslog jag att vi skulle skaka hand och lägga den här historien bakom oss. De sträckte fram händerna och vi skakade hand. Så var den historien avslutad.

Mina metoder och erfarenheter

av att bearbeta min barndom och mina skadliga beteende-mönster.

Då är det dags att sammanfatta och beskriva hur jag har jobbat med min barndom som varit ganska tuff. Hur bearbetar man barndomstrauman? Det känns faktiskt fel att skriva "man". Jag har mött några personer som jobbat med sin barndom, min syster är den jag pratat mest med. Under en tid var jag med i en förening som hette Hopp i Norrköping. Där fick jag kontakt med flera personer som även de bearbetat men... på annat sätt. Det finns inte en metod eller en sorts terapi man använder. Jag har jobbat med flera olika metoder eller terapiformer. Som jag skrivit tidigare så är jag envis, jag kan inte ge upp. Om jag hittar något som gör att jag kan bli bättre eller har ett problem som inte är löst så fortsätter jag.

– Men är inte 26 år av bearbetning alldeles för länge? Går det inte att göra det snabbare?

Jo, det kan man tycka. Men självklart är bearbetningen beroende av vad man varit med om. Om man haft en förälder som begår övergrepp och en annan som är sund och ger stöd har man en slags problematik. Barnet möter i alla fall en person som ger sunda reaktioner. Om man inte har sunda relationer någonstans blir man skadad på ett annat sätt. Det jag vill tillägga är att jag har levt mitt liv med mina förövare och kan inte säga att det skulle vara svårare än att bara ha en pedofil till förälder. Vad som är svårast är ointressant för mig. Hur lång tid en bearbetning tar har att göra med min problematik med förövare, vem jag är som person och vilken hjälp jag kan få när jag börjar efterfråga den.

Om jag nu skall reflektera över den tid det tagit att komma till den jag är idag så kan jag säga att den skulle ha kunnat förkortats avsevärt. Det jag skriver nu är även en anledning till varför jag skriver denna bok. Om boken kan hjälpa en annan människa att hitta tillbaka till sitt liv inom en kortare tid skulle det ge en mening till min bearbetning och denna bok.

Så hur skulle tiden ha kortats ner?

- Om läkaren som tog hand om min skållade arm när jag var ett år gammal hade gått vidare med att ifrågasätta vad min mor gjorde och varför hon inte kände någon skuld till det som hänt. Om min mor fråntagits vårdnaden av mig hade allt varit annorlunda.

171

- Om dagispersonalen hade ifrågasatt mitt beteende när jag blev så fixerad vid en dagisfröken i femårsåldern. De skulle ha utrett hur jag hade det hemma och vilken relation jag hade med min mor.

- Om samhällets kunskap om övergrepp varit bättre och det inte var så skambelagt att söka psykologhjälp när jag gjorde lumpen. Tänk om en psykolog hade kommit och berättat att man kan må dåligt av att utsättas för "tvånget" inom det militära av olika orsaker. Om man får stora problem kan man behöva bearbeta tidigare upplevelser i livet. Man skall inte skämmas för det. Det kan hjälpa en till ett bättre liv framöver.

- Om psykiatrin hade bättre kunskap om att minnen från övergrepp kan vara förträngda.

- Om psykiatrin hade bättre kunskap om att plocka fram förträngda minnen.

- Om jag kommit i kontakt med KBT tidigare.

- Om jag fått min diagnos tidigare så jag visste vad jag jobbade med.

- Om det funnits kunskap och resurser inom landstingets psykiatri där man vet hur långt man kan komma genom att "gå till botten" med sina problem. Det är inte bara att proppa i patienten piller så att självmordstankarna lugnar ner sig och sedan ta in nästa akuta patient.

Jag skulle säkert kunnat minska den tid jag ägnat åt bearbetning om jag fått rätt stöd från samhället. Hur mycket är omöjligt att säga, kanske till en femtedel...

Min grund och mina skador

Jag är en person som tydligen har med mig något in i detta liv som gör att jag inte får ut något av att själv bli förövare. Jag mår inte bättre av att plåga andra. Det är fel, det är korkat, det gagnar inte någon i vårt samhälle utan det bara förstör. Jag tänker inte göra det och för mig är det helt obegripligt att bli förövare. Men ... jag blev det under en vecka i min barndom. Jag ströp vår katt Linus. Det var ett inre tvång som drev mig och jag hatade mig själv när det pågick. Jag har gråtit många gånger för att jag utsatte ett oskyldigt djur för lidande. Jag lyckades ta mig ur det. Det var som en säkerhetsventil som jag använde för att inte bli tokig. Jag anser att det här är det brott jag begått, här var jag för svag, jag var åtta år gammal och precis varit utsatt för ett övergrepp. Men jag har visat prov på styrka, känsla för rättvisa och förmåga att komma igen.

Den här personen är jag.

Jag föds in i en familj med en alkoholiserad fader, avundsjuk syster och en sadistisk mor. Hon gav min syster fri tillgång till mig och min faders övergrepp gjorde hon inga försök att stoppa. Hon kvävde mig för att tysta mig. Det här slog sönder mig inuti. Jag fick aldrig ett jag. Jag var beroende av modern för min överlevnad men hon skållade och plågade mig på olika sätt så jag gjorde allt för att hon inte skulle bli arg eller missnöjd med mig. Jag lät mig bli kuvad, hon gjorde allt för att jag skulle håna min syster och förakta henne. Jag var delaktig i mobbingen av min syster men här finns en problematik med att min syster var elak mot mig. Jag ser att det jag gjorde var fel mot min syster men frustrationen att inte kunna försvara mig mot henne gjorde att jag ville ge igen. Dock är min och min systers konflikter ofta iscensatta av vår mor.

Min fars övergrepp gjorde att jag fick trauman men det min mor gjorde krossade mig. Jag hade ingen känsla för vad som var rätt eller fel när jag for illa senare i livet. Jag måste rätta till det. Jag tog på mig andras skuld.

Min mors kvävningar tidigare i livet var orsaken till att jag inte bad henne om hjälp efter övergreppen i lillstugan. När jag i vuxen ålder berättade för henne vad jag varit med om gjorde hon samma sak igen. På olika sätt försökte hon tysta mig. Nu genom att använda min styvfar Sven för att håna.

Skadorna kom till innan jag kunde prata, en del innan jag kunde gå. Därför har det varit så svårt att komma åt mina problem.

Bearbetning av lillstugan

Jag skall nu beskriva hur bearbetningen av traumat i lillstugan gick till.

Minnet från lillstugan hade alltid funnits men det var en lucka i mitten där jag inte visste vad som hade hänt.

Pappa vill att han och jag skall sova ensamma i lillstugan medan Eva och Ester sover i storstugan. Jag får en oroskänsla i magen och vill inte sova ensam med honom. Jag säger: Nej. Men då blir han arg. Alla tystnar och jag följer med. Sedan minns jag att jag ligger i lillstugan och somnar. Nästa minne är jag utanför.

Min bearbetning av händelsen börjar egentligen med att jag sörjer honom efter att han dött. Till och med i sorgen stänger jag av för att blockera minnet. Att minnet kommer fram har också att göra med sömnbristen jag upplever när min dotter är nyfödd och gråter och skriker på nätterna. Sömnbrist är en effektiv metod att bryta ner psykiska försvar. Det används både i primalterapi och är även en effektiv tortyrmetod. Primalterapin gör dock något helt annorlunda i bearbetningen. Man har med en terapeut som ger stöd och tröst när känslorna kommer fram.

I sorgearbetet med min far sitter jag under flera kvällar och gråter och känner saknad efter honom. Det är då jag kommer närmare honom och minns mer hur han var. Nu släpper jag även rädslan för honom eftersom jag tillåter att känna att han aldrig kan få tag på mig igen. Händelsen i Lillstugan är ett av de värsta jag upplevt i mitt liv. En sådan händelse glömmer man aldrig. Vårt minne är så utformat att desto starkare upplevelse vi haft desto starkare är minnet. Att jag tidigare inte kunnat plocka fram minnet har inte att göra med att det inte finns. Det har att göra med att det inte får komma fram. Det är farligt. Minnets styrka gör att förträngning av minnet måste vara mycket starkt. Den process som styr vad vi tänker på måste "styra undan" tanken så jag inte får kontakt med minnet. Det här är en process som tar väldigt mycket energi och minnet är fruktansvärt. Det är det här som gjorde att jag kunde bli så trött när jag var med om saker som påminde om händelsen i lillstugan. Under lång tid fick jag huvudvärk när min mor kom på besök. Det här var också "förtätningsprocessen" som var aktiverad och som tömde mig på energi.

Det första som kom fram av de förträngda händelserna var när mina händer fördes fram och handlederna sattes samman och jag hör min röst säga: -Döda mig då, döda mig, det är ju det du vill? Den här upplevelsen var chockerande för mig själv. Jag förstod inte vad som hände. Känslorna att min far höll på att döda mig och att jag visste att mitt liv var slut kändes fruktansvärt. Det här var alltså inte på något sätt en viljestyrd handling, att pressa fram minnen. Det bara kom av sig själv.

Nu i efterhand och med många års erfarenhet av bearbetning vet jag att kroppen egentligen vill att sådana här trauman skall komma fram. Man vill få en möjlighet att förstå och acceptera och sedan kunna lämna det här bakom sig. Att kunna gå vidare. Varför skriver jag då så? Vid en sådan här händelse bildas regler som jag följer i livet. Det autonoma systemet i mig skapar "triggers" för att tala om att nu är det farligt. För min del var pappa också en representant för män. Det här gjorde att jag blev rädd för män. När sedan min styvfar tog tag i min arm och sa "Tänkte du sparka mig?" samtidigt som han hånflinar och tar i så hårt att jag förstår att jag är chanslös. Då drar sympatikussystemet igång och jag upplever dödshot. Därför blev jag tyst och därför kunde jag aldrig försvara mig mot honom.

Minnet med armarna och att min far skall döda mig kom utan att jag hade någon terapeut med. Det var som att det låste sig och jag kom inte åt mer förrän jag kom till Maj-Brith. Där fick jag friheten, det var tillåtet att skrika och gråta. Sessionerna var 2-3 timmar så där fanns tiden att släppa fram det som ville komma. För mig så har många 45 minuters sessioner upplevts som att de kväver mig på något sätt. Jag får inte öppna mig för mycket för då blir terapeuten orolig att vi inte kan bryta innan näst patient kommer.

Nästa del var nära-döden-upplevelser. Jag tar farväl av Linus och av Eva. Här finns ingen smärtupplevelse i kroppen. Jag känner den inte. Nu kommer dock längtan efter Linus. Strax efter kommer insikten om att min far precis har strypt mig.

174

Det är därför jag ber honom om att döda mig. Det är flera gånger han stryper mig och håller längre och längre för varje gång. Nu kommer insikten om att min strypning av Linus är en upprepning av vad min far gör med mig. Jag känner min kärlek till Linus och jag känner att jag håller på att döda honom. Det är fruktansvärt, det jag gör, det pappa gör men det har hänt. Nu kommer en väldigt djup gråt. Den har suttit där inne alla år och inte kunnat komma ut. Samtidigt som minnet är fruktansvärt så är det en oerhörd lättnad. Jag blir av med trycket inifrån som skapats av traumat. Det är dock inte rätt att säga traumat utan det är riktigare att säga denna aspekt av traumat. En liten pusselbit är framme. Efter att det här kom fram var jag totalt slut. Men det är en avslappning också och jag måste sova.

Det kommer mer i samband med nära döden-upplevelsen. Det kom en gestalt som stoppar mig så jag inte kunde komma vidare. Han gjorde så jag vaknade till i Lillstugan och det var kallt. Smärta i kroppen och jag var arg över att jag måste leva vidare. Ett val som inte var mitt eget.

Nästa del i bearbetningen var märklig. Jag försökte komma åt mer av det som hade att göra med Lillstugan men nu kom minnen från Halmstad. Jag var tre år när vi flyttade därifrån så det var ett hopp i tiden. Jag var hos Maj-Brith och upplevde för första gången något som hon kallade för en primalhändelse. Jag hade drömt om en svart orm som simmar nära mig i vatten. När jag kom till Maj-Brith fokuserade vi på den. Nu slungas jag in i något som är fruktansvärt. Jag kryper och framför mig står pappa med en svarta livremmen. Han dinglar med den framför mitt ansikte och jag försöker krypa undan. Så lägger han den runt min hals och lyfter. Han lyfter långsamt och försiktigt men jag känner att halsen snörps åt och jag får ingen luft. Jag svävar och kan inte andas. Det svartnar för mig. Sedan kvicknar jag till på golvet. Under tiden som det här minnet kommer försvinner min kontakt med rummet och tiden. Jag vet inte vad som hänt. När jag mentalt åter är i Maj-Briths rum är jag i ett hörn på en madrass. Min väska är bortslängd i ett hörn och jag sitter med kroppen slapp mot väggen. Jag frågar Maj-Brith vad som hände och hon förklarar att sådant här kan hända om man upplevt en traumatisk händelse. Det är så här man får kontakt med minnet första gången. Sedan blir det mildare och ebbar ut. Man minns händelsen men sugs inte in i minnet. Jag gick in i det här flera gånger. För varje gång avtog styrkan och jag visste att jag var hos Maj-Brith och samtidigt mindes det som hänt.

Vid kommande session dras jag mot händelsen i Lillstugan igen. Nu är det pappas strypning och att han klappar mig efteråt och säger: "Så ja, nu är det bra." Sedan stryper han mig igen. Till att börja med upplever jag själva syresskulden och smärtan i kroppen när det sticker. Kroppen portionerar ut det som jag klarar av.

Den här händelsen är så ohygglig för mig att jag blir förändrad som person. Men som jag skrev tidigare så var det en aspekt av traumat. Något jag funderade på när jag fått fram minnet var varför jag inte berättade för min mor vad som hänt. Det var faktiskt aldrig ett alternativ. Man kan undra varför min kropp släppte fram minnet med det svarta bältet. Det blev som ett hopp i tiden. Nu i efterhand har jag den bestämda uppfattningen att mitt undermedvetna har tillgång till hela mitt liv. Det finns en strävan i mig att tillfriskna och komma tillbaka och bli den jag var tänkt att bli. Vägen till tillfrisknande behöver följa en riktig väg för mig. Mitt undermedvetna visste varför jag inte bad min mor om hjälp men det var inte dags att minnas det ännu. Jag hade inte kunnat ta till mig det. Orsaken till att jag inte bad om hjälp var att hon kvävde mig tidigare när jag skrek av förtvivlan efter pappas första övergrepp. Jag visste vad som skulle hända om jag bad om hjälp. Jag skulle straffas.

Min mor upprepade verkligen samma beteende när jag i vuxen ålder berättade vad jag varit med om. Hon satt först och bara tittade. Sedan kom mer och mer av hennes upprepning. Hon sa i telefon "Det är ju modernt med incest idag". Det var vad hon fått min styvfar att tro att det handlade om. Både jag och min syster höll på med något som var "modernt". Nästa skede var breven där hon hånade mig för att jag reagerade så starkt när jag berättade för henne om övergreppet i lillstugan. Hon gjorde samma sak igen och mitt undermedvetna visste vem hon var.

Olika terapiformer

De problem jag har haft anser jag vara stora. Jag skulle till och med sätta beteckningen "värsting" på problembilden och det jag varit med om. Däremot har jag aldrig varit någon "värsting" och hamnat i drogproblem eller kriminalitet. De terapeuter jag träffat har ibland gjort en bedömning av mig, om jag platsar som patient. Dessa bedömningar har alltid gått bra. Jag är verbal och tillräckligt intelligent. Jag tänkte nu vända på frågan. Vilka terapiformer anser jag är bra, finns det brister? Oops, nu gjorde jag kanske något "patienten" inte har rätt att göra. Efter 26 års bearbetning har jag dock rätt mycket erfarenhet. Kan det finnas ett värde i att en patient bedömer terapier och terapeuter. Jag har hittat brister i båda och ska nu försöka ge konstruktiv feedback. Hoppas även att de som jobbar med att hjälpa människor är tillräckligt öppna för att ta till sig kritik:

- Psykoterapi (Samtalsterapi) – Paul Bergman (Britt Orstadius)
  - En ganska fri form där jag pratar om det jag känner för. Passade mig ganska bra men har inte den tryggheten jag behövde i att gå in i mörkret och mina rädslor. Sessioner är 45 minuter.
  - Mycket bra för mig när jag började. För första gången fick jag prata om mig och vad jag kände utan att bli retad eller styrd.

- Primalterapi – Maj-Briht Bergström Wahland
  - Primalterapi har ett mycket dåligt rykte, man skriker i lådor för att frigöra sig. Man bryter ner patientens försvar men bygger inte upp något nytt. Enligt Maj-Briht var det hon och Bengt Stern som job-

bade med den här typen av terapi vid den här tiden, -93. Hon var kritisk till en del saker som Bengt gjorde. Jag har aldrig sysslat med denna terapiform i grupp så där har jag ingen erfarenhet.

o Min väg till Primalterapi var att jag började gå i Samtalsterapi men kände att avbrotten efter 45 minuter hämmade mig. Terapeuten börjar snegla på klockan efter 30 minuter för att hinna "runda av" på ett bra sätt. Det var som att kroppen visste att det går inte att öppna de förträngda minnena jag hade av lillstugan och andra övergrepp på 30 minuter. Det stockade sig på något sätt.

o Terapisessionerna jag hade med Maj-Briht var antingen 2-3 timmar eller att man kunde gå under en vecka med bearbetning under 2-3 timmar per dag.

o Som jag ser det var det nödvändigt för mig att få denna typ av behandling. Jag kunde lägga allt annat åt sidan och gå in i det mörker som alltid skrämt mig. Jag hade ett rum där jag kunde gråta tills gråten ebbade ut. Det var min kropp som styrde. Den släppte fram så mycket den klarade av, sedan stoppade den så jag kunde vila och återhämta mig. Det var både ett inre tryck att få ut det som jag stängde inne, minnen av övergrepp men den visste också att det går inte att släppa fram allt på en gång. Det hade jag aldrig orkat.

- **Hypnosterapi – Jan Åström**

  o Hypnos har jag kommit i kontakt med på två sätt, dels genom boken "Självhypnos", dels av Jan Åström. Hypnos på egen hand fungerade dock inte för mig. Någonting skrämde mig när jag gick in i induktionsfasen. Att däremot bli vägledd av Jan fungerade. För mig så liknar det hypnotiska tillståndet i Hypnosterapi det jag använder mig av i Primalterapin när jag sjunker in i och fokuserar på det som skrämmer mig mest, när jag följer "rädslans väg". Man plockar bort spärrar som finns och man kommer åt förträngda minnen. För mig är det dock så att mitt eget sinne är starkast. Mitt sinne skyddar mig och håller tillbaka sådant som jag inte skulle kunna gå igenom i terapirummet. Återigen var det sessionernas gräns på 45 minuter som hämmade mig. Men jag ser ändå terapiformen som bra. Jag tror också att den är accepterad inom "branschen".

- **Gestaltterapi – Hans Fagerström**

  o Min erfarenhet av gestaltterapi är dels i gruppform och dels i enskild terapi. Jag anser att den har varit mycket bra för mig men jag kom inte så långt. Kanske för att jag inte fortsatte att sätta mig in i hela konceptet.

- o En grundtes handlar om att oavslutade upplevelser i våra liv bildar så kallade "gestalter". Vår organism (människan) är gjord så att vi behöver förstå och acceptera det vi är med om. Om vi inte kan acceptera eller förstå en händelse (trauma) så stuvas det undan inom oss. På olika sätt försöker vi senare i livet avsluta denna s.k. gestalt. Det kan vara så att vi dras till liknande problem och försöker kompensera den ursprungliga upplevelsen. Det kan till exempel vara att en kvinna hamnar i en relation med en missbrukande man. Samma kvinna har även haft en far som var missbrukare.

- o Gestalterapin har många verktyg som man kan använda för att få fram och bearbeta dessa gestalter. En metod vi använde var "Den tomma stolen". Man sätter fram två stolar på golvet och sätter sig i den ena. Sedan föreställer man sig att till exempel min far sitter i den andra. Man tilltalar den andre (fadern). Sedan byter man stol och "blir" fadern. Det här ger en möjlighet att sätta sig in i den andres situation på ett sätt som de flesta aldrig gör. Man kan även få en försoning med en människa som är död eller borta men som lämnat något oavslutat inom mig.

- **Rosenterapi – Elisabeth Ek**
  - o Fantastisk metod för mig. Precis vad jag behövde under en period.
  - o Det handlar om beröring, en sorts mjuk massage. Det finns en boktitel "Kroppen minns det du vill glömma". Jag vill verkligen skriva under det. Jag betraktar min mor som så pass störd att hon aldrig har berört mig på ett riktigt sätt. Den sexuella beröringen hade förstört min upplevelse av beröring av andra människor. Inom mig fanns barnets längtan och behov av närhet. Den möttes av en sexuell lust och utnyttjande. I den här terapiformen hittade jag tillbaka till att beröringen är en tröst och kan ge trygghet. Elisabeth hade ganska ofta med sig sin hund, en schäfer, Maximus. Jag har en rädsla för hundar men Maximus visade att han var min vän och jag lärde mig att hundar kan vara ett stöd. När jag grät djupt och uppfylldes av förtvivlan och maktlöshet kom han fram till mig och lade tassen på behandlingsbänken.
  - o Terapin släpper fram minnen som sätter sig i kroppen. Jag kunde uppleva mycket obehag när någon berörde mig på vissa ställen. I behandlingen stegrades obehaget först och sedan kom minnesbilder

och de verkliga händelserna. Efter hand klingade sedan obehaget av så att jag till och med kunde känna välbehag av beröring på ställen som tidigare gav mig panikkänslor med påföljande katatona immobilitet.

- **KBT – Olle Wadström**

  o Min första kontakt med KBT var egentligen via en bok "Ta tillbaka ditt liv. Vägar till återhämtning efter en traumatisk upplevelse" av Rothbaum, Foa och Hemree. Boken är en arbetsbok för patienter. KBT handlar bland annat om exponering. En typ heter "imaginativ" där man återupplever gamla händelser, till exempel ett trauma. En annan heter "invivo". Då går man ut i livet idag och utsätter sig för sådant man vill klara av idag men som är mycket jobbigt, till exempel flyga. Dessa typer av exponeringar är fundamentala grundstenar för mig i min bearbetning. KBT kom in ganska sent för mig, 2013. När jag läste om exponering förstod jag att det är precis så jag vill jobba och delvis har jobbat med men inte varit konsekvent.

  o När det gäller "imaginativ exponering" så är det fokus på de trauman jag utsatts för. Ett trauma ger ofta problem på flera olika sätt. Kärnhändelsen med fysisk smärta har gett sina problem. Att förstå att det kan hända igen ger en annan problematik. Att min mor kvävde mig efter övergreppen gjorde mig rädd för att be om hjälp. I samband med upprepade exponeringar tömmer man ut kraften ur varje del för sig. Eftersom allt inte går att ta till sig och acceptera på en gång måste det göra stegvis.

  o Den andra typen av exponering "invivo" är nog så viktig. Den handlar om att konfrontera sig med skrämmande eller problematiska situationer idag. Jag kan fortfarande uppleva rädsla för att flyga även om orsaken till flygrädsla var rädsla för maktlöshet. Enda sättet att övervinna rädslan är att exponera sig för den.

  o Vid mina inledande möten med Olle Wadström förstod jag att han hade uppfattningen att bägge exponeringarna behövdes. Jag förstod även att han vill hitta logik i det som handlar om beteende och känslor. Här kände jag att jag träffat en människa som såg på mina problem på ett liknande sätt som jag.

Likheten och olikheter mellan psykiska och fysiska skador

Jag tänkte nu göra en jämförelse mellan fysiska och psykiska skador. Jag kan tycka att det jag nu skall beskriva är självklart. Så är dock inte fallet. Olyckligtvis råder det både missuppfattningar och okunskap bland terapeuter och psykologer.

En annan aspekt är även att avsnittet kan avdramatisera skador som har att göra med trauman. Det går att behandla. Det går att tillfriskna. Kan man bli återställd efter ett benbrott så kan man även bli återställd efter ett sexuellt övergrepp.

Diagnos, fysiska respektive psykiska skador.

Hur ställer man diagnos? Hur går en undersökning till? Hur säker är diagnosen?

Om man börjar med en medicinsk skada, ett benbrott. En patient kommer till läkaren och kan inte stödja på foten. Patienten har ingen anledning att hitta på eller dölja sina skador. Det finns inget skamligt med att ha brutit en fot. Patienten beskriver vad som hänt. "Jag satte mig på foten och det knakade till som när en gren gått av. Jag tittade ner men det fanns ingen gren". Läkaren har patientens historia och går vidare och begär en röntgen av foten. På bilderna ser man sprickan. Patientens berättelse och röntgenbilden kompletterar varandra. Läkaren känner om brottet är stabilt och bedömer att man måste operera och fixera med några skruvar. Därefter gipsas foten. 7 veckor i gips och sedan är det dags för sjukgymnasten att börja träning av mjukdelarna runt den skadade delen. Efter några månader är patienten i stort sett återställd men kan behöva extra träning i framtiden för att det finns en ökad känslighet i hälsenan. Men sammanfattningsvis kan man säga att patienten är frisk.

Sedan tar vi och jämför med en psykisk skada. Om man skall ta en skada som är jämförelsevis lika stor som ett benbrott. Vi tar ett exempel, ett sexuellt övergrepp på en femårig flicka, en fullbordad våldtäkt, ett trauma, förövaren är styvfadern. Vad menar jag med "jämförelsevis" i detta fall? Jo, det är en så pass svår skada att patienten inte kan läka på egen hand och bli frisk. Något har gått sönder inuti och patienten måste få professionell hjälp.

Patienten har blivit skrämd till tystnad av styvfadern. Vardagen är tuff eftersom patienten möter styvfadern dagligen. Patienten har upplevt fysisk smärta under övergreppet och även en förlorat tilltron till honom. Tiden går och flickan förtränger så mycket som möjligt av det som hänt.

Så i vuxen ålder söker hon hjälp för depression. En manlig terapeut tar emot henne och skall hjälpa henne. Terapeuten har inga andra hjälpmedel än flickans ord. Flickan har utvecklat rädsla för män och blottar inte sina verkliga sår. Hon får tabletter mot depression och några månaders samtalsterapi. Sedan mår hon bättre och avslutar behandlingen. De verkliga såren är kvar, skadan är kvar. Här är det patienten som inte släpper in terapeuten att hjälpa henne.

Personligen har jag träffat på det motsatta. När jag berättat min historia och vill gå in i de otäcka händelserna jag varit med om så kan terapeuten gå i försvar. Terapeuten orkar inte med det jag har att berätta. Jag blir nekad det jag känner att jag behöver. Man kan säga att jag själv känner behov av att exponera mina skador eftersom jag känner att vardagens ångest minskar. På sätt och vis kan man se ett "självplågeri" i detta beteende men de sammanfaller faktiskt med KBT och dess användande av exponering.

Sedan har vi en annan effekt av det jag beskrev ovan. Min erfarenhet av terapeuter som inte är tillräckligt starka utan stoppar mig i min bearbetning. I de fallen återupplever jag en annan aspekt av mitt trauma. Min mors svek när hon tystade mig. Det gjorde så fruktansvärt ont och det gör ont att bli sviken igen. Det här gör att jag omedvetet testar terapeuten om de går att lita på. Min kropp släpper inte fram minnen från övergrepp som jag behöver exponera och bearbeta.

Jag vill verkligen framhålla att terapeutens egen bearbetning är mycket viktig under dennes utbildning. De är då han/hon får möjlighet att lära känna sig själv och kan jobba igenom sina egna jobbiga upplevelser.

Att ställa diagnos på en psykisk skada är mycket svårare än en fysisk skada och är beroende av både patienten och terapeuten och den relation som uppstår mellan dem.

Motivation

Hur viktig är motivation när det gäller att bearbeta och läka psykiska skador? För mig så är motivation den viktigaste faktorn av alla. Det är den som gör att jag försöker igen även om jag försökt alla sätt jag kan. Min motivation var att jag inte skulle svika mitt barn genom att begå självmord. Jag hade ingen livslust kvar. Om man ser det på det här sättet kan man kanske säga att skuld är min drivkraft eller att inte känna skuld. Det är naturligtvis även en del i att jag själv inte blivit förövare. Om jag ger mig på någon som är svag känner jag skuld och börjar förakta mig själv.

Om man sätter sig i terapeutens sits och möter en patient som inte är motiverad att gå till botten med sina problem så är det inte lätt. Det jag beskrev i föregående avsnitt när det gäller svårigheten att ställa diagnos så är det ännu svårare att nå framgång i en terapi om inte patienten är motiverad. All behandling passerar så att säga patientens medvetenhet innan de kommer till skadan. En patient som är rädd för mental smärta och inte vågar konfrontera sina svårigheter tror jag inte kommer så långt.

Det krävs både motivation och mod att bearbeta sina psykiska skador och traumaman.

Mål med bearbetning

Vad är då målet med min bearbetning? Att bli "psykiskt stark"? Att vara oberörd när man råkar ut för situationer eller förändringar som innebär stora psykiska påfrestningar?

När jag började bearbeta mina problem, vilket egentligen var i samband med lumpen, var min målsättning att bli "psykiskt stark". Jag lånade en bok på biblioteket som en läkare hade skrivit som suttit i koncentrationsläger. Jag letade efter knep eller verktyg som jag kände använda mig av.

När lumpen var slut började jag jobba i Oskarshamn. När mina problem återkom fortsatte jag på samma väg det vill säga jag sökte efter styrkan. Jag köpte böcker som:

- *Älska dig själv,* Wayne W. Dyer.
- *Framgångens ABC din framtid,* N. Hill &E. H. Keown.
- *Tanketräning,* Edvard de Bono
- *Tänk kreaktivt,* Edvard de Bono.
- *Använd huvudet bättre,* Tony Buzan.
- *Avancerad läsning,* Tony Buzan.
- *Tänk rätt bli framgångsrik,* Napoleon Hill.

Arbetet i Oskarshamn tog slut och vi flyttade till Linköping. När jobbet blev för ansträngande tog jag åter till böcker. Nu blev det lite annan typ:

- *Vad berättar dina drömmar,* Nerys Dee.
- *Sikta mot stjärnorna,* Wayne W. Dyer.
- *Självhypnos,* Shanes/ Sterin.
- *Minnesteknik,* Harry Lorayne.
- *Du kan om du vill,* Tony Buzan.

Ingen av de böcker jag ditintills läst hade fungerat. Jag kände ofta en tilltagande styrka precis när jag läste dem. När jag senare återigen hamnade i svårigheter, vilket för mig ofta var att jag fick kritik från någon eller att jag gjorde något fel, kom ångesten och depressionen tillbaka med samma styrka igen. Det var som att jag stärkte något sorts försvar med varje bok men när försvaret angreps räckte det aldrig till.

Sedan fick vi Cissi och jag drabbades av mitt första riktiga sammanbrott. Jag kom in i självmordstankar och ingen bok i världen skulle kunna få slut på dessa, det vill säga om man utesluter en bok som uppmanar till självmord. Det skulle naturligtvis få slut på sådana tankar en gång för alla.

Jag tog hjälp av en terapeut och i och med det köpte jag ytterligare en annan typ av böcker:

- *I begynnelsen var uppfostran*, Alice Miller.
- *Det nya Primalskriket*, Arthur Janov.
- *Primalskriket*, Arthur Janov.
- *Psykologiboken.*
- *Vad är psykoanalys?* Elna Bering.
- *Självhjälp för dina nerver*, Claire Weeks
- *Drömarbete*, Strephon Kaplan-Williams.
- *Kroppen minns det du vill glömma*, Solveig Böhle.

Boken av Alice Miller var helt klart en vändpunkt i mitt liv men den gav inga svar på vad man skulle tänka på eller hur man skulle tänka för att hitta sin styrka. Den boken och Janovs "Primalskriket" visade mig vilken väg man kunde gå. Dessa två böcker är mycket viktiga för mig. Jag hittade dock inte svaret på frågan: "Vad är målet med bearbetningen?". Mitt eget svar på frågan skulle idag bli såhär:

Målet med en bearbetning är att hitta alla de känslor som man var skapt att ha som kärlek, glädje, entusiasm, empati, förtröstan, ilska, hat och skräck. Om någon känsla saknas har den stängts av vid något tillfälle. För att hitta och få tillgång till känslan måste man hitta händelsen när man stängde av den. EN AVSTÄNGD KÄNSLA SAKNAR MAN INTE.

Det är bara inbillning om man tror att man kan få fri tillgång till känslan utan att minnas. Tänk dig att ett barn råkar ut för följande situation:

Ett litet barn, ett år, sätts i ett rum. Det finns två dörrar i rummet. Trots att barnet är litet kan det öppna dörrarna. Bakom den vänstra dörren står en man utklädd till monster. Om barnet väljer den dörren kommer mannen att misshandla barnet. Bakom den högra dörren står modern. Experimentet upprepas ett flertal gånger. Under kanske ett halvår.

Det konkreta minnet av händelsen försvinner. När barnet blir äldre och kommer i liknande valsituationer kommer det att känna obehag av den vänstra vägen, dörren eller vad det är som innebär valet. Kanske kommer detta att orsaka problem för personen i dess vuxna liv som till exempel om en foaje har två hissar och den högra är trasig klarar personen inte att gå in i den vänstra. Han tar trappen i stället (som ligger till höger om den trasiga hissen). Personen söker hjälp för sin fobi att ta den vänstra vägen. Psykologen använder någon typ av sugges-tion/hypnos för att patienten skall inse att dörrar till vänster är ofarliga. Hur kommer nu detta att påverka personen? Blir han "frisk"? Psykologens sugges-tion blir en överinlärning. Patientens gamla och verkliga erfarenhet som är den verkliga orsaken till problemet kommer också att finnas i patienten. Det blir en konflikt. Det blir en mer komplicerad värld för personen att fungera i. Det är ju trots allt så att fobin bygger på en verklig händelse och suggestionen, överinlär-ningen, är fantasi eller påhitt. Även om personen nu kan välja vänsterdörrar kom-mer han inte att må bra.

Den verkliga lösningen skulle vara att personen minns vad som hänt. Förmodli-gen har detta "djävulska" experiment även satt helt andra spår i personen som han inte har sökt hjälp för. Detta skulle även väcka ett ursinne mot den person som gav tillstånd till detta experiment. Han hade förmodligen även levt med en misstänk-samhet mot modern under hela sitt liv, någon måste ha satt in honom i rummet. Ytterligare en skräck kan vara vita dörrar, höga dörrar, valsituationer i livet där det endast finns två alternativ.

Att våga hitta sina svagheter

Min bearbetning har mycket handlat om att hitta orsaken till problem, att min-nas, lumpen, ångest som kommer vid utlandsresor, rädsla att hålla presentationer, flygrädsla, tunghäfta när människor retar mig eller skäller ut mig.

Jag följer problemen och försöker hitta grunden. Var började problemen någon-stans? Ofta har det tagit stopp när jag sökt bakåt. Jag kan komma till en händelse där jag vet att mamma är med men det blir tomt i mitt huvud och tankarna slutar att flöda. Jag har utvecklat en känslighet för när jag vill undvika vissa tankar. Jag tror det kommer mycket från Maj-Brith som påpekade att jag "teoretiserade" och att känslorna försvann. Jag kunde sitta och tomprata om sådant som borde vara mycket känsligt. Då styrde hon in mig mot det som var jobbigt och känslorna kom starkare och starkare.

Det tunga arbetet att hitta kärnan

Att hitta kärnan är något som är fruktansvärt till att börja med. Det är som att hitta en varböld som man måste tränga in i. Så fort man kommer i närheten av den så ömmar den. Det blir dock inget bättre av att undvika den. Det jag gör är att gå rakt mot den och pressa tills den brister. När den brister lättar trycket och det som tidigare ömmade gör inte ont längre. Man måste dock göra rent ordentligt och rengöringen handlar för mig om att gå in i händelsen om och om igen och tillåta sig att sörja över det som hänt. Det är som att mina tårar tvättar rent i skadan och den kan börja läka.

Att hitta en kärnhändelse eller primalhändelse som Maj-Brith skulle ha sagt kan ta tid. Det beror på hur svår upplevelsen är och vad som händer i livet omkring mig. Om jag kan fokusera på kärnan och inte pressas av vardagen. Jag kan även behöva försvaga mitt eget försvar, till exempel sova mindre. Inte titta på TV, inte distraheras utan fokusera.

Ibland kommer ledtrådar i drömmar, ibland råkar jag ut för händelser som leder mig framåt. Ibland tillåter inte saker omkring mig att jag kommer i kontakt med kärnan. En terapeut som skall styra bearbetningen, korta terapisessioner, för mycket jobb.

När jag till slut kommer i kontakt med kärnan kommer en explosion av känslor, skräck, dödsångest, syrebrist, bottenlös förtvivlan, övergivenhet, det som skall komma kommer. Jag tillåter mig att känna starkt och sedan kommer snart gråten. Det är en mycket djup och förlösande gråt. Spänningar släpper som jag inte visste att jag hade. Därefter kommer en total avslappning. Kroppen styr själv och portionerar ut det som skulle fram den här gången.

Sedan kommer insikterna, tankeförmågan. Jag kan se att skrämmande situationer inte alls är farliga. Min stora skräck inför t.ex. att hålla föredrag handlade om att jag kopplade ihop känslor från ett övergrepp med situationen. Jag kan sedan hålla mitt föredrag och må bra. Inte bara att jag reducerar spänningen. Den har försvunnit och jag trivs i situationen.

Använd dina drömmar

Drömmar är ett fantastiskt verktyg man kan använda sig utav när man bearbetar. Jag har läst en del litteratur om att tyda drömmar och det finns mycket bra böcker men även böcker som är mindre bra.

För mig är drömmen något vi behöver för att bearbeta sådant vi upplevt. Detaljer från verkliga händelser kan lyftas fram, detaljer som vi knappt lade märke till men som kan vara viktiga för att vi skall kunna hantera människor eller situationer bättre i framtiden. I drömmarna kan vi uppleva saker från långt tillbaka i tiden. Vissa drömmar upprepas eftersom vi inte förstår budskapet i dem. För att förstå symboler, färger och andra detaljer så är det drömmarens upplevelse som är viktigast. Inte vad som står i ett drömlexikon. Drömmen baseras på ett språk som är mitt eget. Om jag haft ett husdjur, till exempel en råtta som var min ende vän i barndomen så betyder råttan närhet, vänskap och liknande. Om jag är rädd för råttor betyder denna symbol något helt annat om den kommer i drömmen.

Om man har svårt att förstå budskapet i en dröm, kan man gå tillbaka in i drömmen och föreställa sig att man är där, nu i vaket tillstånd och prova olika saker. Jag har i perioder skrivit drömdagbok och har många fantaskiska drömmar. Här kommer ett exempel. Drömmen kom -94 när jag endast hade hittat förträngda minnen av min faders övergrepp och inte förstod min mors roll i mina problem.

Jag sitter i en båt på en bred flod. Vattnet är skrämmande, det är fullt med brunt sjögräs och mörkt. Jag har ingen aning om hur djupt det är. Något får mig att hoppa i vattnet och jag känner hur sjögräset slingrar sig runt mina ben. Det är mycket otrevligt. Jag simmar vidare och båten följer med som en trygghet om det blir för skrämmande att simma. Jag försöker sätta ner fötterna och nå botten men det finns ingen botten. Plötsligt öppnar sig vattnet och jag ser helt klart ner till botten. Det är små stenar och kanske 10 meter djupt. Så ser jag en sjukhussäng på botten. Den är omgiven av en knallblå skärm. Den blåa färgen lyser. Jag simmar närmare och ser en död man ligga på sängen. Det är något bekant med honom men jag känner inte igen anletsdragen ändå. Han var som en vaxdocka, en kropp utan liv.

Drömmen var så tydlig att jag förstod att den var viktig. Jag gick in i drömsituationen efteråt. Det som kom först var den döde mannen. Jag kände igen honom men ändå inte. Han var inte skrämmande bara död, vilket i sig var obehagligt. Så förstod jag vem han var, det var min styvfar Sven. I verkligheten levde han fortfarande. Jag läste i ett drömlexikon där det stod att den blå färgen betydde att man skulle visa respekt. Det kändes väldigt konstigt vid den här tiden men jag förstod senare vad drömmen ville visa när han hade dött. Han var framförallt ett verktyg i min mors händer.

Nästa episod som jag återupplevde var sjögräset som lindade sig runt mina ben. Det var mycket obehagligt och jag såg ingenting under vattnet. Så kände jag igen färgen, det var min mors hårfärg. Jag rös i hela kroppen och började gråta. Det var inte sjögräs det var hår. Budskapet var att jag inte såg vem min mor var. Den här drömmen gjorde att jag började ifrågasätta henne vilket jag aldrig vågat tidigare.

Att vila efter kampen

Något som är mycket viktigt är att vila sig efter att man bearbetat svåra upplevelser. En försvarsmekanism är att förtränga det som hänt men det finns också ett behov av att förstå och acceptera det som hänt. Under bearbetningen måste man återuppleva allt man varit med om.

Något jag har haft svårt med är att lugna ner mig efter att jag hittat en traumatisk händelse. Det är som att jag tvingar mig vidare men känner inte att bearbetningen i sig tar mycket på mina krafter. Det finns ju rent medicinska förklaringar till det här. Serotonin är ett viktigt ämne som vi behöver ha för att må bra. Om man upplever mycket stress, rädsla, ångest så kan man förbruka mer än vad som kroppen kan producera. Ibland är min vilja större än min förmåga. Kanske är det här ett av de problem jag fått av de trauman jag utsatts för. Jag har svårt att uppleva mina egna känslor och min egen utmattning. Jag har i alla fall blivit bättre på att vila (tycker jag själv).

Att få tillbaka styrkan

Styrkan kommer tillbaka på olika sätt. Det finns en direkt effekt om jag tar exemplet ovan. Vid ett tillfälle var jag rädd för att hålla en presentation. Jag hittade en traumatisk händelse och kunde skilja isär nutid och dåtid. Jag hade en dödsångest från min barndom som blandades in i dagens presentation. När jag mindes traumat så var jag trött men presentationen var ju inte alls skrämmande. Presentationen var som den var och inget mer. Det var inga problem.

En annan typ av styrka kommer på ett mer utdraget sätt. Här är det exponering för något som jag helt enkelt behöver vänja mig vid. Kroppen har utvecklat en autonom reaktion där skräcken vaknar och det ända jag kan göra är att utsätta mig för situationen om och om igen. För att styrkan skall kunna växa behöver jag dock först förstå att situationen inte är farlig. Om kroppens sympatikussystem rusar iväg för långt är det bara att ta sig ur situationen. Det är som att ångesten inte tar slut utan kan pågå i månader.

När ångesten återkommer

Jag är inte besvärsfri idag och det är frågan om jag någonsin kan komma så långt att min barndoms traumatiska upplevelser har läkt fullständigt. Det är mycket som har satt sig i kroppen och dess försvarssystem. Olle brukar prata om "spontan återhämtning". Det innebär att rädslor och obehag återkommer om man inte kontinuerligt utsätter sig för dem. När det gäller flygresor så är det så för mig. Det är flera aspekter av maktlöshet och osäkerhet som kommer till ytan. Kanske är det här något som kommer att vara obehagligt för mig resten av livet men det får jag helt enkelt acceptera.

I samband med problem som jag stöter på idag så finns alltid en möjlighet att växa och läka en del av såren. Så har det varit med illern Göran i Finspång och med några fler jag stött på senare. Det går att ändra sitt beteende och hur man upplever olika situationer även om det kräver mycket arbete.

Detta kräver jag av en terapeut/psykolog

Efter att bearbetat min egen barndom under snart 26 år och mött ett flertal olika psykologer/terapeuter skulle jag vilja definiera dennes uppgift på följande sätt.

En psykologs/terapeuts tvekløst viktigast uppgift är inte att tala om för patienten vad han skall göra när denne handlar fel eller om han inte klarar av en situation, utan att hjälpa patienten att förstå varför han inte handlar rätt eller klarar av situationen. Jag menar att det första, att göra fel, är symptomen. Det andra, att förstå varför man gör fel, är lika med att hitta källan. Att hitta källan till problemet och passera igenom det och uppleva känslorna, gråta/skrika (leva ut), förstå varför man gör fel och slutligen acceptera det som hänt. Det är detta som bör vara bearbetningens mål. Detta leder ofta, men observera inte nödvändigtvis till att psykologen måste "följa med" sin patient till dennes barndom, till en situation eller en serie av situationer som leder till att patienten var tvungen att anpassa sig till ett beteende som var mot dennes natur och behov. En sådan konfrontation medför att patienten återupplever hemska saker men också att psykologen dras in i händelsen och ser sin patient plågas. Detta kräver en väldig styrka hos psykologen eftersom denne måste vara öppen och ta emot patientens känslor och därigenom även känna dennes vanmakt och utsatthet. En psykolog som inte konfronterats med sina egna känslor kan handla fullständigt fel i en sådan situation. I stället för att vara ett fast stöd som är med patienten kan denna gå in och avbryta den läkande men smärtsamma processen. Psykologen kan förklara detta med att denne värnar om patienten. Han eller hon vill inte att patienten skall lida. Det paradoxala i detta är att psykologen skyddar sig själv och sviker sin patient. Jag har tyvärr träffat på denna typ av psykolog. Även min syster har flera "exemplar" av dessa i sin samling "hjälpare".

En psykolog/terapeut som först ger patienten intryck av att vilja hjälpa och stödja och sedan förvillar eller skyddar honom/henne från de accelererande känslorna är mycket farlig. För min del kunde det ha slutat med en katastrof om jag hade träffat på fel psykolog första gången jag sökte hjälp. Dessa "hjälpare" är enligt min mening välmenande människor, men de har inte bearbetat färdigt sina egna känslor innan de börjar hjälpa andra. Att en psykolog är färdig med sina studier innebär absolut inte att han/hon är redo att hjälpa andra människor. Jag påstår med bestämdhet att de krav som idag ställs på en psykolog för att få praktisera inte är tillräckliga. Jag påstår att många patienter går år efter år i terapi hos en psykolog därför att psykologen själv är för svag för att låta sin patient gå till botten med sina problem.

En av det svåraste sakerna att hantera, om man ser ur patientens synvinkel, är att man är aldrig så svag, som när man söker hjälp hos en psykolog. Patienten är själv nedbruten. Dessutom kan psykologen hitta på en uppsjö med förklaringar till patientens reaktioner om han/hon inte gillar dessa. Patienten är ju faktiskt lite knäpp! Hur skall jag som nedbruten patient kunna förklara för en psykolog att han gör fel? Jo jag, patienten, måste först bli frisk, sedan utbilda mig inom psykologi och slutligen i en teoretisk diskussion med psykologen överbevisa denne. Enkelt, eller? Allvarligt talat, det här är ingen hypotetisk situation. Dessa "hjälpare" praktiserar dagligen i vårt land och kommer att fortsätta med det tills något händer.

Jag hoppas kunna väcka debatt i denna fråga och utifrån den kanske det kommer en lösning. Tills dess blir mitt råd till er patienter. Om ni bestämmer er för att inte fly från era känslor längre, gå till botten med dem och kräv av er psykolog/terapeut att denna skall följa med er. Om psykologen/terapeuten kommer med invändningar eller på olika sätt hindrar er från att gå till botten, diskutera saken med denne. Om ni inte blir nöjd med diskussionen, byt psykolog/terapeut.

Att bearbeta, av Olle Wadström

Arbetet tillsammans med Christer i behandlingen av hans posttraumatiska stressyndrom har varit både intressant och lärorikt. Som jag tidigare har nämnt insåg jag att Christer behövde en förlängd exponeringsbehandling à la Edna Foa – "prolonged exposure". Christer hade från tidig ålder bestraffats mycket hårt – livshotande – då han försökt kämpa emot de faror/övergrepp som han utsattes för. Att fly var aldrig ett möjligt alternativ för honom som litet barn och att opponera sig var farligt och blev hårt bestraffat, nära livshotande. De upprepade traumatiska upplevelserna lärde honom att det endast fanns en väg att hantera farorna – att underkasta sig eller automatiskt paralyseras. Termen "kataton immobilitet" förde jag in i vårt resonemang redan första sessionen vi träffades, då Christer berättade om hur han i kontakt med chefer och andra dominerande personer drabbades av "handlingsförlamning". Han upplevde att han blev alldeles blank i hjärnan även vid mindre och helt obetydliga meningsskiljaktigheter. Generalisering hade skett till sociala situationer där självsäkra, lätt aggressiva eller dominerande personer tilltalade honom.

Min uppskattning är att Christer i vår behandling har exponerats imaginärt för olika övergreppstyper mera än ett femtiotal gånger. Varje gång med mycket stark – panikliknande ångest som följd. Christers minnesbilder har klarnat och blivit detaljrikare allteftersom. Förståelsen av hans problem har också blivit större hos mig.

Exempelvis var det svårt att till en början förstå varför Christer fick sitt sammanbrott då han var nybliven pappa. Flera samverkande faktorer har naturligtvis bidragit, men dottern Cissis spädbarnsskrik det vill säga ett högt ljud, sannolikt var en "trigger" eller ett betingat stimulus som utlöste ångest. Det är ju vanligt att man vid PTSD inte klarar av höga ljud, men det fanns ytterligare en möjlig förklaring. Christer hade själv bestraffats med kvävning ett flertal gånger då han skrek som barn. Modern hade använt en kudde alternativt dränkt honom i badkaret, för att få honom att tystna, då han efter övergreppen av sin far förtvivlat skrek för att tröstas av modern. Ljudet av barnskrik i sig hade därvid blivit ett betingat stimulus för stark ångest och hade därefter generaliserats barnskrik generellt. Under behandlingen drabbades Christer av stark ångest då grannens barn lekte högljutt på sin studsmatta, vilket kan vara ett exempel på denna betingning.

Ytterligare ett exempel på ett fenomen som efter hand fick en möjlig förklaring, var den kramp i nacken som Christer regelmässigt drabbades av i samband med exponeringarna. Förklaringen tycktes vara, att denna betingade reaktion – krampen – hade inlärts då modern klämde fast hans huvud mellan sina lår med hans ansikte tryckt mot sitt sköte. Krampen var en betingad reaktion för att få tillgång till luft.

Min bedömning var att Christers reaktionsmönster att omedelbart hamna i ett katatonliknande tillstånd – blank i hjärnan och oförmögen att tänka och tala – var att han saknade alternativa beteenden då alla alternativ hade bestraffats. Sunt självhävdandebeteende som finns beskrivet i min bok "Att förstå och påverka beteendeproblem" var det viktiga komplementet till exponeringarna.

Christer rapporterade att han inte kunde lita på andra personer, vilket också var ett stort problem för honom. Jag ser detta som helt naturligt med tanke på hans erfarenheter av oförutsägbarhet och svek från båda föräldrarnas sida. En mor som gjorde honom illa på många vis och exempelvis hällde skållhett vatten på hans arm (läkaren var skeptisk till mammans uppgift att det endast hade rört sig om en kaffekopp), en far som i fyllan förgrep sig på honom, en syster som i sin egen utsatta position tog ut sin förtvivlan och ångest på sin lillebror genom att trampa honom på fingrarna och knuffa honom, en styvfar som hånade och skällde medan modern teg och samtyckte, vuxna som han anknöt "för hårt" till på dagis, förflyttades, terapeuter som hävdat att de skulle hjälpa men som sedan inte har gjort det. Christer hade under uppväxten och även delvis senare ingen som han kunde lita på och ty sig till.

Här kan endast nya positiva erfarenhet av andra människor på sikt skapa tillit och kan således inte fullt ut åtgärdas i terapin. För att denna nyinlärning ska kunna ske måste Christer själv våga bete sig som om han litade på utvalda personer. De erfarenheter han då förhoppningsvis får ska kunna bygga upp en tillit som senare kan generaliseras.

Bristen på tillit och rädsla för nya och främmande situationer som att åka bort/eller utomlands och även nya människor hade också utvecklats genom generalisering. Christer beskrev sin rädsla som om han måste hoppa från tuva till tuva i ett träsk.

Hur jag ser på ondska och vad skall man göra åt den?

Vad är ondska? Vad är psykopati? Jag har mött flera människor som kan betraktas som onda. När det gäller de människor jag beskrivit i denna bok så är det Jörgen som var den mest störda människan på ytan. Den svarta sökande blicken, orden som var korthuggna och märkligt valda. Han sökte något. Jag rös i hela kroppen när jag tänkte på honom. Min frus reaktion var att han kändes mycket obehaglig att ha i sin närhet.

Min mor är något helt annat. Hon lindar in sina ord i vänlighet. Hon vill ge bilden av en timid godhjärtad person som vill alla väl och som alltid haft någon i sin närhet som hon vårdat, sin egen mor, sina barn, styvfadern Sven. Hon håller en polerad fasad men är hämndlysten och falsk och en mästare på att behärska härskartekniken "offerkoftan". Den fasaden rämnade dock fullständigt när jag och min syster träffade henne sista gången i hennes hem. Hon hade samma svarta blick som Jörgen. Hatet lyste i hennes ögon och hon fräste till åt min fru "Du rör mig inte", när hon störtade ut ur huset efter att hon blivit ifrågasatt och inte kunde manipulera sig till fördelar längre. Vi letade efter henne men hon hade gömt sig någonstans. Nästa gång jag såg henne, på min före detta svärfars begravning låtsades hon att hon inte kände igen mig. Min fru, min dotter och alla andra kände hon igen.

Ondska för mig handlar om drivkraft. Drivkraften är att skaffa sig fördelar, att tillfredsställa sina behov på andras bekostnad (min mors utnyttjande av min kropp), att må bra av att tillfoga andra skador när de är försvarslösa. Att vara rent oempatisk behöver inte vara ondska. Det kan dock skapa samma typ av skador hos dem som är utsatta för deras behandling.

Hur skall man då hantera en person som min mor? Skulle hon ha fått ett straff för att hon skållade mig när jag varit liten, kanske böter och sedan när hon hade "sonat" sitt brott åter blivit vårdnadshavare? Förstår ni vad jag är ute efter? Det finns ett syfte med att utdöma ett straff. Det handlar om att det skall vara avskräckande på ett eller annat sätt. Det skall "fostra" medborgaren och visa hur man skall bete sig. Om en människa är ond så kommer drivkraften "ondskan" att hitta andra vägar. Det var egentligen det som hände med min mor. Hon blev ifrågasatt av läkaren och förstod att hon inte kunde fortsätta utsätta mig direkt för den typen av misshandel. Däremot kunde hon använda andra, min avundsjuka syster.

Hur skulle man få min mor att sluta vara elak? Ja, en sak är säker. Straff hjälper inte. Däremot hoppas jag att samhällets representanter håller med om att hon inte hade rätt att fortsätta plåga mig. Här skulle samhället gått in och skyddat mig. Hur skulle man ha kunnat avslöja min mor?

Jag tror en del människor rycker på axlarna och säger "shit happens ... man kan inte rädda alla ... och vad klagar du på ... du överlevde ju".

Sedan kanske det är andra som förstår att de här personerna förstör så mycket i samhället att det är dags att fundera på att se sjuka drivkrafter som något man inte "straffar bort". Det är något vi behöver se öppet på och lära oss hantera.

Min erfarenhet av socialen och polisen när det gäller historien med Jörgen är att samhället inte har blivit ett dugg bättre på att hantera dessa människor jämfört med när jag var liten. Socialen gör sina så kallade utredningar där de kollar om det är välstädat och inte står spritflaskor framme på köksbordet. Sedan är de klara. Om inte jag vägrat att låta mitt barn leva med Jörgen hade han med all säkerhet gått vidare och utsatt min dotter för fler övergrepp.

Människor med onda drivkrafter skall inte tillåtas fortsätta sina handlingar om de ertappas. Samhället skall ta ifrån dem friheten som gjorde att de kunde utöva sin ondska. Sedan är det upp till förövarna att jobba med sig själva och bevisa att de har ändrat sig. Först därefter kan man pröva om de skall återfå en myndig fri samhällsmedborgares rättigheter. Går det att införa ett sådant system? Det är i alla fall fel att tro at de botas av straff. Det kan snarare göra att de blir mer raffinerade i sina handlingar.

Hur jag ser på dagens psykiatri

Jag tror det finns väldigt många människor som gör rätt inom dagens psykiatri. Människor som brinner för att hjälpa. Det finns dock ett ramverk med regler, ekonomi, övergripande politisk styrning som gör att man inte kan genomföra sådant som man vet behövs.

Jag har kommit i kontakt med landstingets psykiatri vid några tillfällen men den bearbetning som gett verkligt resultat har jag framförallt fått genom att söka hjälp i privat regi. Det har även kostat rätt mycket pengar.

Det är även flera olika behandlingsformer som förekommer. En del ser varandra som konkurrenter och att de ser på hur en behandling skall gå till. En stor svårighet är att verifiera vad som är verksamt och att diagnostisera patienten. Psykiatrin har inte den somatiska vårdens möjlighet att diagnostisera skador. Allt går via patientens intellekt.

I samband med att jag gick hos den kvinnliga terapeuten kom jag också i kontakt med skattningsformulär av olika varianter. Det blev nästan för mycket. Allt skulle skattas, ibland i SUDS, ibland i skala ett till fem. Felet var att jag var i en beroendeställning gentemot min terapeut och alltså inte svarade ärligt. Vad hade hänt om jag svarade uppriktigt? Om jag hade skrivit att hon var auktoritär och krävde lydnad. Jag tror inte att någon tagit mina åsikter på allvar utan avfärdat det som "åsikter från en vilsen deprimerad patient". Undrar vad alla formulär användes till? Kanske fick någon ansvarig möjlighet att visa upp bra siffror för sina överordnade. De här med skattningar är något jag jobbat med inom verksamhetsutvecklingen så jag känner igen tänket. Det kan ha ett värde men enligt min mening blev det för mycket i samband med min bearbetning.

Min erfarenhet från primalterapin är att man ibland behöver pressa på och reducera sina försvar, kanske sömnbrist, ibland enskildhet. Det här är helt främmande för de terapeuter jag mött i landstinget. Allt är frivilligt och det är ingen som säger "nu teoretiserar du och pratar dig förbi de viktiga känslorna".

Min uppfattning är att man måste våga gå in i det jobbigaste för att en bearbetning skall bli framgångsrik. Man behöver bygga upp styrka för att möta sina trauman. Traumat är en undanstuvad del av mig som inte klarade av den påfrestning jag utsattes för. För att kunna lämna traumat bakom mig måste jag nu bygga upp styrkan i efterhand så jag klarar av det.

Avslutning

Att hitta kärleken till mitt inre barn

Idag är en viktig dag i mitt liv. Efter att under några veckor ha exponerat mig, för mammas kvävning och fastlåsning med kudde, kom en ny känsla.

Jag har tidigare hittat en mycket stark kärlek till mig själv men den försvinner ofta efter någon sekund. Enda sättet att hålla kvar den är att stoppa all strävan och tanke. Det är bara när jag är absolut stilla i mitt inre som den kommer. Men som den kommer! Det är en kärlek som strömmar fram, inifrån, total och som uppfyller allt jag längtar efter. En förlåtande och försiktig kärlek och den kommer alltid att finnas, inget rår på den, all smärta suddas ut. Detta är målet med all strävan. Det är som att det jag vill åstadkomma i livet, strävar mot att uppleva denna känsla. Det är bara det att allt i livet är förgängligt, sårbart och existerar endast under en begränsad tid. Den inre kärleken är något som bara kommer, ur stillheten, i upplevelsen av den jag är, den jag verkligen är. Jag älskar den jag är och jag vill bara andra väl och jag vill att andra skall få fyllas av samma kärlek till sig själva.

Det nya som hände idag är att jag hittat kärleken till mitt inre barn. Det är tre delar som har öppnats. Det är som att de tre delarna var så stora och viktiga att jag inte kunde ha en känsla för vem jag var som barn. De tre delarna är, min förmåga att uttrycka mina känslor, min vilja att kämpa och min förmåga att minnas och tänka.

Att uttrycka känslor, i denna upplevelse, handlar framförallt om gråt och skrik. Det finns naturligt och jag känner bara kärlek till förmågan. Tidigare har det varit förknippat med ångest att tänka på skrik och jag har inte kunnat koppla det till något konkret som känts som att det är hela sanningen. Jag har kopplat det till pappas övergrepp med det har funnits något mer odefinierat som väcker ångest i mig. Nu är skrik och gråt något som är en del av mig.

Att kämpa har också fått en ny betydelse och jag känner att det upplevs annorlunda när jag tänker på det. Det handlar om att använda en primitiv grundläggande strävan. Det är som att jag behöver lära mig att uttrycka strävan för den har varit avstängd. Det här behöver jag jobba vidare med.

Den sista delen är tankeförmåga och minnesförmåga. Jag kan betrakta förmågan på distans och känner en väldig sorg. Det är som att denna förmåga har vållat mig den absolut största smärtan i livet. Det räcker inte med att övergreppen är avslutade, minnet för mig tillbaka till upplevelserna och skadar mig på ett fruktansvärt sätt. Jag känner hur det finns en skyddsmekanism i min tankeprocess som styr undan och släcker ner. Här behöver jag jobba vidare med mina mekanismer men jag behöver även sörja smärtan av att stänga av mig själv. Jag älskar egentligen min förmåga att förstå och dra slutsatser, men barndomens övergrepp och misshandel kunde jag inte hantera på annat sätt än att ytterligare förstöra delar i mig, min förmåga att minnas och tänka.

– Våga leta efter den stora kärleken, kärleken till dig själv, den finns.

Christer 2019-08-10

Tack

Avslutningsvis vill jag tacka några personer som betytt extra mycket för mig när det gäller arbetet med denna bok.

Olle Wadström har pushat mig under flera år till att skriva färdigt boken. Han ser säkert flera anledningar till att boken bör ges ut – både för min egen del och för andra i samhället som skulle kunna ha nytta av min historia.

Susanne Dalborg som korrigerat texten. Språket blir lidande när känslorna är starka, vilket gjort det svårt för mig att skriva flera avsnitt i boken.

Min fru Åsa Göransson som har gett mig budskapet att jag har något viktigt att berätta för andra. I arbetet med mina problem, har jag fått mycket kunskap och erfarenhet, som andra kan ha nytta av.